建築水理学

水害対策の知識

桑村 仁 著

技報堂出版

まえがき

　本書は東京大学工学部の講義科目『建築水理学』の教科書として書かれたものである。水理学は古くから土木工学の根幹をなす独占的学理で，建築分野で水の力学や水の氾濫にかかわる技術を扱った書物は，本邦ではおそらくこれが最初のものである。本書は，数ある土木水理学の名著とはまったく趣きを異にする内容となっている。水は生活に必要不可欠であるが，津波，高潮，洪水のような制御できなくなった水の流れは安全を脅かす。建築物がこのような氾濫流に暴露されたときに，人々の生命と生活を守るための建築技術が本書の中心テーマである。

　本書の執筆には次のような経緯がある。2011年3月11日，わが国最大のマグニチュード9.0を記録した東北地方太平洋沖地震でおびただしい数の家々が津波で流され，多くの人命が失われた。著者は，被災地の惨状を目の当たりにして，水の氾濫に対する建築物のぜい弱性を痛感し，今までこの分野の研究と教育が行われて来なかったことを心底，反省した。この大災害を契機に，東京大学大学院工学系研究科建築学専攻は社会基盤学専攻，都市工学専攻と合同で巨大水災害軽減学教育プログラムを2013年に立ち上げ，水害対策の専門家養成に取り組むことを決意した。その中で著者は講義科目『耐水建築構造学』を担当した。当時，建築分野では氾濫流の荷重効果や家屋の浸水に関する知見が乏しく，著者はそれまで専門としてきた鉄骨・鋼構造から離れ，水理研究に傾注することとなった。それを基に作成した大学院講義録を学部学生用にわかりやすく整理したのが本書である。

　土木分野で水を専門とする海岸工学，河川工学の研究者や行政官の話を聞いていると，巨大化し，時として集中化する水害に対して，土木技術，土木行政だけでは対応できない状況になっているようである。市街地や建築物を土木が水害から防御してくれるという楽観は捨てなければならない。建築自らが建築の水害対策に身を投じなければならない時代が来ているのである。この危機意識が学部講義『建築水理学』を新設した直接的動機になっている。

まえがき

　わが国は，地震と台風に対して世界に誇れる耐震構造学，耐風構造学を築いてきたが，震害や風害と同程度，あるいはそれ以上に人々を苦しめる水害に対してまったくといってよいほど建築物は無防備である．本書が水害の軽減に少しでも役立つ知識を提供できれば，著者にとってこの上ない喜びである．しかし，建築物の水害対策の知識はまだまだ稚拙であり，これから世代を重ねながら進歩していくことであろう．本書が建築水理学，耐水構造学の発展の足がかりの役割をしてくれることを祈っている．

2017年6月

桑村　仁

目　　次

第 1 章　建築物の水害 ——————————————————— 1

1.1　建築物の自然災害への備え ……………………………………………… 1
1.2　自然災害の種類 …………………………………………………………… 2
1.3　自然災害史………………………………………………………………… 4
　（1）　日本の激甚自然災害………………………………………………… 4
　（2）　世界の巨大自然災害………………………………………………… 4
1.4　水害史……………………………………………………………………… 7
　（1）　日本の主な水害……………………………………………………… 7
　（2）　日本の大津波災害………………………………………………… 10
　（3）　世界の巨大津波災害……………………………………………… 15
1.5　建築物の被害度と認定………………………………………………… 15
　（1）　被災者支援制度と建築物の被害度……………………………… 15
　（2）　被災者生活再建支援法と罹災証明……………………………… 15
　（3）　地震保険と水害保険……………………………………………… 17
　（4）　応急危険度判定…………………………………………………… 18
1.6　津波の高さと建築物の高さ…………………………………………… 18
　（1）　津波の高さ………………………………………………………… 18
　（2）　建築物の高さ……………………………………………………… 21
演習問題……………………………………………………………………… 23

第2章　日本の建築事情と水害 ─── 25

2.1　水害の背景にある建築事情 ……………………………… 25
2.2　建築統計 …………………………………………………… 25
　(1)　戦後の建設の推移 …………………………………… 25
　(2)　最近の建築工事 ……………………………………… 25
　(3)　住居の構造と階数 …………………………………… 28
　(4)　災害による住居の滅失 ……………………………… 29
2.3　建築士制度 ………………………………………………… 30
　(1)　建築士の種類と権限 ………………………………… 30
　(2)　建築教育と建築士試験 ……………………………… 30
2.4　構造耐力に関する法令 …………………………………… 32
2.5　換気に関する法令と浸水 ………………………………… 33
演習問題 …………………………………………………………… 34

第3章　建築物の安全性と使用性 ─── 35

3.1　建築物に求められる災害時の性能：安全性と使用性 …… 35
3.2　建築物の構成要素 ………………………………………… 35
3.3　震害における建築物の被害度区分 ……………………… 38
3.4　水害における建築物の被害度区分 ……………………… 41
3.5　構造被害と構造設計 ……………………………………… 44
　(1)　構造設計における構造被害の考え方 ……………… 44
　(2)　荷重-変形曲線と被害度 …………………………… 45
　(3)　設計規範と被害度 …………………………………… 46
　(4)　設計荷重と設計耐力 ………………………………… 47
演習問題 …………………………………………………………… 49

第4章　建築に必要な水理学の知識 ─── 51

4.1　水の物性 …………………………………………………… 51

4.2	水の圧力とせん断応力	52
4.3	流れの種類	53
4.4	ベルヌイの定理	55
	(1) 流線・流管・ベルヌイの定理	55
	(2) よどみ点の速度圧	57
	(3) せき上げ高さ	57
	(4) トリチェリの定理	59
4.5	オイラーの方程式	60
	(1) 完全流体の運動方程式	60
	(2) 氾濫流の圧力と静水圧	61
	(3) 壁面に作用する圧力	61
4.6	ナビエ-ストークスの方程式	62
4.7	次元解析	64
	(1) バッキンガムのパイ定理	64
	(2) 水面を伴わない構造物とレイノルズ数	65
	(3) 水面を伴う構造物とフルード数	66
	(4) 相似則	67
4.8	運動量の法則	68
	(1) 運動量と力積	68
	(2) 噴流の衝撃力	69
	(3) サージ衝撃力	70
演習問題		71

第5章　氾濫流の荷重効果 ― 73

5.1	氾濫流	73
5.2	流体力	73
	(1) 流体力の特徴	73
	(2) 抗力と揚力	74
	(3) 圧力係数	74
	(4) 抗力係数	75

v

(5)　抗力係数の支配因子 ………………………………………………… 75
　　　(6)　抗力係数の値 ……………………………………………………… 76
　　　(7)　抗力の作用点と転倒モーメント …………………………………… 79
　　　(8)　層せん断力 ………………………………………………………… 80
　5.3　サージフロント衝撃力 ………………………………………………… 81
　5.4　静水圧 …………………………………………………………………… 83
　5.5　浮　力 …………………………………………………………………… 84
　5.6　漂流物の衝突力 ………………………………………………………… 86
　5.7　漂流物のせき止め力 …………………………………………………… 88
　5.8　床下揚圧力 ……………………………………………………………… 88
　5.9　床上湛水荷重 …………………………………………………………… 91
　5.10　波　力 ………………………………………………………………… 91
　5.11　その他 ………………………………………………………………… 93
　　　(1)　漂流火災 …………………………………………………………… 93
　　　(2)　掃流力 ……………………………………………………………… 94
　演習問題 ……………………………………………………………………… 94

第6章　氾濫流に対する既存建築物の安全性 ───── 97

　6.1　水平力としての地震・風・氾濫流荷重 ……………………………… 97
　6.2　木造・鉄骨造・鉄筋コンクリート造の構造諸元 …………………… 98
　6.3　設計用終局荷重 ………………………………………………………… 99
　　　(1)　地震荷重 …………………………………………………………… 99
　　　(2)　風荷重 ……………………………………………………………… 100
　　　(3)　氾濫流荷重 ………………………………………………………… 101
　6.4　地震・風・氾濫流荷重の比較 ………………………………………… 102
　6.5　構造物が崩壊しない氾濫流の浸水深と流速 ………………………… 104
　演習問題 ……………………………………………………………………… 105

第7章　木造の耐水構造設計 ─────────── 107

- 7.1　木造の建設事情と構造設計の特徴 ………………………………… 107
- 7.2　木造の力学的形態と崩壊形式 …………………………………… 109
- 7.3　木造に用いられる材料 ………………………………………… 110
  - （1）木材・木質材料 …………………………………………… 110
  - （2）接合金物 ………………………………………………… 111
- 7.4　仕様規定による構造設計 ………………………………………… 112
- 7.5　壁量規定 ……………………………………………………… 113
  - （1）壁量規定の目的 …………………………………………… 113
  - （2）壁の総量規定 ……………………………………………… 113
  - （3）壁の配置規定（四分割法）…………………………………… 116
  - （4）壁量の計算例 ……………………………………………… 117
- 7.6　接合部規定 …………………………………………………… 119
  - （1）接合部規定の目的 ………………………………………… 119
  - （2）筋かい端部の仕様規定 ……………………………………… 119
  - （3）柱脚・柱頭の仕様規定 ……………………………………… 119
  - （4）柱脚・柱頭の N 値計算 …………………………………… 120
- 7.7　仕様規定から保有水平耐力を推定する方法 ……………………… 121
  - （1）耐力壁のせん断耐力 ………………………………………… 121
  - （2）壁倍率とせん断耐力の関係 ………………………………… 123
  - （3）各階の保有水平耐力 ………………………………………… 123
- 7.8　氾濫流に対する木造の構造安全性 ………………………………… 124
- 演習問題 ………………………………………………………… 125

第8章　鉄骨造の耐水構造設計 ─────────── 127

- 8.1　鉄骨造の構法と構造設計の特徴 ………………………………… 127
- 8.2　鉄骨造の力学的形態と崩壊形式 ………………………………… 129
- 8.3　鉄骨造に用いられる材料 ………………………………………… 130
  - （1）鋼　材 …………………………………………………… 130

(2) 溶接材料 ………………………………………………… 131
　　(3) ボルトと高力ボルト …………………………………… 135
　8.4　鉄骨部材の耐力 ……………………………………………… 137
　　(1) 耐力算定の考え方 ……………………………………… 137
　　(2) 引張筋かい ……………………………………………… 138
　　(3) 圧縮筋かい ……………………………………………… 139
　　(4) 梁 ………………………………………………………… 141
　　(5) 柱 ………………………………………………………… 142
　　(6) 板要素 …………………………………………………… 143
　8.5　鉄骨接合部の耐力 …………………………………………… 144
　　(1) 保有耐力接合 …………………………………………… 144
　　(2) 筋かい接合部 …………………………………………… 145
　　(3) 柱梁接合部 ……………………………………………… 145
　　(4) 柱　脚 …………………………………………………… 146
　8.6　鉄骨造の保有水平耐力 ……………………………………… 147
　　(1) 塑性ヒンジと崩壊機構 ………………………………… 147
　　(2) 仮想仕事法による保有水平耐力の算定 ……………… 149
　8.7　氾濫流に対する鉄骨造の構造安全性 ……………………… 150
　演習問題 ……………………………………………………………… 154

第9章　鉄筋コンクリート造の耐水構造設計 ─────── 155

　9.1　鉄筋コンクリート造の構法と構造設計の特徴 …………… 155
　9.2　鉄筋コンクリート造の力学的形態と崩壊形式 …………… 157
　9.3　鉄筋コンクリート造に用いられる材料 …………………… 159
　　(1) コンクリート …………………………………………… 159
　　(2) 鉄　筋 …………………………………………………… 161
　9.4　鉄筋コンクリート部材の耐力 ……………………………… 163
　　(1) 耐力算定の考え方と配筋の仕様規定 ………………… 163
　　(2) 梁の曲げ耐力 …………………………………………… 165
　　(3) 柱の圧縮曲げ耐力 ……………………………………… 167

	(4)	梁および柱のせん断耐力 ································· 168
	(5)	梁および柱の引張主筋の付着耐力 ····················· 170
	(6)	耐力壁のせん断耐力 ······································ 171
	(7)	耐力壁の面外曲げ耐力 ··································· 173
9.5		氾濫流に対する鉄筋コンクリート造の構造安全性 ······· 174
演習問題 ·· 182		

第10章　基礎の耐水構造設計 ──────────── 183

10.1	基礎の構法と構造設計の特徴 ································· 183
10.2	基礎の力学的形態と崩壊形式 ································· 184
10.3	基礎に用いられる材料 ·· 185
(1)	基礎スラブ ·· 185
(2)	杭　体 ·· 186
10.4	地盤および杭の耐力 ·· 187
(1)	地盤の支持力 ··· 187
(2)	杭の支持力 ·· 191
10.5	直接基礎の滑動と転倒 ··· 193
(1)	滑動抵抗 ··· 193
(2)	転倒抵抗 ··· 194
(3)	基礎の滑動と転倒にかかわる氾濫流荷重 ················ 196
(4)	滑動と転倒のシナリオ ·· 197
10.6	氾濫流に対する直接基礎の構造安全性 ····················· 200
10.7	氾濫流に対する杭基礎の構造安全性 ························ 203
10.8	地盤の変状 ·· 204
演習問題 ·· 205	

第11章　建築物の浸水 ────────────── 207

11.1	建築物の浸水対策 ·· 207
11.2	建築物の浸水口と浸水経路 ···································· 208

11.3 浸水計算……………………………………………………………210
　(1) 氾濫水深−時間曲線………………………………………210
　(2) 横開口からの浸水…………………………………………211
　(3) 縦開口からの浸水…………………………………………213
　(4) 複数開口からの浸水………………………………………215
11.4 地下室の浸水………………………………………………………217
演習問題……………………………………………………………………218

参考文献………………………………………………………………………219
演習問題解答…………………………………………………………………223
索　引…………………………………………………………………………235

第1章 建築物の水害

1.1 建築物の自然災害への備え

　建築物は，さまざまな自然の猛威に対して人々の生命と財産を守ることができるように，その設計技術が進歩してきた。地震に対する耐震・免震・制震設計，強風に対する耐風・制振設計，豪雪に対する耐雪設計，火災に対する防火・耐火設計などである。ところが，水が引き起こす災害に対しては非常に手薄である。

　地震や台風の際は，建物の中にいるほうがむしろ安全で，あわてて屋外に飛び出すと落下物や飛散物によって負傷する危険があることを我々は知っている。わが国の国民がこのような安全意識をもつことができるのは，現代の建築構造物が地震の揺れや強風の圧力に耐えられるように設計されているからである。ところが，洪水や津波の際には，いち早く高いところに避難しなければならない。建物は浸水を食い止めることができず，水かさが増えてくると建物の中に取り残された人は溺死してしまうからである。氾濫する水の流れが速いと建物全体が押し流されてしまう危険さえある。現代の建築物は水の氾濫に対して総じて無防備であり，それに耐えられるような設計がされていない。これが高台へ避難せざるを得ない理由である。

　しかしながら，建物内部への水の浸入を少なくし，氾濫する流れの水位より上に階をつくり，水の力に耐えられる強さを構造に与えれば，人々は建物の中に避難し，津波や洪水が去るのを待てばよいことになる。すなわち，耐震構造や耐風構造と同様に耐水構造が期待されるのである。わが国は，地震や台風による震害，風害，火害と同程度か，それ以上に豪雨・高潮・津波による水害に見舞われる国土環境にあることが，災害史を通覧すれば一目瞭然である。

　建築関係者にとってはいささか屈辱的であるが，自然災害の規模を表す指標に建築物の被害統計が古くから用いられている。例えば，全壊・流失4万棟，床上浸水15万棟のように記録される。このことは建築物の自然災害への備えが社会全体の

防災にとって，いかに大切であるかを物語っている．

1.2 自然災害の種類

　地球上には異常な自然現象がたびたび発生し，人間社会がそれに曝露されると，自然災害あるいは天災と呼ばれる災害が起き，人々の生命と生活基盤に被害が及ぶ．広く自然災害と呼ばれているものを図-1.1に挙げた．一つの異常な自然現象が必ずしも一つの災害をもたらすわけではなく，複合災害となることが多い．例えば，大地震が発生すると，地盤震動によって建物の損壊などの震害が起きるが，被災家屋から出火し延焼すると大火災が連鎖する．さらに，地震後に津波が襲来すると沿岸地域に浪害，海嘯害ともいわれる津波被害が発生し，震害・火害・水害という三重災害が起きうることは自然災害史上よく知られている．内陸地震では山崩れや崖崩れによる土砂災害が起きることもある．台風の際には，暴風による風害とともに豪雨・高波・高潮による水害の両方が重なり合った風水害となることが多いし，強風にあおられて市街地が大火に包まれるという洞爺丸台風の事例もある．

　図の中で本書が扱う水害に着目すると，水害の原因となるもっとも警戒すべき自然現象は，海底を震源域とする地震が引き起こす津波，および熱帯低気圧や前線がもたらす豪雨・高潮である．熱帯低気圧は日本では台風，インド・東南アジアではサイクロン，北米ではハリケーンと呼ばれる．このほか，山体の海中崩落，海底火山噴火，隕石落下による津波や，多雪地域における融雪も水害を招くことが知られている．傾斜地や山間部では豪雨によって地盤が緩み，崖崩れ・山崩れ・土石流（山津波）などの土砂災害が水害とともに起き，毎年のように報道されている．水害という用語は，通常，洪水などの豪雨災害を指すものとされているので，津波や高潮による災害を含めるときは水災害ということがあるが，本書では水がもたらす災害を総称して水害（hydrodisaster）ということにする．

　国内の災害危険度については，国土交通省ハザードマップポータルサイトから全国のハザードマップにアクセスできるようになっており，洪水，内水，高潮，津波，土砂災害，火山の6種類のハザードマップに分けられている．内水とは降雨・融雪などが河川に入る前の宅地・農地・道路・市街地にある水をいい，排水能力が不足すると内水氾濫が起きる．これに対して，外水とは河川にある水をいい，水位が上昇して市街地等にあふれ出すと外水氾濫が起きる．いずれも洪水であるが，通常は，

1.2 自然災害の種類

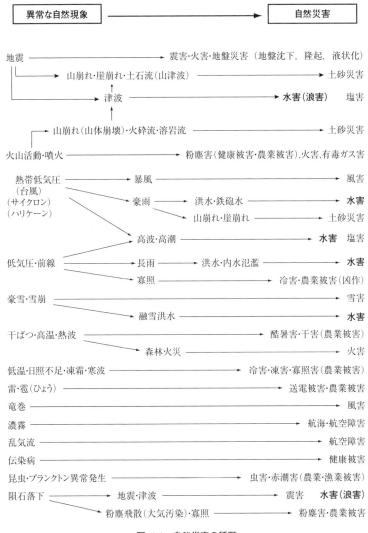

図-1.1 自然災害の種類

外水氾濫を洪水といっている．なお，ここでいう内水は，領土に関する海洋法の内水とは異なるので注意を要する（河川は海洋法上，内水と呼ばれる）．

洪水や津波，高潮という用語は，学術の専門分野で特有の定義があり，一般の人々が抱いている概念と必ずしも同じでないことを補足しておこう．土木の河川工学における洪水は，河川の水位が平常より高くなることをいい，氾濫を意味する洪

水 (flood) とは異なっている。津波や高潮も同様であり，地震学，気象学，海洋学，海岸工学では，海底地震や低気圧によって海水面が変形して波が生じることをいい，それが堤防をのり越えて陸上を氾濫する姿を含まない。陸地に家を建て，そこを生活の拠点とする人々にとっては，本来，河川や海にとどまっているべき水が陸上を氾濫する非常事態のほうが重大である。本書では，津波，高潮，洪水の用語を陸上氾濫の意味も含めて用いていることを断わっておく。

1.3　自然災害史

(1)　日本の激甚自然災害

　日本の自然災害史上，死者・行方不明者が5 000人以上の激甚災害を災害規模の大きい順に表-1.1にまとめた。最大のものは1923年関東大震災で，地震のみならず火災と津波により10万人以上の命が奪われた。まだ記憶に新しい2011年東日本大震災は国内史上7番目の人的被害をもたらし，死者・行方不明者のほとんどが津波によるものであった。

　表にある16件の多くが複合自然災害となっている。そのうち水害（津波・豪雨・高潮災害）を引き起こしたものは11件で，震害10件と肩を並べている。日本の自然災害を軽減するには，地震対策と同レベルで水害対策を講じていくことの大切さが，この数字からみえてくる。

(2)　世界の巨大自然災害

　自然災害を，前に示した図-1.1のように広くとらえると，世界で起きる最悪の自然災害は干ばつによる干害である。干ばつは地震や台風のような突発的事象とちがって長期間継続するため，飢餓と病気で多くの人々が命を落とす。ベルギーのルーバン・カソリック大学災害疫学研究センター（UCL-CRED）が公表している国際災害データベース（EM-DAT）によると，干ばつによって20世紀に，ソ連（1921），中国（1928），バングラデシュ（1943），インド（1942と1965），エチオピア・スーダン（1983）でそれぞれ100万人規模の死者が出ている。

　表-1.2には1900年以降，干ばつや冷害による疫病・飢餓を除いた世界の巨大自然災害を死者・行方不明者の多い順から15件を挙げた。犠牲者数は資料によって異なっているものが多いが，EM-DATを基本にして最近の文献等で補正した。日

表 -1.1 日本の激甚自然災害（死者・行方不明者 5000 人以上，冷害・干ばつ・伝染病除く）

順位	年月日	種目	災害	死・不明(人)	備考
1	1923.9.1（大正 12）	地震・津波・大火	震害・浪害・火害	105 000 余	『関東地震』（M7.9），『関東大震災』，火災による死者多数
2	1498.9.20（明応 7）	地震・津波	（震害）・浪害	36 000 余	明応地震（M8.2-8.4），震害軽少，ほとんどの死者津波による。死不明 26 000 とする説もある
3	1896.6.15（明治 29）	地震・津波	浪害	26 360	『三陸沖地震』（M8.2），『明治三陸地震津波』，震害無し
4	1293.5.27（永仁 1）	地震	震害・火害	23 000 余	鎌倉地震（M7）
5	1707.10.28（宝永 4）	地震・津波	震害・浪害	20 000 余	『宝永地震』（M8.6），震害・津波被害とも甚大
6	1828.9.17-18（文政 11）	台風・大雨・高潮	水害・風害・火害	20 000 余	『子年の大風（シーボルト台風）』，有明海・博多湾の高潮被害（市街地耕地水没），伊万里大火
7	2011.3.11（平成 23）	地震・津波・大火	震害・浪害・火害	18 579	『東北地方太平洋沖地震』（M9.0），『東日本大震災』，日本最大の超巨大地震，死・不明者の 90 % 以上が津波による。
8	1792.5.21（寛政 4）	火山活動・津波	浪害・（土砂災害）	15 000	雲仙岳の山体崩壊による膨大な岩塊・土砂が島原湾になだれ込んで大津波発生。死者のほとんどが津波による。『島原大変肥後迷惑』
9	1771.4.24（明和 8）	地震・津波	浪害	12 000	『八重山地震津波』（地震の規模 M7.4），震害無し
10	1847.5.8（弘化 4）	地震	震害・土砂災害	8 174	『善光寺地震』（M7.4），山崩れ多数発生
11	1855.11.11（安政 2）	地震	震害・火害	7 444	『（安政）江戸地震』（M7.0-7.1）
12	1891.10.28（明治 24）	地震	震害・土砂災害	7 273	『濃尾地震』（M8.0），日本最大の内陸地震
13	1703.12.31（元禄 16）	地震・津波・大火	震害・浪害・火害	6 700	『元禄地震』（M7.9-8.2），1923 関東地震と同タイプ，小田原城下が火災で全滅
14	1995.1.17（平成 7）	地震	震害・土砂災害・火害	6 437	『兵庫県南部地震』（M7.3），『阪神・淡路大震災』，初めて震度 7 を記録，死者のほとんどが家屋倒壊による。
15	1959.9.26-27（昭和 34）	台風・豪雨・高潮	水害・風害	5 098	『伊勢湾台風』，暴風と低気圧による高潮被害が甚大。これを契機に「災害対策基本法」が制定される（1961 年）。
16	1611.12.2（慶長 16）	地震・津波	浪害	5 000	『慶長三陸沖地震』（M8.1），『慶長三陸地震津波』，震害軽少，津波の被害大

表 -1.2 世界の巨大自然災害（1900 年以降，死者・行方不明者の多い順から 15 件，干ばつ・伝染病除く）

順位	年月日	種目	被災地域	死・不明(人)	備考
1	1970.11.12	サイクロン・高潮	バングラデシュ	300 000	高潮 9 m。死・不明 50 万人とする資料もある。
2	2004.12.26	地震・津波	インドネシアなどインド洋沿岸 13 か国	283 000	『インド洋大津波』，『スマトラ・アンダマン地震』(M9.0)
3	1976.7.28	地震	中国（河北省）	242 800	『唐山地震』(M7.8)
4	1920.12.16	地震・山崩れ	中国（甘粛省）	235 500	『海原地震』(M8.6)
5	2010.1.12	地震	ハイチ	222 500	『ハイチ地震』(M7.0)
6	1931.6-8	洪水	中国（長江流域一帯）	145 400	『長江大洪水』，長雨
7	1991.4.29	サイクロン・高潮	バングラデシュ	138 900	高潮 6m
8	2008.5.2	サイクロン・高潮・洪水	ミャンマー（南部）	138 400	サイクロン『ナルギス』
9	1923.9.1	地震・津波・大火	日本（関東）	105 000	『関東地震』(M7.9)，『関東大震災』
10	2008.5.12	地震・山崩れ	中国（四川省）	87 500	『汶川地震』(M8.0)
11	2005.10.8	地震	パキスタン・インド（北部カシミール地方）	86 000	『カシミール地震』(M7.6)
12	1908.12.28	地震・津波	イタリア（シシリー島）	82 000	『メッシーナ地震』(M7.2)
13	1932.12.26	地震	中国（甘粛省）	70 000	『昌馬地震』(M7.6)
14	1970.5.31	地震・土石流	ペルー（北部）	66 800	『アンカシュ地震』(M7.8)，ワスカラン山崩落
15	1935.5.30	地震	パキスタン（バルチスタン地方）	60 000	『クエッタ地震』(M7.6)

本の関東大震災（1923）は 9 番目に位置している。15 件のうち 7 件に水害（サイクロン・高潮・洪水・津波）がかかわっている。人口の増加が著しい一方で防災対策が遅れている地域では 21 世紀に入っても，インド洋大津波（2004），ミャンマー大洪水（2008），中国汶川地震（2008），ハイチ地震（2010）にみられるように，それぞれ 10 万人規模の犠牲者が出ている。

　真偽は別として，世界で最も有名な水害は，ノアの箱舟で知られる旧約聖書に登場する大洪水（the great flood）であろう。大文字で Flood と書くと，これを指す。創造主（神）は，ノアに命じて 3 階建の巨大な箱舟をあらかじめつくらせたあと，40 昼夜にわたって大雨を降らせて洪水を起こし，地上にはびこった邪悪な人の社会を洗い流し，滅ぼした。水が引くまでの 1 年間，漂流する箱舟の中で生きのびた

善良なノアの家族と動物たちが，その後の新しい世界をつくっていくという創世記の物語である。神は，生還したノアを祝福し，雲の中に虹を現してみせ，人類を滅亡させるような大洪水は二度と起こさないと約束した。はたして，この約束は無条件に守られるのであろうか。

1.4 水害史

(1) 日本の主な水害

日本の主な水害を記録が比較的はっきりしている江戸時代のものから時系列で**表-1.3**に整理した。これは，分類上，気象災害の範疇に入る水害で，津波によるものは含まれていない。

わが国に水害を引き起こす最も際立った要因は台風である。昭和の三大台風といわれている室戸台風，枕崎台風，伊勢湾台風を含め，主だった台風の進路を描いた**図-1.2**から日本列島が台風の通り道になっている様子がわかる。台風がもたらす

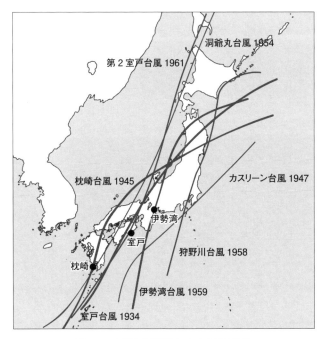

図-1.2 大災害を引き起こした台風の進路

表-1.3 日本の主な水害（津波を除く台風・前線・豪雨・高潮・洪水・山崩れ・土石流）

年月日	原因・災害名	被害地域	被害（死者・行方不明者：人，住家：むね）					浸水（床上）	浸水（床下）	備考
			死	不明	流失	全壊	半壊			
1742.8.28〜9.6	寛保の洪水（寛保2年江戸洪水）	関東平野全域	全容不詳							利根川・荒川・多摩川が一斉に氾濫．死立：本所・葛飾3,000，葛飾郡2,000，越谷3,700，和泉（現春日部か）1,800流域の被害が特に甚大，隅田川左岸の堤防決壊，神田川氾濫と両海岸の河川氾濫で記録．前後篠発
1828.9.17〜18	子年の大風（シーボルト台風，文政の大風）	九州北部・中国西部	20,000以上							日本の風水害史上最大級の被害．有明海で高潮4 m，伊方万里で高潮3 m．市街地延焼，オランダ行きコルネリクス，ハウトマン号が難破，シーボルト事件が発生
1885.6.15〜7.3	明治18年淀川大洪水（低気圧・梅雨前線・台風）	淀川流域・大阪市	100		1,600		14,200		71,200	淀川の一支流が堤防決壊・大阪市内の大部分が浸水（梅田で浸水1.2 m）．これを契機に淀川の北に新淀川の広い直線が開設（1910年完成）
1896.7〜9	明治29年の台風による中部日本を中心に本州各地（7月）梅雨前線，8月には台風，9月は台風と秋雨前線）	中部日本を中心に本州各地	全容不詳　岐阜県で死200余，全壊流失14,000余，新潟県で死78，全壊流失4,300余，栃木県で死34,600，滋賀県で死不明34・全壊流失3,000・床上浸水58,390．福井県で死128）							7月の豪雨で木曽川・長良川・信濃川が氾濫．8月の台風で伊勢湾で高潮，死者9,000余，9月の豪雨で琵琶湖周辺氾濫．大阪府浸水4,300余，決壊（大阪府浸水）関東の主要河川軒並み氾濫（東京市内・浸水）森防法（1896），砂防法（1897），森林法（1897）制定
1899.8.28	豪雨による集中豪雨（別子大水害）		513		122		37			豪雨により別子銅山に山津波（土石流）発生．飲料水が氾濫流出
1910.8.6〜15	梅雨前線と台風（明治43年東大水害）	東海・関東・東北（特に関東）	1,359					518,000		利根川・荒川はじめ大小河川が氾濫・破堤・東京下町が一面冠水
1917.9.30〜10.1	大正6年台風（東京湾台風）	近畿から東北の広範囲	1,324				21,274	302,917		大正時代最大の水害．東京下町で観測史上最大級の高潮がおき，最大の広域浸水（浸水深：洲崎1.8 m，月島1.2 m），大阪市街で浸水．名古屋沿岸地域浸水
1934.9.20〜21	室戸台風（昭和9年台風）	九州から東北，近江まで全国（特に大阪）	2,702	334	2,422	36,459	38,771	401,157		当時観測史上最低気圧911.6 hPa，同最大瞬間風速60 m/sを記録．当時高潮襲来（TP＋3.2 m），小中学校で多数倒壊（死亡教職員含め293名）が全壊．生徒，教職員893人死亡．これを契機に校舎のRC化促進
1938.6.28〜7.5	昭和13年大雨前線（阪神大水害）	近畿から神戸・阪神間	708	217	4,277	38,771	49,275	152,060	349,140	六甲山から大規模崩壊による山津波（土石流），谷崎潤一郎が「細雪」で山津波を描写
1942.8.27〜28	昭和17年台風16号（周防湾台風）	九州から中国・山口市	891	267	1,753	2,905	4,465	132,204		瀬戸内海で特に周防湾に高潮
1943.9.19〜20	昭和18年豪雨と台風	西日本・中国・四国・広島	768	202	2,605	6,574	66,486	76,323		西日本各地に豪雨．河川氾濫・堤防決壊・土砂崩れが多発
1945.9.17〜18	枕崎台風（昭和20年台風16号）	北海道を除く全国（特に西日本・広島）	2,473	1,283	3,135	89,839	11,878	273,888		終戦直後の大災害（原爆投下後の広島市部と山津波河川氾濫があった関東で甚大被害．死者数134人浜．大阪湾で高潮被害
1947.9.14〜16	カスリーン台風（昭和22年台風9号）	東海以北，東北（特に関東）	1,077	853	3,997	5,301	13,470	384,743		利根川，荒川の堤防が決壊し都市部に浸水．東北地各地で河川氾濫・洪水，栗津を主とする連合軍古領下にあったためKathleen と命名
1948.9.15〜17	アイオン台風（昭和23年台風21号）	四国から東北・岩手県	512	326	1,313	4,576	12,127	44,867	75,168	国際名Ione，千葉県，宮城県以北の東北の被害甚大．東北東岸部を中心とする広域低地で岩手一関で洪水・山津波
1949.6.20〜23	デラ台風（昭和24年台風2号）	九州から東北（特に愛媛）	252	216	5,401			4,627	52,926	国際名Della，愛媛の漁船多数沈没．宇和島の漁民多数（死亡数211）．梅雨期の台風
1949.8.31〜9.1	キティ台風（昭和24年台風10号）	中部から北海道	135	25	3,712			51,899	92,161	国際名Kitty，東京湾高潮（東京沿岸低地浸水），横浜港外の船舶被災
1950.9.2〜4	ジェーン台風（昭和25年台風28号）	四国以北（特に大阪）	336	172	2,069	17,062	101,792	93,116	308,960	国際名Jane，大阪湾で高潮に強風，大阪湾高潮（工業地帯が沈下していた大阪海岸低地浸水）
1951.10.13〜15	ルース台風（昭和26年台風15号）	北海道を除く全国（特に鹿児島県・山口県）	572	371	24,705	47,948	30,110	108,163		国際名Ruth，山口県・鹿児島県にかけて高潮・鹿児島県ガラス窓割れ，警察予備隊（現自衛隊）が初めて災害派遣出動

期間	名称	地域	死者	行方不明	負傷者	住家全壊	住家半壊	住家一部破損	床上浸水	床下浸水	摘要
1953.6.25-29	昭和28年西日本水害(前線)(南紀・九州大水害)	九州から中国・四国(特に九州・熊本)	748	265	3231	2468	11671	17285	199979	254664	北九州で山津波。熊本市で阿蘇山の火山灰流出による泥流水害。横浜トンネル冠水(全長の約9/10の1.8kmが水没)
1953.7.17-18	南紀豪雨(前線)(和歌山地方大水害)	紀伊半島(特に和歌山県)	713	411	3209	3986	1678		12734	15313	局地的集中豪雨により和歌山県北部では津波のような河川氾濫・堤防決壊で下流域大浸水。荒木による家屋の破壊・流失甚大
1953.9.24-26	昭和28年台風13号	全国(特に近畿)	393	85		86398			495875		淀川水系が次々に決壊・氾濫。伊勢湾で潮高と重なり高潮(四日市市は市内すべて冠水。名古屋市で全国の1/3が浸水)。これを契機に海岸法制定(1956)
1954.9.25-27	洞爺丸台風(昭和29年台風15号)	全国(特に北海道)	1361	400	8396		21771	173921	17569	85964	青函連絡船洞爺丸が函館湾内で横転沈没(乗員乗客1139人死、史上最大事故)。水上勉『飢餓海峡』のモチーフ
1957.7.25-28	大雨(梅雨前線)(諫早豪雨)	九州(特に長崎)	856	136	1564		5241			72565	島原半島北部の西郷で雨量1109mm/日を記録(当時日本最大)。諫早市中心部で浸水深大、3m
1958.9.26-28	狩野川台風(昭和33年台風22号)	九州南部から東北(特に関東)	888	381	1289	829	2175		132227	389488	狩野川大洪水により中伊豆地方に散発的な氾濫。流木による土石流が発生して修善寺中学校の遡難者を多数襲撃。京浜地区も氾濫。世田谷・中野等に低地住宅地に浸水多発。世田谷区で避難学会が『水害危険区域の木造居住禁止』を決議
1959.9.26-27	伊勢湾台風(昭和34年台風15号)	全国(九州・北海道を除く)	4697	401	36135	4703	113052	680035	157858	205758	伊勢湾で暴風と高潮による高潮大襲来(名古屋港で潮位偏差3.4m、TP+3.89m)。木曽川水下で氾濫。地盤沈下が進行していた低地では濁水域が長期化し、日本建築学会が『水害危険区域の木造禁止』を決議
1961.6.24-7.10	昭和36年豪雨(梅雨前線)	全国(北海道を除く)	302	55	1088	670	1908		73126	341236	梅雨前線の長期間停滞による記録的な長雨となる。徳島県日早で大半半町の大半水没。岐阜市の7万戸以上が浸水。これを契機に災害対策基本法制定(1961)
1961.9.15-17	第2室戸台風(昭和36年台風18号)	全国(特に近畿)	194	8	14681	557	46663	437512	123103	261017	強風による被害多発(室戸岬で最大瞬間風速84.5m/s、最低気圧930.9hPaを記録。大阪市中心部にも満潮と重なり4.1mの高潮が襲来(大阪市街地の20%余が浸水)
1966.9.24-25	昭和41年台風26号	全国(特に山梨)	275	43	2493	73	9168	61412	9331	44270	山梨県所沢所で国内最高瞬間風速91m/sを観測。駿河湾で高波被害(台風進路右側の富士山・清水所で国内最高瞬間風速91m/sを観測)
1967.7.7-10	昭和42年7月豪雨(熱帯低気圧と梅雨前線)	九州北部から関東	365	6		1076	1365	1315	51353	250092	各地で山崩れ・崖崩れ多発。河川氾濫ゲリラ的集中豪雨が発生。(佐世保市、呉市、神戸市、西宮市、豊中市、諏訪市など)
1972.7.3-13	昭和47年7月豪雨(梅雨前線)	全国	410	32		1923	2940	3193	53756	176282	各地で山崩れ・崖崩れ、全国各地ゲリラ的集中豪雨。河川の氾濫と土砂崩れが多発
1976.9.8-17	昭和51年台風17号	全国	169		1466	2097	6694		101556	347094	大雨・台風、秋雨前線相まって記録的な長雨となる。長良川の堤防決壊で安八町と墨俣町で大半水没。岐阜県大垣市の8万戸以上が水没多発
1982.7.10-26	昭和57年7月豪雨(長崎豪雨)	西日本(特に長崎)	337	8	464	663	1046		21530	37322	梅雨前線の活動により断続的な豪雨。長崎市内で都市内河川が輻輳氾濫(重要文化財の眼鏡橋が破壊)。どの地下室・商業地の浸水多発(自家用車冠水で多数。防災機能知られず)
1983.7.20-27	昭和58年7月豪雨(山陰豪雨)(島根豪雨)	九州北部から東北(島根・山口)	117		3096					17224	梅雨前線の活動により各地に豪雨。河川氾濫による大規模浸水。日本初の大規模な人工災害が発生する
1991.9.24-10.1	平成3年台風19号	全国	62			170447	824			22965	風を中心とする風台風、全国11ヶ所で最大瞬間風速50m/sを記録。全国736万戸が停電(送電鉄塔の倒壊多発)。青森のリンゴ被害(りんご台風)と呼称
1993.7.31-8.7	平成5年8月豪雨(鹿児島地方豪雨)	九州から東北(特に福岡県・広島県北部)	74	5		615				21987	都市型災害(豪雨による駅地下街の浸水・駅周辺ビル71棟の地階電気設備水没・駅停電、電話不通)、広島県で崖崩れ・土石流多発
1999.6.22-7.4	梅雨前線豪雨	九州から東北(特に福岡県北部、広島県南部)	40							12453	強風、高波・大雨、広島県で全国台風史上第一(水害・高潮被害)、室戸岬で地盤沈没
2004.10.17-21	平成16年台風23号	四国から東北	99		19235					54850	強風、高波。室戸岬で最高波高13.6m観測(高波による地盤沈没)
2011.8.30-9.6	平成23年台風12号(紀伊半島豪雨)	四国から北海道(特に紀伊半島)	98			4008				22094	紀伊半島(和歌山・奈良三重県)の被害大(各所で洪水・土砂崩れ、せき止め湖、融雪台風)。奈良県の72時間雨量1652.5mmを記録(奈良県上北山村のアメダス)
2014.7.30-8.26	平成26年8月豪雨	西日本全域、特に広島県	81		143	132	855		2863	7230	台風12,11号・前線・秋雨前線の複合的豪雨により各地で中集中豪雨、広島市佐伯北区の住宅密集地市街後背で山崩れ・土石流(広島大災害)

豪雨による河川の増水・堤防決壊，強風の吹き寄せと低気圧の吸い上げ作用による高波・高潮は平野部に洪水を起こし，さらに雨で地盤の緩んだ傾斜地や山間部の崖崩れ・山崩れ・土石流などへ被害が拡大すると大災害となる。水害が暴風による風害と重なると両者の区別が困難な風水害となることも多く，また強風にあおられて火災が併発することもある。

国内最大の風水害はシーボルト事件の発端ともなった1828年9月の「子年の大風」（ねのとしのおおかぜ，死者2万人以上，家屋の全半壊流失10万棟以上）といわれているが，全貌は詳らかでない。戦後日本の最悪の水害は1959年9月伊勢湾台風によるもので，被害はほぼ全国に及び，とくに，伊勢湾では史上空前の高潮災害が発生した。おびただしい数の木造家屋が流出し，被害が拡大したことを受けて，日本建築学会は「水害危険区域の木造禁止」という声明を発表した。

この水害年表をみると，東京，大阪，名古屋といった大都市圏が大水害にたびたび見舞われていることがわかる。これらの都市地域は大きな河川の流域にあり，かつ広い海岸低地帯を擁するという共通点があり，台風の際に河川の氾濫と海岸の高潮という二つの水害要因が同時発生する危険をもっている。治水事業の進展とともに水害は軽減されてきてはいるが，海岸や河川の土木的治水には限界があり，陸上氾濫を完全に防ぐことは不可能であるといわれている。最近は，都市特有の水害としてビル地下室・地下街の浸水や，排水能力不足による市街地の広域浸水（内水氾濫），さらに集中豪雨による宅地造成地や丘陵地帯，山間部の土砂災害が頻発している。

(2) 日本の大津波災害

日本の大津波災害を表-1.4に時系列で一覧できるようにした。大津波は日本列島近海を震源とする大地震によって引き起こされるものがほとんどであるが，チリ地震津波（1960）のように遠方から襲来するもの，あるいは島原大変（1792）のように火山活動を原因とする津波もある。表中，津波の高さは平常潮位から測った浸水高または遡上高で，実態としては現地調査や古文書記録にある痕跡高である。近代以降，検潮記録があるものは主要地点での最大全振幅を備考欄に記載した。津波の高さに関するこれらの用語の定義は1.6節にある。

日本最大の津波災害は明治三陸地震津波（1896）で，震害はほとんどなかったが，津波が三陸沿岸を中心に東日本の太平洋岸を襲い，26 000人余が犠牲となった。東北地方太平洋沖地震（2011）では国内史上最大の地震マグニチュードM9.0を記録し

たが，震害よりも津波害のほうが大きく，犠牲者の 90％ 以上が水死であった。また，この巨大津波は福島第一原子力発電所を襲い，浸水による全電源喪失，原子炉のメルトダウン，水素爆発，放射性物質の広域拡散という悲惨な 2 次被害を引き起こした。

　津波の高さの国内最高記録は島原大変（1792）における布津町大崎鼻の 19 丈（約 57 m）とされている。これは火山性地震活動を起こしていた雲仙岳眉山の山塊が有明海に崩落して生じた津波で，島原と対岸の肥後合わせて 15 000 人が溺死した。八重山地震津波（1771）では石垣島宮良村で 28 丈 2 尺（85.4 m）という驚くべき遡上高が古文書に記録されているが，地震の規模（M7.4）の割には津波が大きすぎ，海底地滑りの痕跡も発見されていないので，その真偽についてはいまだ不明である。

　日本列島の太平洋岸には高さ 20 m〜30 m 級の大津波が幾度も襲っており，これらは図 -1.3 に示す三陸沖の日本海溝，および東海沖・紀伊半島沖・室戸岬沖に長く続く南海トラフに沿って起きる M8 以上の海溝型巨大地震によるものである。日本海沿岸に津波被害をもたらす地震の規模は M8 未満であるが，津波の到達時間が短いので（地震発生後 5〜10 分以内），被害が大きくなることが指摘されている。

　地震の規模から想定される津波よりも異常に大きな津波を誘発する地震を津波地震と呼んでいる。津波地震では，地震の揺れによる被害（震害）がさほど大きくないのに，津波の被害が激甚となる。本邦では，慶長三陸地震津波（1611），明治三陸地震津波（1896），昭和三陸地震津波（1933）が津波地震による大津波としてよく知られている。

［出典］「日本周辺のプレート分布」（海上保安庁・海上保安レポート 2008）をもとに作成

図 -1.3　日本列島周辺のプレートとその境界

表 -1.4 日本の大津波災害（年代順）

年月日	地震	マグニチュード	震源・波源	津波の高さ	津波の被害地域	被害（死者・行方不明者：人，住家：むね）						備考
						死	不明	流失	全壊	半壊	破損	浸水（床上） 浸水（床下）	
684.11.29 天武 13.10.14	白鳳地震（天武地震，南海東海・東南海・南海連動大地震）	M 8.3	南海道沖（南海トラフ）	不明	西日本太平洋沿岸	全容不詳．土佐で船が多数沈没							東海・東南海・南海連動型地震と推定される最古のもの．『日本書紀』（720年）にある最古の大津波の記録．飛鳥時代後期
869.7.13 貞観 11.5.26	貞観地震	M 8.3	三陸沖（日本海溝）	10 m以上	三陸沿岸	全容不詳．多賀城下で溺死約1 000							『日本三代実録』（901年）に被害記録．平安時代前期
887.8.26 仁和 3.7.30	仁和地震（五畿七道地震）	M 8.0〜8.5	紀伊半島沖（南海トラフ）	不明	四国，紀伊半島・大阪湾の沿岸	全容不詳．摂津（現大阪）で溺死多数							京都で家屋倒壊，圧死多数
1096.12.17 永長 1.11.24	永長地震	M 8.0〜8.5	東海沖（南海トラフ）	不明	伊勢・駿河	全容不詳．駿河で寺社・民家流失400余							遠州灘から熊野灘の地域．東海運動型と推定されている．京都・奈良に社寺損壊．平安時代後期
1099.2.22 康和 1.1.24	康和地震	M 8.0〜8.3	南海道沖（南海トラフ）	不明	近畿・四国	全容不詳．土佐で田千余町みな海に沈む							奈良興福寺・摂津天王寺が被害を受ける南海トラフで震源とする見方が有力であるが，そうでないとする説もある
1361.8.3 正平 16.6.24 （南北朝時代） 延元	正平地震（畿内・土佐・阿波海道地震）	M 8.3〜8.5	紀伊半島沖（南海トラフ）	5〜7 m土佐 3〜5 m摂津・鎌倉	紀伊半島から土佐・阿波・摂津沿岸の沿岸	全容不詳．阿波由岐湊で家屋流失1 700・流死60余，鰐浦で流死200							京都・奈良・熊野に社寺被害．南北朝時代
1498.9.20 明応 7.8.25	明応地震（東海道各地地震）	M 8.2〜8.4	遠州灘沖（南海トラフ）	6〜10 m伊勢志摩 8 m以上鎌倉由比ヶ浜	紀伊半島から房総の沿岸	全容不詳．伊勢大湊で溺死10 000，伊勢大湊で家屋流失5 000，静岡県焼津太郎左エ門で流死26 000（過大？），鰐鯨捕で漁師溺死数百							震害少．鎌倉大仏殿まで津波遡上．戦国時代初期
1605.2.3 慶長 9.12.16	慶長地震	M 7.9×2 回	室戸岬沖と東海沖（南海トラフ）	10〜13 m土佐の佐喜浜	犬吠埼から九州の太平洋岸	全容不詳．大隅・薩摩で溺死2 500余，土佐甲ノ浦350余・椎崎200余．流死．紀伊広村700，浜名湖橋本80							震害と津波津は別時に起きたとされている．三つもり地震とも考えられている．津波の高さ30 m（阿波鞆浦）の記録あり（過大？）．阿波国で被害多数
1611.12.2 慶長 16.10.28	慶長三陸地震津波（三陸・北海道東岸地震）	M 8.1	三陸沖（日本海溝）	15〜25 m三陸中小谷鳥（現山田間）	三陸沿岸・北海道東岸	全容不詳．死1 783．三陸沿岸で家屋流失多数，陸前岩手周辺家屋流失多数，南部津軽で人馬死3 000余							震害軽微．「津浪」という用語が初めて文献に登場している．「駿府記」「慶長見聞記」には
1677.11.4 延宝 5.10.9	延宝房総地震津波（磐城・房総地震）	M 8.0	房総半島沖	4〜8 m外洋沿岸	磐城から安房，八丈島	全容不詳．磐城沿岸で死130余，倒壊流失550，房総で流死246余・倒壊220．奥州花沼郡で死123							震害少．「津波地震」
1703.12.31 元禄 16.11.23	元禄地震	M 7.9〜8.2	伊豆大島近海（相模トラフ）	8〜10 m南房総 8 m鎌倉	犬吠埼から伊豆下田	6 700		28 000					房総半島側壊滅．小田原城下焼失．江戸の震害も多数
1707.10.28 宝永 4.10.4	宝永地震	M 8.4	紀伊半島沖（南海トラフ）	15 m土佐種崎 5〜6 m伊豆下田	伊豆半島から九州沿岸，大阪湾，瀬戸内海	20 000以上 （地震含む）		60 000	20 000	10 000			日本最大級の地震の一つ（東海地震と南海地震の同時発生と考えられている）
1741.8.29 寛保 1.7.19	北海道渡島半島西岸地震津波	火山	渡島大島のの山崩火に伴う山体崩壊	8〜15 m渡島西岸 4〜8 m津軽西岸	北海道渡島半島西岸から沿岸，佐渡	全容不詳．渡島半島沿岸で死1467・流死729，津軽西岸で死20余，佐渡鷲崎で家屋流失多数							北海道西南沖の地震（M 6.9?）・北海道最大の津波地震．火山活動
1771.4.24 明和 8.3.10	八重山地震津波（明和大津波）	M 7.4	八重山・宮古東方	約30 m石垣島	八重山・宮古群島（特に石垣島）	12 000		2 000					震害なし．家屋被害なし・すべて津波．「津波地震」とされている．「大波之時各村之形行書」には石垣島宮良村で津波最大遡上高さ28文2尺（85.4 m）の記録
1792.5.21 寛政 4.4.1	雲仙岳火山・地震（島原大変）	M 6.4	眉山（前山）の山体崩壊	57 m布津町大崎鼻	島原湾・有明海	15 000		6 000					火山活動による地震，「大波之時各村之形行書」に島原湾沿岸被害記録．死者10 000，対岸の肥後で死5 000．「島原大変肥後迷惑」と呼ばれる．島原湾の津波の高さ10 m
1793.2.17 寛政 5.1.7	東北地方東岸地震（寛政地震）	M 8.0〜8.4	宮城沖	4〜5 m両石（釜石）	三陸沿岸	全容不詳．大槌・両石で死9・全壊流失7，気仙沼で流失300余							花巻から仙台にかけて震害（推定最大震度5）．山田・田ノ浜で3〜4 m．大槌波
1804.7.10 文化 1.6.4	象潟地震	M 7.3	秋田・山形県境沿岸	4〜5 m象潟 3〜3.5 m酒田	秋田・山形沿岸	584		10 584					芭蕉の旧跡で知られる象潟（従2 km，水深2 m）が隆起し陸地化

年月日	地震名	M	震源	津波高さ	遡上海岸	(死者等数値)							附記
1833.12.7 天保4.10.26	(庄内沖地震)												
1854.12.23 安政1.11.4	安政東海地震	M 8.4	東海沖(南海トラフ)	21.1m 伊豆国崩 16.5m 南伊豆入間	房総から土佐の海岸(特に沿岸から伊勢湾)	2 658		44 966	17 486				翌日の安政南海地震の被害と区別困難。伊豆下田停泊中のロシア軍艦ディアナ号が後に大破しも航中造没、下田6m、伊豆西岸3~6m、駿河湾奥6~7m、志摩半島甲賀10m
1854.12.24 安政1.11.5	安政南海地震	M 8.4	紀伊半島沖(南海トラフ)	16m 土佐久礼 15m 紀伊木本	房総から九州の太平洋岸(特に、土佐、阿波・紀伊)								紀州広村を舞台とする「稲むらの火」がよく知られる(小泉八雲著)。土佐種崎11m、大阪沿岸3m、被害は別困難(左記に加え焼失12 846)。死18 000、全壊10 000、流失15 000とする資料もある
1896.6.15 明治29	明治三陸地震津波	M 8.5	三陸沖(日本海溝)	38.2m 三陸町綾里 26.7m 陸前高田 16.7m 釜石	北海道から宮城県の太平洋岸(特に三陸部)	26 360	1 844	9 879		3 692			震害ほとんど無し。津波被害、日本最大の津波被害。三陸町吉浜で24.4m、田老で14.6m、女川で3.1m、検潮記録による最大波高記録: 鮎川2.15m
1923.9.1 大正12	関東(大)地震	M 7.9	相模湾(相模トラフ北部)	12m 熱海 9.3m 館山相浜 6m 鎌倉	南関東沿岸	105 000余 (大半火災による)	868	128 266	126 233				「関東大震災」。地震後大火発生。死者の大半は火災による。検潮候波高300。鎌倉の海岸溺死300、布良で振幅: 横須賀2.79m、石巻1.55m
1933.3.3 昭和8	昭和三陸地震	M 8.1	三陸沖(日本海溝)	28.7m 綾里 16.9m 田老田畑 13.6m 宮古	三陸沿岸	1 522	1 817	4 034		4 018			震災少、津波被害とみられる。検潮振幅の表資料の異数による: 三陸板3.05m、塩釜2.79m、石巻1.49m
1944.12.7 昭和19	東南海地震	M 7.9	紀伊半島沖(南海トラフ)	9.0m 尾鷲 6~8m 熊野海沿岸 1~2m 南伊豆沿岸 2.6m 布良	和歌山県から静岡県(特に、愛知・三重。静岡3県)	1 223	3 129	16 455		36 520	12 156		戦時中の混乱のため数多の資料にとっている可能性が高い。検潮振幅: 三重板板振幅1.8m、布良2.6m
1946.12.21 昭和21	(昭和)南海地震	M 8.0	紀伊半島沖(南海トラフ)	4~6m 高知・三重。徳島沿岸里	高知から九州の太平洋岸(特に、和歌山・高知沿岸)	1 330	1 451	11 591	23 487		33 093		焼失2 598。戦後の混乱のための被害実態数が不確定。検潮振幅: 三浦半島2.19m
1952.3.4 昭和27	十勝沖地震	M 8.2	十勝沖(千島海溝)	6.5m 厚岸 1~2m 三陸沿岸	北海道から房総半島の太平洋岸・北海道東部沿岸	28	815	91	1 324	6 659		328	道東の厚岸沿岸、浜中町(霧多布)で1mの流水が示津波が1m津波に5m降り、押し民家を破壊。気象庁の津波観測開始(1952.4.) 検潮振幅: 宮古3.55m
1960.5.23 昭和35	チリ地震津波	Ms 8.5 Mw 9.5	南米チリ沖	5~6m 三陸沿岸 5m 石巻 4m 尾鷲	北海道から沖縄、特に北海道南部沖・三陸沿岸・志摩半島、九州沿岸	142	3 830	2 183		30 000			地震発生後22時間を経てから津波が日本に襲来。ハワイで死61。速地震波警報網が作られる(気象庁)
1964.6.16 昭和39	新潟地震	M 7.5	新潟県沖	4m 新潟沿岸 3~3.5m 佐渡両沿岸	新潟県沿岸	26	1 960		6 640	67 825	9 473	5 823	新潟市で地盤液状化。(RCアパート多数傾斜)。新しいRC建築(特に小学校)の崩壊立つ(住のせん断破壊)。家屋全焼290
1968.5.16 昭和43	1968年日本海中部地震	M 7.9	青森県東方沖	3~5m 三陸沿岸 3m 襟裳岬	男鹿半島から九州の太平洋岸、韓国東岸	52	673		3 004	15 697		308	新しいRC建築の観察目立つ(宮古・八戸)。火災290の焼損4.72m
1983.5.26 昭和58	昭和58年日本海中部地震	M 7.7	秋田県沖	8~14m 秋田県北部沿岸 3~4m 北海道松前	日本海側各地、中国、韓国(特に、秋田県)	104	1 584		3 515	5 962	298	742	地震発生から短時間(7~8分)で津波到達。死者のうち100が津波による
1993.7.12 平成5	平成5年北海道南西沖地震	M 7.8	奥尻島北西沖	31.7m 奥尻島藻内 10m 乙部青苗	北海道南端の日本海沿岸(特に、奥尻島)	202	601	28	408	5 490	221	234	奥尻島最北端市街地区で火災発生。壊滅状態(5分間津波到達)、火災原因はプロパンガス。暖房用灯油タンク。家屋焼失192
1994.10.4 平成6	平成6年北海道東方沖地震	M 8.1	根室半島東方沖	5m 宮古市沿岸 1.73m 花咲	北海道・東北地方の太平洋岸	10	61		348	7 095		189	震度ほぼ5が計測された。クナシリ島・シコタン島でも津波10m
2011.3.11 平成23	東北地方太平洋沖地震	M 9.0	三陸沖(日本海溝)	40.1m 大船渡市綾里 37.9m 宮古田老 34.7m 女川 21.1m 富岡町	北海道から千葉県の太平洋岸(特に、岩手・宮城・福島3県)	15 879	128 911	2 700		268 882	733 719	19 790	15 630	「東日本大震災」。日本観測史上最大マグニチュード。最大遡上高7~8m(宮城県原町)。関東北までに及ぶ強度水。太平洋岸地域沿岸下における市街地の長期間水没。福島第1原子力発電所の放射性物質拡散による広域汚染。全壊279、非住家被害56 029、検潮振幅: 大船渡8.5m以上、釜石4.2m以上、大船渡8.0m以上、鮎川8.6m以上、相馬9.3m以上

第 1 章　建築物の水害

表 -1.5　世界の巨大津波災害（年代順）

年月日	名称	マグニチュード	震源・波源	津波の高さ	津波の被害地域	津波の被害状況	備考
1755.11.1	リスボン地震津波	不明	ポルトガル沖大西洋	6〜15 m リスボン 15 m タンジール	大西洋沿岸一帯	死 62 000（地震・火災含む）	リスボン市大半の建物倒壊・火災
1868.8.13	アリカ地震津波	Ms 8.5 Mw 9.1	チリ北部アリカ沖	14 m アリカ 12 m イキケ（チリ） 4.6 m ヒロ（ハワイ）	太平洋沿岸・ハワイ	アリカで死 25 000（地震含む）	函館で 2 m
1883.8.27	クラカタウ火山噴火津波	噴火	クラカタウ火山（インドネシアのスンダ海峡）	30 m 超 スマトラ島、ジャワ島沿岸	インド洋・太平洋沿岸	死 36 000（ほとんど津波による）	津波で流された巨岩が激突して海抜 46 m の灯台が倒壊
1946.4.1	アリューシャン地震津波	Ms 7.4	アリューシャン列島東部	35 m ウニマク島 8.1 m ヒロ	アラスカ・ハワイ	死 165 以上（ほとんどが津波による、ハワイ島で死 159）	ウニマク島スコッチキャップ灯台（海抜 30 m）に津波が直撃し RC 造の上部流失。アリイ地震・日本の太平洋沿岸に家屋浸水多数
1952.11.4	カムチャッカ地震津波	Ms 8.2 Mw 9.0	カムチャッカ半島東沖	4〜15 m カムチャッカ半島 4〜18 m 千島列島北部 4〜6 m ハワイ	太平洋沿岸・ハワイ	カムチャッカ半島から千島列島にかけて死者、建物破壊多数、日本の太平洋沿岸で家屋浸水多数	釜石・宮古で 3 m
1958.7.9	リツヤ湾津波	フィヨルド崩落	アラスカ州リツヤ湾	525 m リツヤ湾	リツヤ湾内（局地的）	死 2（リツヤ湾停泊中の漁船による）	525 m は津波（遡上高）の世界記録。M7.9 地震後にフィヨルド岸壁が斜面崩壊しリツヤ湾になだれ込んだ
1960.5.22	チリ地震津波	Mw 9.5	南米チリ沖	20〜25 m モチャ島（チリ） 10.5 m ヒロ（ハワイ） 5〜6 m 日本沿岸	太平洋沿岸・ハワイ	死 2 290（地震と津波による）、ハワイで死 61、日本で死不明 142	世界最大の超巨大地震
1964.3.28	アラスカ地震津波	Ms 8.4	プリンス・ウィリアム湾	9〜12 m ヴァルデズ 4.5 m 米ワシントン州	北米西海岸一帯	死 131（ほとんど津波による）	石油施設が破壊され大津波火災（アラスカ州ヴァルデズの町は壊滅）
2004.12.26	スマトラ地震津波（インド洋大津波）	Mw 9.0	スマトラ島西方沖	12〜30 m 余 バンダ・アチェ 10 m 以上 プーケット 10 m 以上 スリランカ	インド洋沿岸 13 か国	死不明 283 000（ほとんど津波による）	世界史上最悪の津波災害、インドネシアのバンダ・アチェ市内の浸水深 6 m 余

(3) 世界の巨大津波災害

世界の巨大津波災害を年代順に表-1.5に整理しておいた。津波の高さの世界記録はリツヤ湾津波（1958年，アラスカ）の遡上高525 m とされており，想像を絶する高さである。これは地震によって崩壊したフィヨルド岸壁の膨大な量の岩塊がリツヤ湾になだれ込んで起きた津波であるが，幸い人跡未踏の地であったため被害は小さかった。史上最大のマグニチュードを記録したチリ地震（1960年，Mw9.5）では，津波が太平洋沿岸全域・ハワイ諸島に伝播し，日本にも地震発生後丸1日経って到達し，大きな被害をもたらした。世界史上最悪の人的被害となった津波は21世紀になって起きたスマトラ島沖地震津波（2004年，Mw9.0）で，28万人以上が犠牲となった。

ほとんどの巨大津波は太平洋沿岸とインド洋沿岸で起きているが，大西洋でもリスボン地震津波（1755年）が歴史上よく知られている。また，表にはないが，白亜紀 Kreide と第3紀 Tertiary の地質境界（約6500万年前）に地球外物質イリジウムが分布していることから，K-T インパクトと呼ばれる巨大隕石の衝突があったとされ（ユカタン半島付近），それによってメキシコ湾・カリブ海の沿岸には高さ300 m の津波が襲ったと推定されている。

1.5 建築物の被害度と認定

(1) 被災者支援制度と建築物の被害度

自然災害が頻発するわが国では，自然災害による被災者を支援する制度が各種用意されている。ここでは，行政的支援，損害保険，応急判定の三つを紹介する。いずれも建築物（住家）の損傷の程度によって，支援金や保険金の額を裁定したり，被災建物の危険度を判定したりする方法がとられている。したがって，そこで用いられている被害度区分を調べておくことは構造工学的な観点からも参考になる。構造工学における被害度区分については第3章で述べる。

(2) 被災者生活再建支援法と罹災証明

被災者の公的支援制度は図-1.4のような仕組みになっており，損害保険とも部分的に連動している。内閣府が定めた「災害に係る住家の被害認定基準運用指針（2009年）」では，住家の被害の程度を「全壊」，「大規模半壊」，「半壊」，「半壊に至

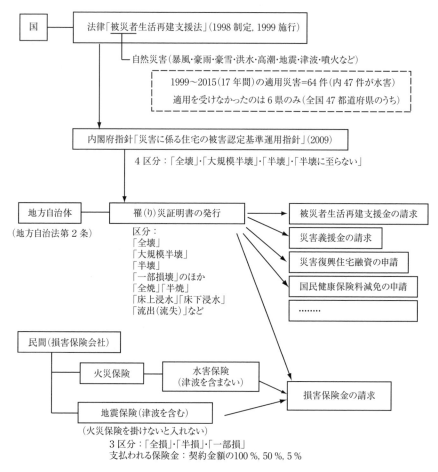

図-1.4　自然災害による被災者の支援制度

らない」の4区分に設定している。これは，平成10年（1998年）に制定された法律「被災者生活再建支援法」に基づくもので，自然災害により生活基盤に著しい被害を受けた人々に対して支援金を支給し，生活の再建と被災地の復興を促すために定められたものである。したがって，被害レベルの区分は経済的な損失（補修・建替え等再建に要する費用や賃貸住宅への移転費用）が念頭に置かれている。そのため，「半壊」であっても，また「浸水」により流入した土砂や瓦礫の除去が困難あるいは悪臭のため，「やむを得ず解体」するものは全壊として扱うことができるので，必ずしも構造工学的な被害レベルとは対応しない。

被災者生活再建支援法が適用される対象は，暴風，豪雨，豪雪，洪水，高潮，地震，津波，噴火その他の異常な自然現象により生じる被害とされている。同法の開始（1999年）から2015年までの17年間に適用された自然災害は64件で，そのうち47件が台風・津波・高潮・梅雨前線等による水害である。この期間に，この法制度の適用を受けなかった（大きな自然災害がなかった）のは全国47都道府県のうちわずか6県のみであり，日本列島全域が自然災害の危険に曝されていることがわかる。

市町村が自治事務（地方自治法第2条）として被災状況の現地調査等を行った上で発行する罹災証明書では，被害の程度を全壊・大規模半壊・半壊・一部損壊のほか，市町村によって全焼・半焼・床上浸水・床下浸水・流出（流失）などの区分で罹災程度を認定している。この被害認定は前記内閣府の運用指針に基づいており，一部損壊は同指針の「半壊に至らない」に対応している。津波の被害が広範囲に及んだ2011年東日本大震災では，認定を迅速化するため調査の簡素化が図られ，例えば，仙台市等では住家流出のほかおおむね1階天井まで浸水したものを全壊，床上浸水おおむね1m以上を大規模半壊，それ以下の床上浸水を半壊，床下浸水を一部損壊と認定した。

市町村が発行する罹災証明書は，種々の被災者支援制度（前記の被災者生活再建支援金のほか災害義援金，災害復興住宅融資，国民健康保険料減免など）の適用申請や，地震保険など損害保険金の請求を行う際に必要となる。

(3) 地震保険と水害保険

損害保険会社が提供する地震保険（火災保険に付帯する保険で，地震や噴火に起因する震動・火災・津波等による損害を被ったときに保険金が支払われる保険）では，損害の程度を「全損」，「半損」，「一部損」の三つに区分している。この3区分に応じて，支払われる保険金の契約金額に対する率が決められている（順に100%，50%，5%）。この3区分は，罹災証明の全壊，半壊，一部損壊と用語が似ているが，対応しているわけではない。地震保険における損害の3区分は損害保険会社から委嘱を受けた損害保険登録鑑定人（日本損害保険協会の試験に合格し同協会に登録されている者）が財産価値に対する毀損度の観点から損害の鑑定を行っているので，構造工学的な観点での損傷度とは必ずしも相関しない。

日本では水害に対する保険（いわば水害保険）が火災保険にオプションとして付

帯している。この水害保険が対象とするのは台風，暴風雨，豪雨等による洪水，高潮，土砂崩れ等による被害となっており，津波は含まれない（津波は地震保険で扱う）。水害保険の補償内容は保険会社によって多少異なっているが，一般的には，建物あるいは家財の時価の30％以上の損害，または床上浸水による損害に対して一定の制限のもとで保険金が支払われる。なお，損害保険では水害を火災に合わせて水災と呼んでいる。

(4) 応急危険度判定

　日本建築防災協会の「被災建築物応急危険度判定マニュアル」では，地震で被災した建築物の危険度を判定する「応急危険度判定」の方法が規定されている。そこでは，震害を受けた建築物を「危険」，「要注意」，「調査済」の三つに分類し，それぞれ赤色，黄色，緑色のステッカーが建物ごとに貼られる。「危険」と判定されたものは原則立ち入り禁止で，「調査済」はさしあたり安全（使用可能）を意味する。判定は，応急危険度判定士が市町村の要請によって実施するもので，都道府県の地震対策推進条例がその根拠法令となっている。応急危険度判定士は建築士程度以上の専門的知識を有し，都道府県が実施する応急危険度判定に関する技術講習を受講し，居住地または勤務地がある都道府県に登録された建築技術者である。「危険」，「要注意」，「調査済」の判定は，構造種別（木造，鉄骨造，鉄筋および鉄骨鉄筋コンクリート造の3種）ごとに用意されている調査表に建築物の全体および部分の被災度を記入し，それを総合して判定が行われる。

　応急危険度判定は，地震による被災建築物の余震等による倒壊や落下物または転倒物の危険性を被災後，迅速に判定し，人命にかかわる二次災害を防止することを目的としているので，上で述べた行政上あるいは損害保険上の被害度区分とは関係しない。しかし，第3章で述べる構造工学的な被害度区分とはかなり密接な関係がある。

1.6　津波の高さと建築物の高さ

(1) 津波の高さ

　2011年東日本大震災では津波の被害が甚大で，死者の90％以上が津波による犠牲者であった。また，家屋の倒壊流失が10万棟を超え，浸水を含めた建築物の被

害は全部で120万棟にも及んだ。三陸沿岸の多くの場所で津波の高さが30 mを超えていたことが報告され，最大は大船渡市綾里湾の40.1 mであったとみられている。これらの数字が建築物の高さとどのような関係があるかを知っておく必要がある。

図-1.5に，津波の最大高さ，最大波高，遡上高，痕跡高，ならびに建築物にかかわる浸水深，浸水高，およびこれらの測定基準となる平常潮位，基準面，地盤高を図示しておいた。津波の最大高さとは，平常潮位から波の頂上までの高さの最大をいう（単に，高さということが多い）。ここで，平常潮位（天文潮位，推算潮位，平滑潮位ともいう）は，過去に観測された潮位データをもとに計算した当該場所・当該日時の潮位の予測値をいい，もしそのとき津波が来ない平穏な状況であれば潮位はこのレベルであったはずという意味をもつ。潮位とは，基準面から測った海面の高さで，波浪などの短周期成分を平滑除去したものである。基準面としては，東京湾平均海面（東京湾の平均海水面，Tokyo Peil，TPと略称）がよく用いられるが，当該場所周囲の平均海水面（Mean Sea Level，MSL）や観測基準面（検潮所毎に設定された潮位観測の基準面，Datum Line，DL）なども用いられる。ここで，平均海水面とは，当該場所における静穏な海水面の水位で，潮汐などで上下する海水面のある一定期間（1年または5年が多い）の平均である。ちなみに，標高とは，平均海水面（日本ではTPを標準とし沖縄や離島では島周囲のMSL）から測った高さのことで，海抜（海抜高度）と同じ値になる（TPは海抜ゼロメートル）。

津波の最大波高とは，波高の最大をいう（他の類似語との混同を避けるために最大全振幅ということが多い）。ここで，波高とは，波の谷から峰までの高さをいう。なお，津波予報のような音声伝達では波高ではなく，「波の高さ」を用いている。津波の遡上高とは，津波が陸上に這い上がった地点の高さを平常潮位から測ったも

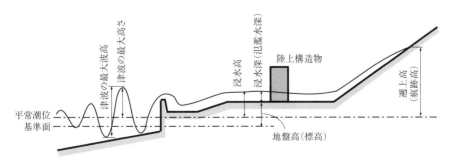

図-1.5 津波の高さ

ので，その最大値を最大遡上高というが，単に遡上高ということが多い．

　津波の痕跡高とは，被災地の現地調査で観察される崖の浸食，樹木の損傷，山腹に漂着した瓦礫の列，建物外壁に付着した泥，建物の損傷箇所，および目撃証言など，遡上した津波の水面のレベルを示唆する痕跡を平常潮位から測った高さをいう．陸上では津波の高さを計測するシステムが配備されていないので，現地での痕跡調査による痕跡高が遡上高や浸水高の代わりに用いられることになる．歴史津波においても，津波の高さは古文書にある被害記録すなわち痕跡高となる．大津波では検潮所（験潮場）が津波で破壊されたり，検潮儀の能力を超えたりするので，津波の規模を痕跡高で表すことが多い．検潮儀による測定値（検潮記録）であることが特記されていない限り，津波の高さは痕跡高である．

　建築物の津波被害に最も関係するのが浸水深である．浸水深とは，陸上を氾濫する津波の高さを地盤面から測ったものである．浸水深が住家の床の高さ以下であれば床下浸水，越えれば床上浸水となる．津波が流速をもつと，津波がぶつかる建物の前面では外壁に沿って水面が盛り上がり，後面では沈み込む傾向を示すが，浸水深はその上下変動を含まない．すなわち建物などの障害物がないとしたときの陸上水深である．浸水深は津波以外の洪水や高潮，内水氾濫においても，同じ定義で用いられる．しかしながら，浸水深という用語は建築の視点からはやや違和感がある．というのは，ここでいう浸水は氾濫流による陸地の浸水を指しているが，建築では床上浸水のように屋内の浸水に注目するからである．そこで，本書では，屋内浸水を議論する場合，氾濫流の水深を短縮表記した氾濫水深（混乱の恐れがない場合は単に，水深），あるいは限定句を付けた屋外浸水深という用語を浸水深と同義語として用いる．

　浸水高とは，陸上の津波の水面を平常潮位から測った高さであるが，浸水深と混用されることがある．地盤高は地盤面のレベルを基準面（通常 TP）から測った高さで，当該地点の標高（海抜）と同じである．本書では，浸水高という用語を用いないことにする．

　建築物に残された津波の痕跡を図-1.6 に数例示す．いずれも 2011 年東日本大震災の津波によるものである．痕跡は時間の経過とともに人手・風雨等によって消去，かく乱される．掲載した写真は震災から 3 週後に撮られたもので，津波以外の影響をまだ受けていないとみられるものである．津波による建築物の損傷は，その直前の地震による損傷と区別がつかないことがあるが，外壁への泥の付着や，庇・屋根

1.6 津波の高さと建築物の高さ

(1) 泥の付着

(2) 泥の付着と庇の損傷

(3) 窓ガラス・屋根の損傷

(4) 軒樋の損傷

(5) 屋上の漂流物

図-1.6 建築物に残された津波の痕跡

仕上げ材・樋などの非構造部材が局所的にへこんだり，めくれたりしていると，それはほぼまちがいなく水の流れや漂流物の衝突によるものである。屋上に漂流物が載っていると，それは津波が越流し，建物が水没したことを示唆する。写真に記入した高さの数値は，痕跡から推定される津波氾濫流の浸水深であるが，実際の浸水深はこれよりも大きい可能性があることに注意する必要がある。

(2) 建築物の高さ

建築物にも高さなるものがいくつかある。「建築物の高さ」と「軒の高さ」は建築基準法施行令第2条で種々のケースについて細かく定義されており，「最下階の床

21

の高さ」は同第22条に示されている。それぞれ，最高高さ，軒高，床高のように短縮形で慣用されている。床高は必要に応じて1階床高，2階床高のように表現することがある（通常の床高は1階床高を指す）。これらはすべて敷地の地盤面（傾斜があるときは平均地盤面）から測った高さである。代表的なケースについてこれらの「高さ」を図-1.7に例示しておく。

1階床高は，床下に特別な防湿処置あるいは床の構造に防腐措置をしない限り，45 cm以上としなければならないことになっているので（施行令第22条），通常，

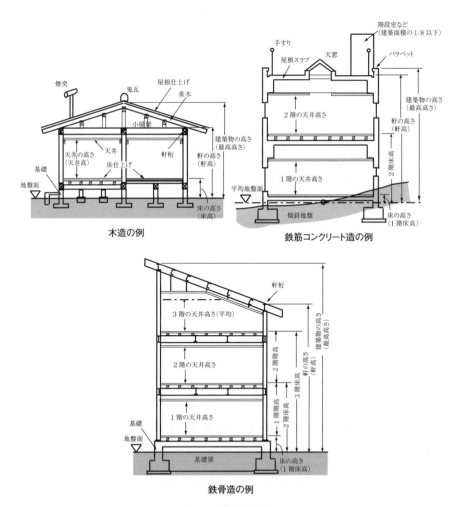

図-1.7　建築物の高さ

浸水深 45 cm を床下浸水と床上浸水の境界としている。浸水深が 1 階床高を越えれば床上浸水となり，2 階床高を越えれば 3 階（3 階がないときは屋上）への避難を余儀なくされる。浸水深が建築物の高さを越えれば，津波や洪水は建築物を越流し，建築物は水没する。

　以上のほか，「天井の高さ」は施行令第 21 条で規定されており，天井高と通称している。天井高は，住宅等の居室では 2.1 m 以上，床面積が 50 m^2 を超える学校の教室では 3 m 以上となっている。階高は設計用語で，当該階の床上面から直上階の床上面までの鉛直距離をいう。層高は構造設計用語で，骨組解析を行う際に線材に置換された梁（横架材）の鉛直方向間隔をいい，層間変形（層の上下の水平変位の差）や層間変形角（層間変形を層高で割ったもの）を算定するときに用いる。

演習問題

1. 南海トラフを震源とする巨大地震が過去どのような間隔で発生しているか調べ，現時点でその危険がどの程度差し迫っているか推察してみよう。
2. 自然災害は人々の生活に打撃を与え，人生にも影を落とす。実際に起きた自然災害を題材とした小説を読んでみよう。
3. 被災者生活再建支援法に基づく支援金が同法施行以来一度も支給されていない都道府県を調べてみよう。

第2章 日本の建築事情と水害

2.1 水害の背景にある建築事情

　わが国の建築物は水害を受けやすい。それには，台風や津波がたびたび襲来する国土環境だけでなく，わが国特有の建築事情も関係している。建築物の構造や規模，建築の教育制度，建築士の資格制度，建築関係法令など，水害にかかわるわが国の建築事情を概観し，水害対策を困難にしている背景を考察してみよう。

2.2 建築統計

(1) 戦後の建設の推移

　わが国は終戦 (1945年) 後の荒廃期を脱した1955年あたりから急速な経済成長の時代に入り，図-2.1 に見るように，木造，鉄骨造，鉄筋コンクリート造 (以下，RC造) のいずれも，建築物の建設が1970年代初頭まで急増した。その後，第1次オイルショック (1973) と第2次オイルショック (1979) によって変動が起きたものの建設工事は少しずつ増加し，1990年頃にピークを迎えた。その後は，日本経済のバブル崩壊 (1991)，アジア金融危機 (1997)，世界金融危機 (2008) の影響を受けながら，建設工事はもち直すことなく減少を続けている。現代は大量のストック (既存建築物) の維持保全・改修の時代に入っている。

(2) 最近の建築工事

　最近の着工建築物 (新築に増改築を加えたもの) の構造別割合を2015年 (平成27年) でみたのが図-2.2 である。棟数，床面積とも木造が第1位を占めている。建物内における人々の生活や活動の量と密接な関係がある床面積でみると，およそ木造：鉄骨造：RC造 = 4：4：2 になっている。

第 2 章　日本の建築事情と水害

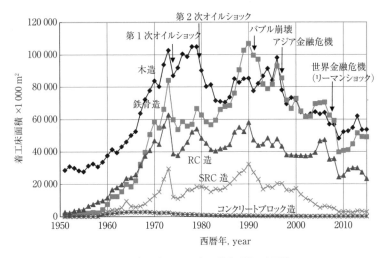

図-2.1　1951 年～2015 年の構造別着工床面積

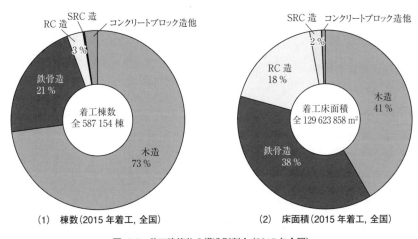

(1) 棟数（2015 年着工，全国）　　　(2) 床面積（2015 年着工，全国）

図-2.2　着工建築物の構造別割合（2015 年全国）

　次に，新築工事の階数別割合をみると**図-2.3** のようになっており，棟数，床面積とも 2 階建が圧倒的多数を占めている。これは全体に占める戸建住宅の割合が大きいことを反映したものである。1 階建，2 階建の低層建築は木造が多いことも，棒グラフの内訳からわかる。

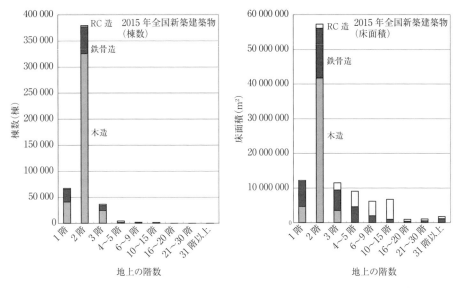

図-2.3　新築工事の階数別割合 (2015年全国)

次に，全構造の新築床面積の用途別割合をみると**図-2.4**のように，住居専用が圧倒的に多く，全体の65％を占めている。さらに，それを木造，鉄骨造，RC造別にみたのが**図-2.5**で，総床面積のちがいに応じて円のサイズを調整してある。どの構造も住居専用が多数を占めるが，木造はとくに多く93％を占める。鉄骨造の住居専用は低層の鉄骨系プレハブ住宅が主なもので，RC造の住居専用は高層集合住宅（いわゆる高層マンション）が多い。鉄骨造は用途が多様で，住居専用に次いで多いのが商業建築となっている。RC造は住居専用の次に公共・文教施設が多いのが特徴である。

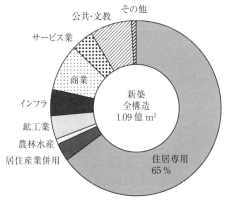

図-2.4　全構造新築工事の用途別割合 (2015年全国)

第 2 章　日本の建築事情と水害

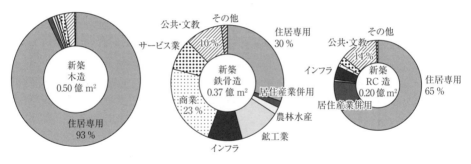

図 -2.5　各種構造新築工事の用途別割合（2015 年全国）

（3）住居の構造と階数

　住居（住居専用と住居産業併用）に着目して，2015 年新築床面積の地上階数別割合をみたのが**図 -2.6** である。1 階建と 2 階建が全体の 70 % を占める。さらに，それを木造，鉄骨造，RC 造に分けたのが**図 -2.7** で，総床面積に応じて円のサイズを変えてある。木造は当然であるが，鉄骨造も 2 階建が大半を占めている。これに対して RC 造の住居は高層が多いことがわかる。大津波や大洪水の際に，低層が大半を占める木造や鉄骨造の住居は建物

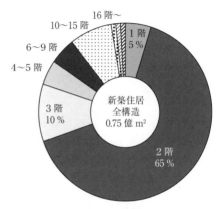

図 -2.6　新築住居の階数別割合（2015 年全国）

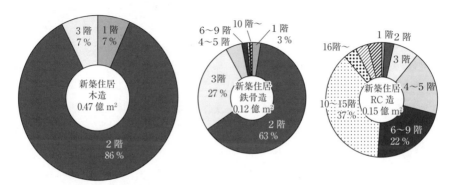

図 -2.7　各種構造新築住居の階数別割合（2015 年全国）

が水没する危険が高く，RC造の住居は上層階への避難が可能な高層のものが多い．

(4) 災害による住居の滅失

災害による住居の滅失戸数を図-2.8に，建築物の滅失床面積を図-2.9に示す．ここでいう災害は，火災・風水害・震災・その他であり，老朽化などによる解体は含まれていない．それぞれ，戦後昭和から平成の65年間（1951～2015）と平成元年以降（1989～2015）に分けて示してあるが，縦軸のスケールが異なることに注意してほしい．わが国は戦後10年ほどのわずかな間にたびたび大災害に見舞われており多くの住居が失われている．高度経済成長の時代に大災害がほとんどなかったのは幸いであったが，これは単に気象上の幸運だけでなく防災対策が進んだことにもよる．平成の時代には災害による住居の滅失が昭和時代よりも相対的に少なくなっているとはいえ，安心はできない．平成23年（2011年）東北地方太平洋沖地震による大津波はおびただしい数の住居の滅失を引き起こした（全集計は未だ終わっていない）．

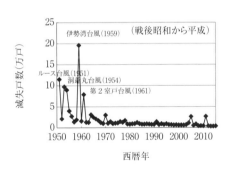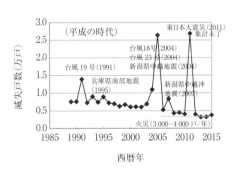

図-2.8 災害による住居の滅失戸数

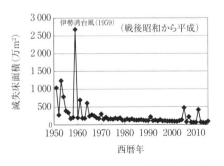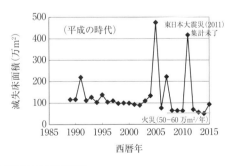

図-2.9 災害による建築物の滅失床面積

2.3　建築士制度

（1）建築士の種類と権限

　わが国には建築士と呼ばれる資格制度があり，これによって建築物の安全性や機能性などの品質を確保する仕組みをもっている。表-2.1 に示すように，建築士には一級建築士，二級建築士，木造建築士の3種類があり，それぞれその所掌範囲が建築士法によって定められている。一級建築士はあらゆる建築物の設計と工事監理を行うことができる。二級建築士は比較的小規模の建築物の設計と工事監理を行うことができ，木造建築士は階数が2以下の小規模木造に限定される。

表-2.1　建築士の種類とその所掌範囲（建築士法第3条）

区分				一級建築士	二級建築士	木造建築士
用途	学校，病院，劇場，映画館，観覧場，公会堂，集会場（オーディトリアム有り），百貨店で，$A>500$			○	×	×
	上記以外			○	構造の区分による	
構造	全構造共通	$A>1\,000$ and $N≧2$		○	×	×
		$A>100$(木造は300) or $N≧3$		○	○	×
	木造	$H>13$ or $h>9$		○	×	×
		$H≦13$ and $h≦9$	$A>300$ or $N≧3$	○	○	×
			$300≧A>100$ and $N≦2$	○	○	○
	鉄骨造 鉄筋コンクリート造 石造	$H>13$ or $h>9$ or $A>300$		○	×	×
	煉瓦造 コンクリートブロック造 無筋コンクリート造	$H≦13$ and $h≦9$ and $300≧A>30$		○	○	×

○：設計・工事監理ができる，　×：設計・工事監理のいずれもできない。
$H=$ 建築物の高さ(m)，$h=$ 軒の高さ(m)，$A=$ 延べ面積(m^2)，$N=$ 階数(階)

（2）建築教育と建築士試験

　建築士は一級・二級・木造建築士の区分に応じて建築士試験の受験資格が定められており（建築士法第14条，第15条），建築教育と密接な関係がある。それを図-2.10 のフローチャートに示す。
　一級・二級・木造建築士はいずれも試験に合格することによって免許が与えられる。一級建築士は国家試験（国土交通大臣が行う試験）で，二級建築士と木造建築

2.3 建築士制度

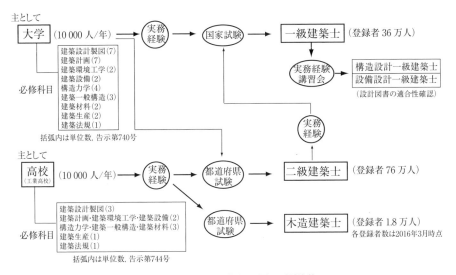

図-2.10 建築教育と建築士試験の受験資格

士は地方試験(都道府県知事が行う試験)である。一級建築士試験は主として大学で、二級建築士試験と木造建築士試験は主として高校(工業高校)で、それぞれ図中に示す所定の科目を修得し、実務経験を経てから受験資格が得られる。全国の大学と高校の建築学科あるいは建築コースを卒業する学生と生徒の数はほぼ等しく、それぞれ1万人/年である。建築士登録者数は、一級が36万人、二級が76万人、木造が1.8万人である(2016年3月末時点)。

以上のことから、大学と高校の建築教育の内容がそれぞれ一級建築士と二級・木造建築士の職務に連動していることがわかる。二級・木造建築士による設計が木造を中心とする小規模建築物に限定されていることから、おのずと高校の建築教育はその範囲が中心となる。上でみたように、わが国の建築物は2階建以下の木造住宅が圧倒的多数を占めており、工業高校と二級・木造建築士がその需要を支えている。

一方、大学の建築学科はすべての建築物を扱う一級建築士の養成機関でもあるので、教育の内容も広範でかつ高度となる。しかしながら、水害にかかわる授業科目が提供されておらず、水理学や水害対策の知識を学んだ一級建築士がほとんどいないというのが実情である。教育と行政いずれにおいても水害問題は土木分野の所掌するところとする認識が固定化しており、建築の水害対策が進まない一因となっている。

2.4 構造耐力に関する法令

建築基準法では第20条で構造耐力に関する基本事項が規定されており，そこでは建築物を規模の大きいほうから順に一号，二号，三号，四号建築物に分けている。それに応じて建築基準法施行令で構造耐力の確認の方法が規定されており，その枠組は図-2.11のようになっている。なお，本書では以下，建築基準法，建築基準法施行令，建設省告示（国土交通省告示）をそれぞれ，基準法または法，施行令または令，告示と略称することがある。

ここで注目すべき点は，四号建築物といわれる木造を中心とした小規模建築物の構造設計において，構造方法に関する技術的基準（いわゆる仕様規定）を満たせば，構造計算が不要とされていることである。わが国の建築物の大半を占める低層住宅は上でみたように二級建築士あるいは木造建築士によって設計されるが，その際，構造計算が行われず，構造耐力が数値で表されない不明瞭な状況になるということである。このことは，今まで想定していなかった津波や洪水による氾濫流に対して構造耐力上の安全性を検証する作業が四号建築物，とくに木造住宅では困難となることを意味している。

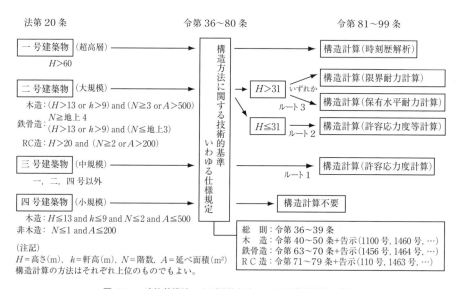

図-2.11　建築基準法および同施行令における構造設計の枠組

2.5 換気に関する法令と浸水

建築物の換気対策と浸水対策は相容れない設計要件である。建築物の換気は，居住者の健康維持のための居室の換気と地面からの湿気対策としての床下の換気が，法第 28 条と令第 22 条でそれぞれ規定されている。

居室の換気に関する法令は紆余曲折を経ている。図 -2.12 に示すように，オイルショックや地球温暖化問題を契機に高気密・高断熱の省エネ仕様が普及したが，その反動として，今度は，建材に含まれる化学物質が室内に滞留することによる健康被害が問題化した（シックハウス症候群と呼ばれる）。その対策として現在では 24 時間換気が法令で義務付けられている。換気システムは機械換気と自然換気の組み合わせ方によって，第 1 種，第 2 種，第 3 種に分類されるが，いずれの場合も，機械換気設備（強制換気）が必要である。このとき，給気口と排気口が建物内部への氾濫水の浸入口となる。さらに，最近では，大気中の花粉や微小粒子状物質（PM2.5）の大気浮遊量が増加し，また原発事故による放射性物質の飛散も現実に起きたため，外気がいつも清浄とはいえない状況にあることが認識されるようになっ

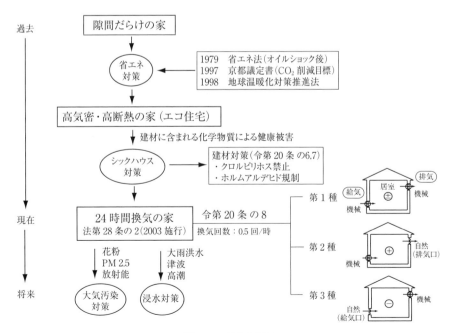

図 -2.12 居室の換気

てきた。これらの室内流入を防ぐために給気口や給気機には今後，工夫が求められることになると考えられ，このことは浸水対策と合わせて検討する必要があろう。

次に，床下換気は最下階の木造床の防湿を目的として古くから規定されているもので，令第22条では，特別な防湿対策を講じない限り，床の高さは地面から45 cm以上，床下換気孔の面積は外壁5 m以下ごとに300 cm^{2}以上が必要と規定されている。図-2.13に示すように，床下換気孔は布基礎を切り欠いて設けることが多いが，最近では布基礎天端と土台の間にパッキング材（ネコ土台ともいう）をところどころに挿入して隙間を設け，必要な換気孔の面積を確保する方法も採用されている。いずれの場合も，床下換気孔は床下浸水をもたらし，氾濫流の水位が床の高さより上昇すると，床下から揚圧力が作用して建築物がもち上げられ，崩壊を助長することになる。図-2.13は津波で上部構造が流失した木造家屋である。

最近の家屋浸水実験によると，外壁材やその継ぎ目，建具サッシまわりは高気密・高断熱仕様が普及している関係で，防水性も高くなっていることが明らかになってきている。したがって，家屋の浸水対策は，居室換気，床下換気との折り合いが焦点となる。家屋の浸水については第11章で扱う。

図-2.13　床下換気孔からの浸水

演習問題

1．わが国の建築物が総じて水害を受けやすく，現状ではその対策が困難である理由を5項目以上挙げてみよう。
2．2011年3月東北地方太平洋沖地震による家屋の滅失戸数，滅失床面積を調べ，過去の災害と比較してみよう。

第3章 建築物の安全性と使用性

3.1 建築物に求められる災害時の性能：安全性と使用性

　水害をはじめ各種自然災害の際に建築物は大なり小なり損傷を受ける。損傷は安全性にかかわるものと使用性にかかわるものに分けられる。例えば，柱の破損は建築物全体の倒壊につながる恐れのある重大な損傷で，そのような建物に居残ったり，立ち入ることは危険と察するであろう。一方，窓ガラスの破損は軽微な損傷であるので，災害がおさまってから修繕すればよいと考えるであろう。前者は人命にかかわる「安全性(safety)」の問題と認識され，後者は生活の利便にかかわる「使用性(serviceability)」の問題と認識される。

　比較的頻繁に，例えば，数十年に一回程度の小規模な自然災害に対しては，安全性(人命保全)はもちろんのこと，使用性(財産保全)も要望されるであろう。しかし，きわめて稀に襲来する大規模な自然災害に対しては，使用性をある程度犠牲にしても安全性は維持すべきと考えるであろう。自然の猛威に対する建築物の設計はこの二段構えが基本となっている。

3.2 建築物の構成要素

　建築物は図-3.1に示すように，さまざまな部材・部品から構成されており，安全性と使用性の視点から分類されている。建築基準法施行令では安全性にかかわる構成要素を「構造耐力上主要な部分」と呼んでおり，具体的には，基礎，基礎杭，壁，柱，小屋組，土台，斜材(筋かい，方づえ，火打材など)，床版，屋根版，横架材(梁，桁など)を指している。これらの構成要素は建築物に作用する荷重・外力(固定荷重，積載荷重，積雪荷重，風圧，土圧，水圧，地震などの震動または衝撃)を支えるものと定義されている。これらの構造部材が損傷すると安全性に支障をきたすという

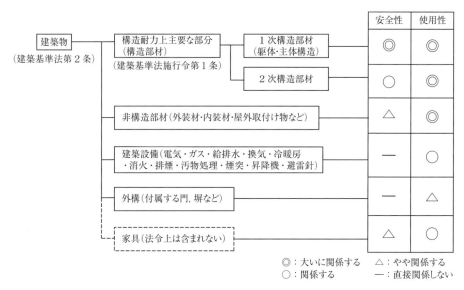

図-3.1 建築物の構成要素および安全性・使用性との関係

わけである。「構造耐力上主要な部分」を木造，鉄骨造，鉄筋コンクリート造について図-3.2に例示しておく。なお，似た用語に「主要構造部」なるものがあるが，これは防火・耐火上重要な役割を果たす建築物の部分をいい，階段を含むが基礎は含まない。

　構造設計では，上記「構造耐力上主要な部分」をさらに1次構造部材と2次構造部材に分けて扱う。1次構造部材は，躯体，骨組，主体構造，構造体などとも呼ばれ，構造安全上最も重要な部分を構成する部材で，2次構造部材はそれ以外の部材である。例えば，図-3.2の在来軸組構法の木造では張間方向と桁行方向の鉛直構面（それぞれ張間方向軸組，桁行方向軸組）の骨格を構成している基礎・土台・柱・梁・桁・筋かいが1次構造部材であり，それ以外の床組部材（床束・大引・根太など），壁面部材（間柱・楣・窓台など）を2次構造部材としている。図中丸で囲んだ部材が1次構造部材で，それらで組み立てられている構造躯体が破損すると建築物の崩壊を引き起こす可能性があり居住者の生命が危険にさらされる。すなわち，1次構造部材は居住空間を維持するために配置されている構造要素ということになる。一方，2次構造部材の破損は建築物の部分的な損壊にとどまり，居住者の生命を直接脅かすものではない。

3.2 建築物の構成要素

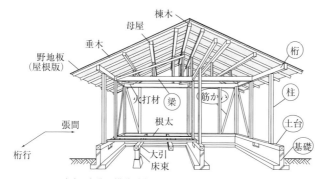

（1）木造の構造耐力上主要な部分（丸囲みは1次構造部材）

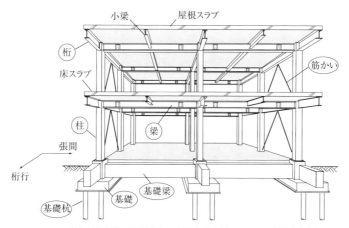

（2）鉄骨造の構造耐力上主要な部分（丸囲みは1次構造部材）

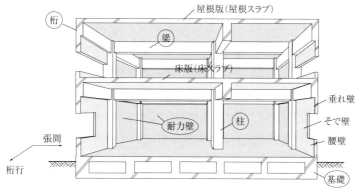

（3）鉄筋コンクリート造の構造耐力上主要な部分（丸囲みは1次構造部材）

図-3.2　構造耐力上主要な部分およびその中の1次構造部材

上記の「構造耐力上主要な部分」（1次および2次構造部材）に含まれない部材を非構造部材という。一般に，非構造部材の範疇に入るのは，外装材（屋根ふき材，カーテンウォール・帳壁，タイル・レンガ・石張り等の外壁仕上げ材，パラペット，バルコニー，庇，樋，窓，扉），内装材（フリーアクセス床，床仕上げ材，間仕切壁，内壁，天井，屋内階段），屋外取付け物（屋外階段，広告・装飾塔，看板，屋上設置物）で，外構（ブロック塀，門等）や家具・設備を含めることがある（塀，門，建築設備は法令上建築物の一部である）。

　かつては非構造部材の損傷は使用性を損なうものとされていたが，最近では建築物の耐震要求の高まりから安全面でも注意が払われるようになってきた。すなわち，非構造部材の損傷が避難行動の妨げとなって人的な二次被害を引き起こすことや，外装材・天井材の落下，あるいは建築設備・家具の落下や転倒が居住者や通行人を死傷させる危険をはらんでいると認識されるようになっている。これは水害においてもいえることである。例えば，津波によって非構造部材が流出すると，それらが下流側の建築物に衝突して被害を増幅するだけでなく，避難する人々にも襲いかかって死傷者を増やす原因となる。これら流出物は大量の瓦礫となって散らばり災害復旧を遅らせ被災者を苦しめることにもなる。

3.3　震害における建築物の被害度区分

　建築物が自然災害の際に被る被害の程度はさまざまな視点から異なる分類がされている。第1章では被災者支援における行政上の分類（「全壊」，「大規模半壊」，「半壊」，「一部損壊」），損害賠償における損害保険上の分類（「全損」，「半損」，「一部損」），地震で被災した建築物の応急危険度判定における分類（「危険」，「要注意」，「調査済」）を紹介した。ここでは，建築構造学の視点から被害レベルの分類について整理しておく。これは後章の津波や洪水が建築物に作用する力の大きさと密接な関係をもつと同時に，耐水構造設計における設計規範にもつながるものである。

　建築物の被害レベルは地震被害の経験から**表**-3.1のようにランク分けされてきた経緯がある。最も古いものは1923年関東地震の報告書にみられ，その後，1948年福井地震，1964年新潟地震，1968年十勝沖地震を経て，1978年宮城県沖地震の報告書で被害度区分がほぼ固まった。そこではRC造と鉄骨造について「崩壊（倒壊）」，「大破」，「中破」，「小破」，「軽微」，「無被害」の6段階に被害度が分類され

3.3 震害における建築物の被害度区分

表-3.1 被害程度の区分(震害における分類の経緯)

地震	分類	区分						備考
1923年 関東地震	a	「全潰」	「半潰」	「大破損」				東京市内の非焼失区域
	b	「大破損」			「小破損」		「無被害」	東京市内の焼失区域の残存建物
	c	「全潰」	「半潰」	「大破損」	「小破損」		「無被害」	RC造
	d	「大破損」			「小破損」		「完全」	RC造
1948年 福井地震	a	「全潰」	「半潰」	「傾斜」			「無被害」	全構造共通
	b	「全壊」「全焼」	「半壊」	「破損(傾斜)」	「破損(小破)」			官庁建築物
	c	「全潰」	「半潰」	「大破」	「小破」			学校建築物
1964年 新潟地震		「全壊」	「半壊」	「一部破損」・「床上浸水」・「床下浸水」				津波被害含む
1968年 十勝沖地震		「倒壊」	「大破」	「中破」	「小破」		「無被害」	RC造
1978年 宮城県沖地震		「崩壊(倒壊)」 レベル5	「大破」 レベル4	「中破」 レベル3	「小破」 レベル2	「軽微」 レベル1	「無被害」 レベル0	RC造と鉄骨造

ており,これが今日に踏襲され木造にも適用されている。今でもよく引用されるRC造と鉄骨造の被害レベルを**表-3.2**,**表-3.3**に示す。

　以上のように,地震による建築物の被害度区分は,たび重なる震災を経ながら改良が加えられてきたが,判定の基準が細かくなりすぎたという批判もある。一つの建築物の被害状況から誰もが同じ被害度の判定ができるように,すなわち客観性をもたせるように判定基準が精緻になってきたわけであるが,当然,限界がある。これに関して興味深いデータがある。1978年宮城県沖地震で被災したRC造学校建築物83棟を二つの調査団が重複して独立に調査した結果が**表-3.4**である。被害度の判定が一致するものが45棟,1ランクずれるものが38棟,2ランク以上ずれるものは0である。Kチームのほうが被害度を大きく評価している。この背景には,建築物は工業製品とちがって一つ一つ規模・形式・仕様が異なること,一度に大量の調査を限られた期間で行わなければならないこと,被災地での現地調査は危険を伴う厳しい環境で行われること,被災建築物の隅々まで仔細に調査することが物理的に不可能であること,調査者ごとに注目する部位が同じとは限らないことなど,さまざまな要因がある。

　災害による建築物の被害度を分類する意義は次のようなものが挙げられる。

表-3.2 鉄筋コンクリート造の被害度区分

被害度		被害状況	スケッチ
軽微	I	柱・耐力壁・二次壁の損傷が、軽微もしくは、ほとんど損傷がないもの。	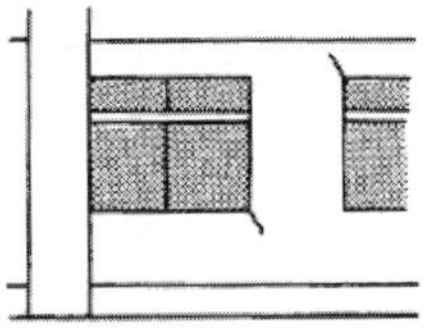
小破	II	柱・耐力壁の損傷は軽微であるが、RC二次壁・階段室のまわりに、せん断ひび割れがみられるもの。	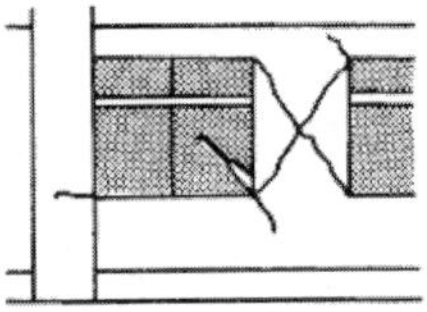
中破	III	柱に典型的なせん断ひび割れ・曲げひび割れ、耐力壁にせん断ひび割れがみられ、RC二次壁・非構造体に大きな損傷がみられるもの。	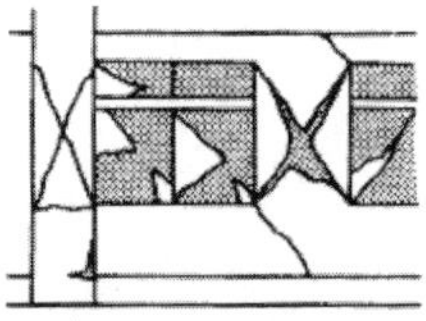
大破	IV	柱のせん断ひび割れ・曲げひび割れによって鉄筋が露出・座屈し、耐力壁に大きなせん断ひび割れが生じて耐力に著しい低下がみられるもの。	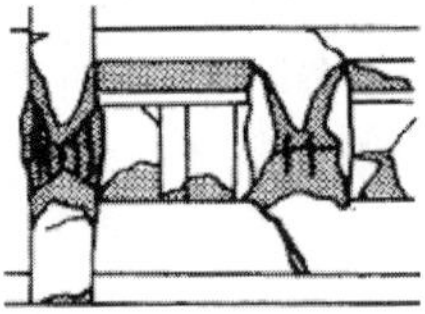
崩壊	V	柱・耐力壁が大破壊し、建物全体または建物の一部が崩壊に至ったもの。	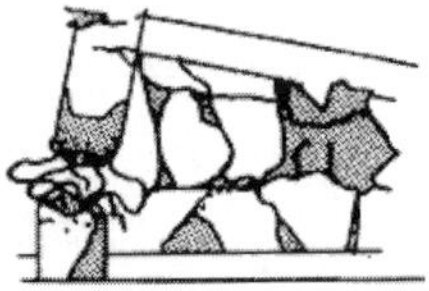

[出典] 日本建築学会：1978年宮城県沖地震災害調査報告，p.142，1980.2

表-3.3 鉄骨造の被害度区分

レベル	名称	被害状況
V	倒壊	復元力喪失
IV	大破	残留部材角 1/30 以上
III	中破	残留部材角 1/30 未満
II	小破	残留変形ほとんどなし。筋かい破断，柱脚破損など
I	軽微	主要構造体被害なし。仕上材損傷

[出典] 日本建築学会：1978年宮城県沖地震災害調査報告，p.471，1980.2

表-3.4 被害度区分の判定誤差

T \ K	大破	中破	小破	軽微	無被害	計
大破	1	0	0	0	0	1
中破	0	3	0	0	0	3
小破	0	3	0	3	0	6
軽微	0	0	7	14	17	38
無被害	0	0	0	8	27	35
計	1	6	7	25	44	83

[出典] 日本建築学会：1978年宮城県沖地震災害調査報告，p.165，1980.2

① 災害の規模を後世に数値で伝え，防災意識の減退を防止すること。
② 被災地域ごとの建築被害の総量を数値で表し，復旧に要する経済的負担・財政的支援を推計すること。
③ 将来の防災・減災を図るべく，設計技術の改良に結びつけること。

これら3点を念頭に置くならば，個々の建築物の被害度判定が調査者によって多少ちがってくることはさほど大きな問題ではないといえる。建築物一つずつの判定の厳密性や客観性は個々人の権利が公平に守られなければならない行政的な被災者支援，損害保険における損害賠償，災害直後の応急危険度判定に求められるべきものであろう。

3.4　水害における建築物の被害度区分

　水害の際に建築物が被る被害は，上で述べた地震災害とは多少異なる面があり，水害特有の被害形態を加える必要がある。すなわち，浸水と流失(流出)である。これらは，震害のみならず風害や雪害でも登場しない水害特有の被害形態である。
　浸水は構造的被害がなくても，泥水・汚水の室内浸入によって建築設備や家具のみならず非構造部材，とくに，床と内壁の仕上げ材を汚損する。同じ流体でも風(空気)の室内流入は問題ないが，水は少量であっても始末が悪い。外周部の壁，窓，扉が損傷すれば，水とともに土砂や漂流物が内部に入り込み，浸水被害は深刻さを増す。避難行動が適切にとられれば，通常，浸水は人的被害まで及ばないが，経済的損失は避けられない。表-3.5によれば，全壊による家屋の資産損失率を100％とすると，床下浸水で3〜5％，床上1mまでの浸水で10〜20％，床上1m以上

表-3.5　浸水による家屋の被害度

資産種類等	浸水深等	床下浸水	床上浸水			土砂堆積(床上)		全壊(流出)
			50 cm 未満	50～99 cm	100 cm 以上半壊	50 cm 未満	50 cm 以上	
家屋 (木造＋ 非木造)	A グループ	0.032	0.092	0.119	0.342	0.430	0.785	1.0
	B グループ	0.044	0.126	0.176	0.415			
	C グループ	0.050	0.144	0.205	0.452			
家庭用品		0.021	0.145	0.326	0.605	0.500	0.845	
事業所	償却資産	—	0.232	0.453	0.808	0.540	0.815	
	在庫資産		0.128	0.267	0.628	0.480	0.780	
農漁家	償却資産	—	0.156	0.237	0.311	0.370	0.725	
	在庫資産		0.199	0.370	0.510	0.580	0.845	

［出典］　国土交通省：平成 22 年版水害統計，2012.3
注）　1．A, B, C の各グループ区分は地盤勾配の区分で，A は 1/1 000 未満，B は 1/1 000～1/500 未満，C は 1/500 以上である．
　　　2．家屋の被害率は，木造，非木造それぞれの値を合成したものである．

表-3.6　水害の被害度区分

被害度		継続使用の可否	補修の要否と程度		被害状況
			構造部材	非構造部材	
無被害		可	不要	不要	被害は認められない．微小な亀裂や剥離は災害前からのものと考えられる．
浸水	床下浸水		不要	要(軽少)	床仕上げ材が汚損することがある．構造的損傷は認められない．床下に溜まった汚泥は除去しないと悪臭や床材腐食の原因となる．
	床上				床，壁，場合によっては天井の仕上げ材，建築設備，家具が広範囲に汚損する．構造的損傷は認められない．
構造の被害	軽微	浸水		要(重大)	外周の非構造部材に部分的損傷が生じて床上浸水を助長するが，構造体は微小な降伏やひび割れ程度にとどまる．
	小破		要(小規模)		窓ガラスが割れるなど，外周非構造部材の広範囲な損傷により泥水や漂流物が室内に流れ込む．構造体は部分的に降伏・ひび割れが発生するが，建築物全体の傾斜は目視では認められない．
	中破	やや困難	要(中規模)		柱と壁があきらかな損傷を受け，建築物の傾斜が視認される．
	大破	困難	要(大規模)		建築物の傾斜が一目瞭然で，自重をかろうじて支えている．補修するよりも建て替えたほうが経済的となる可能性が高い．
	崩壊	不可	不可	不可	柱と構造壁が破損し，建築物の全体または部分が傾斜して地に着いているか崩落し，内部の生活・生存空間が失われている．
	流失				基礎だけを残して，あるいは基礎もろとも上部構造の全体または大部分が消え失せている．

3.4 水害における建築物の被害度区分

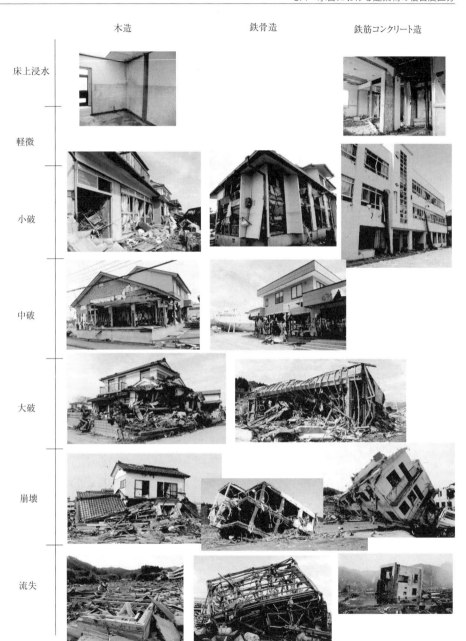

図-3.3 津波による建築物の被害度

の浸水で 30〜45 %，床上に土砂が 50 cm 以上堆積すると 80 % に達すると試算されている。また，地盤勾配が大きくなると浸水被害は大きくなる。

　水害に特有なもう一つの被害形態である流失はもっとも深刻である。流失建物の内部に取り残された人は生命の危険にさらされる。流失した建築物は漂流物となって他の建築物や避難者・遭難者に衝突して災害を増幅させるばかりか，出火すると漂流しながら延焼を引き起こす。災害がおさまったあとも，瓦礫となって散らばり災害復旧の妨げとなる。

　以上のことを勘案して，従来からの震害による被害度分類を水害に拡張すると，**表 -3.6** の分類表が考えられる。構造の被害があれば必然的に床上浸水を伴うことになる。水害の頻度（規模），建築物の重要度，屋外への避難を前提とするか否かなどに応じて，建築物の被害をどのレベルにとどめるべきかを設計者は考えなければならない。被害度区分の参考として，**図 -3.3** に 2011 年東北地方太平洋沖地震の大津波で被災した建築物の被害写真を掲載しておく。

3.5　構造被害と構造設計

（1）構造設計における構造被害の考え方

　すでに述べたように，設備や外構を除けば，建築物は構造部材と非構造部材からなる。構造部材はさらに，1 次構造部材と 2 次構造部材に分けられる。1 次構造部材は，躯体または主体構造と呼ばれる部分を形づくる基礎・柱・梁・筋かい・耐力壁などを指し，これらの損傷は構造全体の崩壊につながる可能性がある。2 次構造部材は，屋根・壁・床等の仕上げ材や建具などの非構造部材を支持する構造部材で，母屋・垂木・胴縁・間柱・根太などが該当し，これらの損傷は構造全体の崩壊には直結せず部分的な損壊にとどまる。したがって，構造安全上もっとも重要なのは 1 次構造部材であることから，1 次構造部材の損傷の度合いによって構造の被害程度が分類されており，2 次構造部材と非構造部材の損傷は 1 次構造部材の損傷に随伴するものとみなされる。水害では，躯体の損傷がなくても 2 次構造部材や非構造部材の損傷によって浸水被害が生じるので，耐震設計や耐風設計とは趣きを異にするが，まずは安全性の観点から，構造躯体（1 次構造部材）を優先的に考える。

（2）荷重 – 変形曲線と被害度

建築物の被害状況の外観は，木造，鉄骨造，RC造など構造種別で異なる。しかし，建築物に働く荷重とそれによって生じる変形の関係を表す荷重 – 変形曲線のどの点まで荷重あるいは変形が達したかによって，構造種別によらず被害の程度を共通化することができる。建築物に被害をもたらす荷重は，地震力や風圧力のように水平方向に作用する荷重が主となる。陸上を氾濫する洪水や津波も同様で，建築物に作用する水平力は流体力のうち抗力と呼ばれる力である。

構造物に水平力が作用すると，それに応じて構造物は横方向に変形する。水平力と水平変形を P と δ で表して両者の関係を描くと，構造種別に関係なく図 -3.4 のような曲線になる。この P-δ 曲線上の A 点を弾性限といい，水平力の大きさが A 点のレベル以下であれば構造躯体は弾性にとどまるので，外力が去ったあとは元の直立姿勢に戻り，躯体の損傷は生じない。この弾性限における層間変形（1層分の水平変形）は，大雑把にいうと，RC造で 1 mm オーダー，木造と鉄骨造で 1 cm オーダーとなる。

作用する荷重が弾性限を超えると，局所的にひび割れや降伏が生じ，荷重の作用がなくなっても，元の健全な状態に戻ることはできない。しかし，図の B 点あたりまでなら残留変形はほとんど生じないので，使用性においてまず障害はなく，また元の構造耐力をほぼそのまま保持している。最大耐力点近くの C 点あたりまで達すると，ひび割れ・き裂・降伏・滑り・座屈など好ましくない損傷の領域が拡大するが，除荷後の残留変形は比較的小さく，建物の傾斜が肉眼では確認できないこ

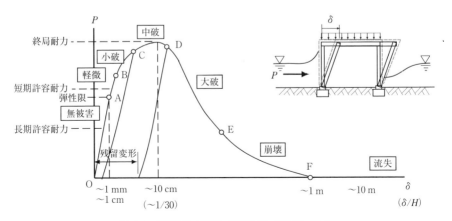

図 -3.4　構造躯体の荷重 – 変形曲線，被害度，耐力

ともある．最大点まで荷重が到達すると構造躯体の損傷が顕著となり，残留変形が明瞭に視認できるようになる．最大点の層間変形は構造種別によらず10cm程度で，これを層の高さで除した層間変形角は1/30くらいとされている．

　最大耐力点を越えて変形が進むと，構造耐力の低下が顕著となり，建築物が傾斜している様子が一目瞭然となる．さらに荷重が作用し続けると，構造躯体は崩壊し，建物内部で居住者が身を守るに必要な空間が失われてしまう．水害の際，流体力が作用し続けると，水平抵抗能力を失った建築物は押し流され，敷地の外へ流出してしまう．

　以上の損傷状況から，荷重–変形曲線のO–A間が無被害，A–B間が被害軽微，B–C間が小破，C–D間が中破，D–E間が大破，E–F間が崩壊（倒壊），F以降が流出（流失）というように区分することができる．

（3）設計規範と被害度

　構造設計では，長期荷重と呼ばれる日常的に作用する荷重や，短期荷重と呼ばれる数年ないし数十年に一回程度の頻度で作用する外力に対しては，安全性はもちろん使用性を確保し，終局荷重または極限荷重と呼ばれるきわめて稀に作用する最大級の外力に対しては安全性を確保することを目標とする．それは次の不等式が満たされることによって達成される．これが設計規範と呼ばれるもので，構造が合格であることを判定するルールである．最初の二つの式は使用性，三つめの式は安全性を確保することを目標とするものである．

　　長期許容耐力 ≥ 長期荷重
　　短期許容耐力 ≥ 短期荷重
　　終局耐力 ≥ 終局荷重

　使用性を確保するには構造の損傷をできる限り小さくしなければならないので，図-3.4の荷重–変形曲線においてA–B間の弾性限あたりを短期許容耐力とし，この短期許容耐力が短期荷重を下回らないようにしておくわけである．これにより，被害度を軽微におさえることができる．長期荷重に対しては，短期許容耐力を安全率で除した長期許容耐力を用い，これが長期荷重を下回らないようにし，余裕をもって無被害のレベルにおさえる．安全率の値は構造種別で異なっており，RC造と木造では2であるが，鉄骨造では1.5である．RC造に使われるコンクリートおよび木造で使われる木材は，鉄骨造で使われる鋼材に比べて材料品質のばらつきが

大きいこと，コンクリートと木材はクリープが起きることなどが安全率に反映されている。

安全性を確保するには，構造の損傷をある程度許容し，構造が保有する最大耐力すなわち終局耐力を荷重が超えないようにしておけばよい。これは，終局荷重に対して構造物が中破程度におさまり，耐力を失っていく劣化域に入らないように意図したものである。

津波や洪水の場合も，建物の使用期間中にじゅうぶん想定される規模の水害に対しては短期許容耐力が突破されないようにし，起こりうる最大級の巨大津波や巨大洪水に対しては作用荷重が終局耐力を超えないように設計するのが従来からの設計思想に適合する。

(4) 設計荷重と設計耐力

上で述べたように，構造設計では，荷重と耐力を算定し，両者の大小関係から合否を判定する。このときの荷重と耐力をそれぞれ設計荷重，設計耐力という。

設計荷重は，建築基準法施行令第83条～第88条に，固定荷重，積載荷重，積雪荷重，風圧力，地震力を求める方法が示されている。これらを組み合わせて（令第82条），長期荷重，短期荷重，終局荷重を求める。長期荷重は常時作用している荷重で，固定荷重と積載荷重を足したものであるが，多雪地域では積雪荷重を加える。短期荷重は常時荷重に地震や強風によって突発的に作用する荷重を加えたものであるが，建物の耐用年数内に数回程度起こる頻度，すなわちあまり規模の大きくない地震や台風，積雪を想定している。これに対して，終局荷重は，起こりうる最大級の外力を想定したもので，とくに，耐震設計で考慮される（令第88条）。なお，建築物は水圧に対して安全な構造で（法第20条），水圧は実況に応じて採用するものとなっているが（令第83条），水害をもたらす水圧の算定方法は示されていない。

設計耐力は，上の3段階の設計荷重に対応して，長期許容耐力，短期許容耐力，終局耐力があり，それぞれ材料の長期許容応力度，短期許容応力度，材料強度から計算される。これらについては，木造，鉄骨造，鉄筋コンクリート造に用いられる材料それぞれに対して算定法が定められている（令第89～99条）。長期許容応力度：短期許容応力度：材料強度の比は，特殊なケースを除き，木材では $1.1/3 : 2/3 : 1$，コンクリートでは $1/3 : 2/3 : 1$，鋼材では $2/3 : 1 : 1$ である。

地震，風，氾濫流によって構造物には水平力が作用する。この水平力に対する構

造物の短期許容耐力と終局耐力の比がどの程度かは興味深い問題である。短期許容耐力は構造物の弾性解析，終局耐力は弾塑性解析または塑性解析で求められる。前者の場合は線形解析となるので，構造のどの部分に生じる応力度も水平力の大きさに比例して増加し，図-3.5(1)のように，どこか一点の応力度が短期許容応力度に達したときの作用荷重が構造物の短期許容耐力となる。しかし，後者の場合は非線形解析となり，ある部分の応力度が材料強度に達して頭打ちとなっても，図-3.5(2)のような応力再配分が起こるので，構造物に作用する水平力は増加していく。したがって，構造物の短期許容耐力に対する終局耐力の比は，極端な変形制限を設定しない限り，材料の短期許容応力度に対する材料強度の比（木材とコンクリートで1.5，鋼材で1.0）より大きくなる。鉄骨造あるいは鉄筋コンクリート造による中低層建築物（階数が10程度まで）の場合，構造の短期許容耐力に対する終局耐力の比は1.6〜2.0程度のようである。木造では一般に，終局耐力計算を行わないので，この比は不明であるが，水平力に主として抵抗する壁の短期許容耐力を最大耐力の2/3以下となるように定めているので，木造の場合も鉄骨造や鉄筋コンクリート造と同程度か，やや低い比になっていると推定される。

　本書の第7章から第9章では，木造，鉄骨造，鉄筋コンクリート造の耐水構造設計が解説されている。そこでは，構造物の終局耐力を用いて最大規模の氾濫流荷重に対する安全性を検証する方法が述べられている。中小規模の氾濫流荷重に対しては構造物の被害が軽微なレベルにとどまるように，作用荷重が構造物の短期許容耐力を超えないように設計するのが望ましい。短期許容耐力の算定については紙面の制約により本書では割愛しているが，上で述べた比の逆数，すなわち0.5〜0.6程

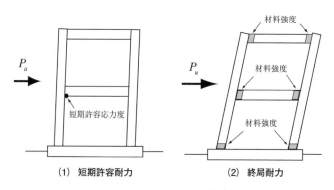

(1) 短期許容耐力　　　　(2) 終局耐力

図-3.5　短期許容耐力と終局耐力

度を終局耐力に掛ければ短期許容耐力が推定できる。

演習問題

1. 自分が生活あるいは仕事をしている建築物の構造部材と非構造部材，1次構造部材と2次構造部材を識別してみよう。
2. 現行の建築基準法，同施行令，告示で水害に関わる規定を抜き出し，どのような水害対策がとられているか考察してみよう。
3. 木造，鉄骨造，鉄筋コンクリート造の構造設計例を参照して，地震水平力が作用したときの構造物の短期許容耐力と終局耐力がどのような比になっているか調べてみよう。

第4章 建築に必要な水理学の知識

4.1 水の物性

1気圧（1 atm $= 1.013 \times 10^5$ N/m^2 $= 1\,013$ hPa）における純粋な水の物性を**表-4.1**に示す。1気圧は海水面における平常時の大気圧（atmospheric pressure）であるが，高地を除けば地表でも大気圧＝1気圧とみなせる。水の物性のうち，密度（density）と動粘性係数（kinematic viscosity）が水理学上，とくに重要である。動粘性係数は粘性係数（coefficient of viscosity）を密度で除したもので，粘性係数は流体のせん断応力を速度勾配で除したものである。

工学では，水の密度として，通常，次の数値を用い，これに重力加速度 $g = 9.8$ m/s^2 を乗じて単位体積重量（比重量 specific weight ともいう）を計算する。

$\rho = 1\,000$ kg/m^3（淡水）

$\rho = 1\,030$ kg/m^3（海水）

$\rho = 1\,200$ kg/m^3（砂泥まじりの氾濫水）

ちなみに，1気圧，20℃における空気の密度は 1.2 kg/m^3（水の約 1/800），動粘性係数は 1.5×10^{-5} m^2/s（水の約 15 倍）である。このことは，水のほうが空気より慣性効果が大きく，粘性効果が小さいことを表している。

表-4.1 1気圧における水の物性

温度 (℃)	密度 ρ (kg/m^3)	単位体積重量 w (N/m^3)	体積弾性係数 K_v (N/m^2)	粘性係数 μ (N·s/m^2)	動粘性係数 ν (m^2/s)
0	999.84	9 805	2.0×10^9	1.792×10^{-3}	1.792×10^{-6}
10	999.70	9 804	2.1×10^9	1.307×10^{-3}	1.307×10^{-6}
20	998.20	9 789	2.2×10^9	1.002×10^{-3}	1.004×10^{-6}

注）数値は理科年表による。重力加速度 $g = 9.80665$ m/s^2，$w = \rho \cdot g$，$\nu = \mu / \rho$

4.2 水の圧力とせん断応力

水に作用させることのできる応力は圧縮応力とせん断応力で，水は引張応力を負担することができない。これは空気も同じである。このことから，水理学や流体力学では圧縮応力を圧力 (pressure) と称して正の値とする。この事情は，引張応力を正，圧縮応力を負で表す固体力学と異なっている。風工学や水理工学で負圧 (negative pressure) という用語が登場することがあるが，これは引張応力を意味しないことに注意が必要で，ある基準の圧力（通常，大気圧）を0としたとき，それより圧力が小さいことを表しているに過ぎない。絶対ゼロ圧力とは宇宙空間の何もない完全真空状態での圧力であり（絶対ゼロ温度も同様），そのような真空状況，ましてや絶対マイナス圧力(すなわち引張応力)の場に流体は存在できない。真空圧，大気圧を基準値0としたときの圧力をそれぞれ絶対圧 (absolute pressure)，ゲージ圧 (gage pressure) というが，工学では単に圧力というと，ゲージ圧のほうを指すことが多い。

水が液体を維持できる絶対圧の下限は0ではなく，もう少し高いところにある。というのは，水は圧力が低下すると，より低い温度で沸騰し気化する性質をもっているからである。水の飽和蒸気圧と温度の関係式としてよく知られているテーテンスの式 (Tetens, 1930) $p = 6.11 \times 10^{7.5t/(t+237.3)}$ を用いると（p：圧力 hPa, t：温度℃），20℃の水は 2 300 N/m^2 (0.023気圧) 以下の圧力では液体の状態を維持できないことがわかる。流れの中で局部的に流速の大きいところがあると，その部分の圧力が低下し，気泡が発生することがある。これをキャビテーション (空洞発生, cavitation) といい，断面が急変する水配管や高速船のスクリューなどで問題を起こすことが知られている。流れに浸水した構造物の場合にも，流れが剥離する壁のコーナーや狭い隙間などで気泡の発生が観察されることがある。

水の圧力，すなわち水圧は等方性をもっており，静止している水中の任意の点における圧力はどの方向も同じ大きさをもつ（空気の圧力も同様である）。水が運動していても，せん断応力を別途考慮するので，圧力の等方性が適用でき，水が固体に接している点についても成り立つ。また，水面では空気と接しているので，水面における水圧は大気圧と同じになる。

水のせん断応力（摩擦応力ともいう）は水が動いているときにのみ生じ，静止しているときはゼロである。水のせん断応力は粘性によるものであって，水と水，あ

るいは水と固体が相対運動をするとき，その速度勾配に粘性係数を掛けたものがせん断応力となる。水は圧力に対して弾性をもつが，固体とちがってせん断応力に対しては弾性をもたず，いったん生じたせん断ひずみは元に戻らない。このせん断挙動は摩擦と類似しており，水や空気などの流体を特徴づける性質である。

流体の粘性を無視した，すなわち粘性係数ゼロの流体を完全流体（perfect fluid）または理想流体（ideal fluid）という。完全流体では，非圧縮性（incompressibility，圧力の変化によって体積が変化しない性質）も仮定しており，これは水の体積弾性率がきわめて大きいことから容認でき，風の場合も大気圧近辺の圧力で議論する限り問題はない。風工学や水理工学では流体の粘性を無視しても，粘性を有する実在流体（real fluid）の挙動をさほど大きく見誤らないことが多いので，完全流体の仮定はよく利用される。完全流体に関するベルヌイの定理とオイラーの方程式，実在流体に関するナビエ－ストークスの方程式についてはあとで触れる。

4.3 流れの種類

水の流れはその様態に応じてさまざまな名称が付けられており，その反意語と対を成していることが多い。空気の流れについても同様である。

定常流（steady flow）とは時間的に変化しない流れをいい，観測点における水深や流速などの流況（flow regime）が観察時間内で一定となる流れである。このとき，時間の長さをどのようにとるかは扱う事象による。河川の自然流はもとより津波や洪水による氾濫流は厳密には定常流とならず流況が時間的に変動するが，その変動幅が観察時間内の平均値に比べてじゅうぶん小さいとみなせるときは定常流として扱う。これを準定常流（quasi-steady flow）ということがある。これに対して，非定常流（unsteady flow）は流況が時間的に変化する流れをいう。遡上する津波や高潮のサージ（surge，押し寄せるうねり）は，典型的な非定常流である。

一様流（等流ともいう，uniform flow）とは流況が場所的に変化しない流れをいい，観測領域における水深や流速が均一に分布している流れである。このとき，領域の広さをどのようにとるかは扱う事象による。非一様流（不等流ともいう，non-uniform flow）は場所によって流況が異なる流れである。例えば，川の流れは，川幅の中央付近ではほぼ等流となっているが，川幅全体を対象とするとそうではない。

層流（laminar flow）とは隣り合う流れが層を維持し互いに滑りながら秩序正しく

運動する流れをいい，乱流 (turbulent flow) とは流れが混合しながら不規則に運動する流れをいう。流速が小さいうちは層流となるが，流速が大きくなってレイノルズ数がある臨界値を超えると乱流に遷移する。水害をもたらすような氾濫流のレイノルズ数は臨界レイノルズ数よりずっと大きいので，氾濫流は乱流の状態にあると考えてよい。乱流は微視的な速度変化があるので厳密には非定常流であるが，巨視的に平均流速が一定とみなせる場合には定常流として扱う。

　流体要素の運動は変形，移動，回転の 3 成分に分解され，このうち回転成分をもたない流れを渦なし流れ（非回転流れ，irrotational flow），回転成分をもつ流れを渦あり流れ（回転流れ，rotational flow）という。渦なし流れは，回転成分を表す渦度 (vorticity) がゼロ ($\omega = 0$) となる流れで定義され，速度ベクトルが速度ポテンシャルと呼ばれるスカラー関数で与えられるので，ポテンシャル流れ (potential flow) とも呼ばれる。渦なし，渦ありいずれにもベルヌイの定理が成立するが，渦なし流れでは，比エネルギーがどの流線でも同じ値をもつ。

　常流 (subcritical flow) とは，流れの速さ（流速）が水面を伝わる波の伝播速度（波速）より小さい流れをいい，射流 (supercritical flow, jet flow) はその逆となる流れである。流速と波速がちょうど等しい流れを限界流 (critical flow) という。いずれも水面をもつ水の流れを対象としている。波速 c に対する流速 v の比 v/c をフルード数 F_r と定義するので，$F_r < 1$ のとき常流，$F_r > 1$ のとき射流となる。波速は長波理論により $c = \sqrt{gh}$ となるので（h は水深），$F_r = v/\sqrt{gh}$ と表される。川の流れに石を投げ入れたとき水面にできる波紋や，流れが障害物に当たってできる水面の波は，常流では上流域に伝播するが，射流では伝播しない。そのため，射流では下流側に衝撃波と呼ばれる波の前線が形成される。フルード数 F_r は圧縮性流体のマッハ数 M_a（音速に対する流速の比）と類似している。超音速 ($M_a > 1$) の飛行物体は衝撃波を生むことが知られている。

　接近流 (incoming flow, approaching flow) とは構造物（障害物）に向かってくる流れをいい，通常，構造物から上流側にじゅうぶん離れた位置にあり，その水深や流速が構造物の影響を受けていない流れをいう。後流 (wake) とは構造物の背後の下流側に形成される乱れた流れをいい，通常，巨視的な渦が観察される。

　流れがある方向に卓越しているとき，その方向の流れを主流 (primary flow) といい，主流に直交方向の流れを 2 次流 (secondary flow) という。河川，運河，灌漑用水路などの開水路では水路の方向の流れが卓越するので，その方向の流れが主流

となり，通常，2次流の影響を無視する．流れが広域に拡散する氾濫流の場合にも，領域を限定すれば主流を設定することができる．

4.4 ベルヌイの定理

(1) 流線・流管・ベルヌイの定理

流れの中にある無数の粒子はある瞬間にそれぞれ速度ベクトルをもっている．その速度ベクトルを図-4.1のように滑らかにつなぎ合わせてできる一つの曲線を流線（stream line）という．一本の流線上にある任意の粒子の速度ベクトルはその点における流線の接線方向を向く．ある瞬間に空間の一点を2個以上の粒子が占めることはできないので，流線は交差しない．定常流では，一つの流線上にあるすべての粒子はその流線上を時間とともに動き，その流線から外れることはなく，流線は形を変えないで空間内に固定される．非定常流では流線が時々刻々，形を変える．

一つの流線とそのそばにある流線を束ねると，図-4.2のように一つの管の中の流れを構成できる．これを流管（stream tube）という．定常流では，流管の形は不変であり，流管内部の流体粒子は外には出ないし，外からも入ってこない．

ベルヌイの定理（Bernoulli, 1738）は，定常状態にある完全流体（粘性のない非圧縮性流体）のエネルギー保存則から導かれる．図-4.2の流管内の断面1から断面2にある流体塊が，ある微小時間 dt 経過後 $1'$-$2'$ に移動したとする．流体の密度を ρ とし，断面1の断面積，圧力，流速，高さをそれぞれ A_1, p_1, v_1, z_1，断面2のそれらを A_2, p_2, v_2, z_2 とする．高さ z はある水平な基準線から上向きにとった座標位置である．質量 m の流体塊がもつエネルギーは

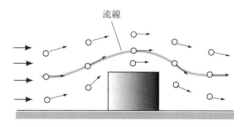

図-4.1　流線

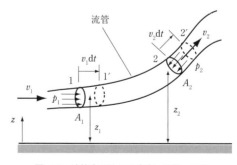

図-4.2　流管内の流れの速度・位置・圧力

位置エネルギーmghと運動エネルギー$mv^2/2$の和であり，これに圧力がする仕事が加わって，エネルギーが保存される．粘性がないので消費されるエネルギーはない．流体塊の移動前後の共通部分1′-2を除いてエネルギーの保存を考えると，

$$(\rho A_2 v_2 dt)gz_2 + \frac{1}{2}(\rho A_2 v_2 dt)v_2^2 - \left[(\rho A_1 v_1 dt)gz_1 + \frac{1}{2}(\rho A_1 v_1 dt)v_1^2\right]$$
$$= p_1 A_1 v_1 dt - p_2 A_2 v_2 dt$$

となる．流体塊の質量は保存されなければならず，また非圧縮性を仮定しているので，1-1′間と2-2′間の体積は等しい．よって，$A_1 v_1 dt = A_2 v_2 dt$となるので，これを使って上式を整理すると，次式が得られる．

$$\frac{1}{2}v_1^2 + gz_1 + \frac{p_1}{\rho} = \frac{1}{2}v_2^2 + gz_2 + \frac{p_2}{\rho}$$

よって，完全流体の定常流における一つの流線上ではどの点においても次式が成り立つ．

$$\frac{1}{2}v^2 + gz + \frac{p}{\rho} = \text{const.} \tag{4.1}$$

これがベルヌイの方程式と呼ばれるものである．上式左辺の各項はそれぞれ単位質量の流体がもつ運動エネルギー，位置エネルギー，圧力エネルギーであり，その総和が流線上で一定に保たれることを意味している．

上式をgで割ると，次のように長さの次元をもつ水頭の式になる．

$$\frac{v^2}{2g} + z + \frac{p}{\rho g} = \text{const.} \tag{4.2}$$

上式左辺の三つの項は順に，速度水頭(velocity head)，高度水頭(elevation head)，圧力水頭(pressure head)と呼ばれ，その総和を全水頭(total head)という．全水頭は単位重量の水がもつエネルギーであり，比エネルギー(specific energy)とも呼ばれる．開水路では，$p = \rho g(h-z)$の関係があるので（hは水深，zは水路床からの高さ），速度水頭と水深の和が比エネルギーとなる．粘性のある実在流体では流れとともにエネルギーが消費されるので，全水頭は減っていく．その減少分を損失水頭(loss of head)という．

(4.1)式に密度ρを掛けると，次のように圧力の次元をもつ式になる．

$$\frac{1}{2}\rho v^2 + \rho gz + p = \text{const.} \tag{4.3}$$

重力の影響が無視できるときは，左辺第2項を省略して，$\frac{1}{2}\rho v^2 + p = \text{const.}$ となる。この場合，一つの流線上で，流速の大きいところでは圧力が低下する。

ここでは，エネルギー保存則からベルヌイの式を導いたが，あとで述べる運動量の法則からも導くことができる。また，後述のオイラーの式から非定常項を外せばベルヌイの式が導かれる（演習問題参照）。

（2）よどみ点の速度圧

流れが障害物に当たると，**図-4.3** のように，流線は上下または左右にわかれるが，その境にある流線は障害物の表面で速度を失い停止する。その点をよどみ点（stagnation point）という。接近流の流速と圧力をそれぞれ v_o，p_o，よどみ点の圧力を p とし，その流線が

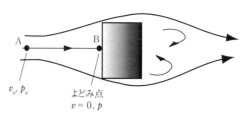

図-4.3 よどみ点の速度圧

同一水平面にあるとすれば（あるいは重力の影響を受けない状況にあるとすれば），(4.3)式から，

$$\frac{1}{2}\rho v_o^2 + \rho gz + p_o = \frac{1}{2}\rho \cdot 0^2 + \rho gz + p \qquad \therefore p - p_o = \frac{1}{2}\rho v_o^2 \tag{4.4}$$

となる。これはよどみ点の圧力が接近流の圧力より $\rho v_o^2/2$ だけ大きいことを表している。この差 $p - p_o$ を速度圧（velocity pressure）あるいは動圧（dynamic pressure）といい，p_o を静圧（static pressure），動圧と静圧の和を総圧（total pressure）と呼んでいる。抗力の計算式はこの速度圧を使って表される。

（3）せき上げ高さ

水面をもつ流れに障害物があると，**図-4.4** のように，障害物の前面（上流側）では水が盛り上がる。これをせき上げ（afflux）という。せき上げによる水面上昇は建築物の上層階避難と浸水対策において重要となる。接近流の

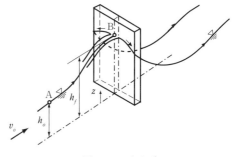

図-4.4 せき上げ

流速と浸水深を v_o, h_o, 大気圧を p_a とし, 構造壁の前面で水位が h_f に上昇したとする. 図のように水面上の流線 AB を考え, B 点をよどみ点とすると, (4.2)式から,

$$\frac{v_o^2}{2g}+h_o+\frac{p_a}{\rho g}=\frac{0^2}{2g}+h_f+\frac{p_a}{\rho g} \qquad \therefore h_f=\left(1+\frac{v_o^2}{2gh_o}\right)h_o=\left(1+\frac{1}{2}F_r^2\right)h_o \quad (4.5)$$

となる. ここで, F_r はフルード数 (Froude number) で, 上でも述べたが次式で定義される.

$$F_r=\frac{v_o}{\sqrt{gh_o}} \qquad (4.6)$$

上記 (4.5) 式による前面浸水深 h_f の予測精度は非常によいことが著者による水理実験で確認されている. その例を図-4.5 に示す. これは幅 90 cm の人工水路の中央に平板を立て, 平板中央における最高せき上げ高さを測定したもので, 平板の幅 B は 10, 20, 30 cm の 3 ケースである. 平板幅の影響はほとんどなく, すなわち水路と構造物の相互干渉は認められず, h_f/h_o がフルード数だけで決まっている. 直方体でも同じ結果が得られている.

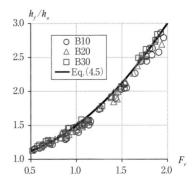

図-4.5 水理実験によるせき上げ高さ

これを使って氾濫流が構造物の上を乗り越える, いわゆる越流 (overflow) の危険性を評価すると, $h_f=H$ より (H は構造物の高さ), 越流限界フルード数 $F_{r(OF)}$ が

$$F_{r(OF)}=\sqrt{2\left(\frac{H}{h_o}-1\right)} \qquad (4.7)$$

となる. 氾濫流のフルード数がこれを超えると越流するので屋上避難は危険となる. 水害避難ビルの建設にあたっては, 想定される氾濫流の流速と浸水深からフルード数を計算し, 避難階のレベルを $(1+F_r^2/2)h_o$ より高くしておかなければならない.

ここで, 人名からとった無次元パラメータの表記について補足しておこう. 水理学・流体力学では伝統的にフルード数を Fr で表し, r を下添字にしない. レイノルズ数 Re やマッハ数 Ma, ストローハル数 St なども同様である. これらの変数記

号は，記号の原則には従っておらず，ややもすれば誤解を招く。例えば，(4.5)式でFr^2と書くと，$F×r^2$とまちがうおそれがある。そこで，本書では，伝統に縛られず，原則のとおり下添字を使って，F_r, R_eのように表記する。

(4) トリチェリの定理

ベルヌイの定理から水タンクの放水に関するトリチェリの定理（Torricelli's theorem, 1643）が導かれる。トリチェリの定理は洪水による家屋の浸水問題に応用することができる（第11章）。図-4.6に示すように，水を張ったタンクの壁に水面からの深さZ_oに開口（オリフィス orifice といわれる）があるとき，そこから開放空間へ流出する水の流速v_Bは，大気圧を基準値0とし，タンクの水面が一定に維持される定常状態にあるとすれば，タンクの水面Aから開口Bまでの流線に(4.2)式を適用して，

$$\frac{0^2}{2g}+Z_o+\frac{0}{\rho g}=\frac{v_B^2}{2g}+0+\frac{0}{\rho g} \quad \therefore v_B=\sqrt{2gZ_o} \tag{4.8}$$

となる。これをトリチェリの定理という。

単位時間あたりに開口あるいは流れの中のある断面を通過する水の体積Qを流量（discharge, flow rate）といい，通常，m³/sの単位で表される。この場合，開口Bの面積をaとすると，$Q=cav_B$で表される。ここで，cは流量係数（coefficient of discharge）といわれるもので，開口の形状に依存し，およそ0.6～1.0の値をとる。

洪水が建物の内部に浸入する場合，屋内浸水レベルが開口位置より高くなると，高度水頭差がZ_o-Zになるので，$v_B=\sqrt{2g(Z_o-Z)}$となる。屋内浸水レベルの上

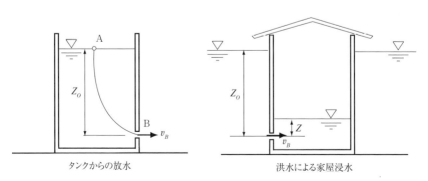

タンクからの放水　　　　　洪水による家屋浸水

図-4.6　トリチェリの定理の応用

昇とともに浸入流速が低下し，最終的に $Z=Z_0$ となったとき，浸水が止まる。

4.5 オイラーの方程式

(1) 完全流体の運動方程式

オイラーの式（Euler, 1755）と呼ばれる完全流体の運動方程式を紹介する。式の誘導過程は流体力学の専門書に譲り，ここでは結果のみ掲載する。まず，ベクトル式で表すと，

$$\frac{\mathrm{D}\boldsymbol{v}}{\mathrm{D}t} = \boldsymbol{f} - \frac{1}{\rho}\nabla p \tag{4.9}$$

である。ここで，$\boldsymbol{v}=(v_x, v_y, v_z)$，$\boldsymbol{f}=(f_x, f_y, f_z)$ であり，それぞれ直交座標系 $x-y-z$ における速度ベクトル，単位質量に働く外力ベクトルである。圧力は等方的であるので，$\boldsymbol{p}=(p_x, p_y, p_z)=(p, p, p)$ を単に p とスカラー表記する。式中の $\dfrac{\mathrm{D}}{\mathrm{D}t}$ は実質微分（substantial derivative），∇ はナブラ演算子（nabla operator）と呼ばれるもので，それぞれ次のように用いられる。

$$\frac{\mathrm{D}\boldsymbol{v}}{\mathrm{D}t}=\frac{\partial \boldsymbol{v}}{\partial t}+(\boldsymbol{v}\cdot\nabla)\boldsymbol{v}=\frac{\partial \boldsymbol{v}}{\partial t}+v_x\frac{\partial \boldsymbol{v}}{\partial x}+v_y\frac{\partial \boldsymbol{v}}{\partial y}+v_z\frac{\partial \boldsymbol{v}}{\partial z},\quad \nabla p=\mathrm{grad}\,p=\left(\frac{\partial p}{\partial x},\frac{\partial p}{\partial y},\frac{\partial p}{\partial z}\right)$$

ベクトル解析に不慣れな読者のために，(4.9)式を直交座標の x, y, z 成分で書き下すと，次のようになる。

$$\frac{\partial v_x}{\partial t}+v_x\frac{\partial v_x}{\partial x}+v_y\frac{\partial v_x}{\partial y}+v_z\frac{\partial v_x}{\partial z}=f_x-\frac{1}{\rho}\cdot\frac{\partial p}{\partial x} \tag{4.10a}$$

$$\frac{\partial v_y}{\partial t}+v_x\frac{\partial v_y}{\partial x}+v_y\frac{\partial v_y}{\partial y}+v_z\frac{\partial v_y}{\partial z}=f_y-\frac{1}{\rho}\cdot\frac{\partial p}{\partial y} \tag{4.10b}$$

$$\frac{\partial v_z}{\partial t}+v_x\frac{\partial v_z}{\partial x}+v_y\frac{\partial v_z}{\partial y}+v_z\frac{\partial v_z}{\partial z}=f_z-\frac{1}{\rho}\cdot\frac{\partial p}{\partial z} \tag{4.10c}$$

オイラーの式は定常流と非定常流のいずれにも適用できる。定常流では，$\partial/\partial t$ の項をゼロとすればよい。陸上の氾濫流のように重力場にある流体については，z を鉛直上向き方向にとって，$f_x=f_y=0$，$f_z=-g$ とすればよい。

オイラーの式は 3 方向の流速 v_x, v_y, v_z と圧力 p の 4 つを未知数とする方程式であるので，これを解くためには上記の方程式 3 個のほかに，連続の式（continuity equation）と呼ばれる次の質量保存則（conservation of mass）の式が必要である。非圧縮性流体の連続の式は，

$$\nabla \cdot \boldsymbol{v} = \mathrm{div}\,\boldsymbol{v} = \frac{\partial v_x}{\partial x} + \frac{\partial v_y}{\partial y} + \frac{\partial v_z}{\partial z} = 0 \tag{4.11}$$

である。式中の・は内積を表す。

（2）氾濫流の圧力と静水圧

　川を流れる水や平野を氾濫する水のように水面をもつ水の流れにおいて，その深さ方向の圧力分布は静水圧分布と等価な関係があることがオイラーの式から導かれる。水平な開水路を流れる水の流線も水平（鉛直方向の速度成分ゼロ，$v_z=0$）と考えることができ，図-4.7のように座標をとって，x–z鉛直面の2次元流れ，すなわちy方向に流況が変化しないとすると，(4.10c)式左辺の項はすべてゼロとなり，また$f_z=-g$であるので，

$$-g - \frac{1}{\rho} \cdot \frac{\partial p}{\partial z} = 0 \qquad \therefore \frac{\partial p}{\partial z} = -\rho g$$

となる。これをzで積分すると，$p=-\rho g z + C(x)$となる。大気圧を基準値0とすると，水面（$z=h_o$）では$p=0$であるから，積分定数Cが定まり，

$$p = \rho g (h_o - z) \tag{4.12}$$

を得る。これは水面をもつ水平な流れの圧力（静圧と呼ばれる）がその点における静水圧p_hと等しいことを表している。この場合の流れは，(4.10a)式と(4.11)式から$\partial v_x / \partial t = 0$となるので，定常流である。このことは，水路床に勾配があるときにも成り立つ（演習問題参照）。

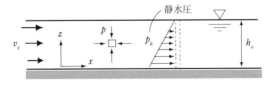

図-4.7　水面をもつ流れ

（3）壁面に作用する圧力

　水面をもつ流れが構造壁面に向かって作用する圧力は静水圧より小さくなること

がオイラーの式から導かれる．**図-4.8**のように壁面の根元を原点とする座標をとる．定常流とすると $\partial v_z/\partial t=0$，壁面では x 方向の流速を失うので $v_x=0$，y 方向には状態が変化しないとして2次元で考えると $\partial v_z/\partial y=0$ となるので，(4.10c) 式は，

$$v_z \frac{\partial v_z}{\partial z} = -g - \frac{1}{\rho} \cdot \frac{\partial p}{\partial z}$$

となる．これを z で積分すると，

$$p = -\rho g z - \frac{1}{2}\rho v_z^2 + C$$

を得る．大気圧を基準値0とすると，せき上げられた水面 ($z=h_f$) では $p=0$，$v_z=0$ であるから，積分定数 C が定まり，

$$p = \rho g(h_f - z) - \frac{1}{2}\rho v_z^2 \tag{4.13}$$

となる．この式は，壁面でせき上げられる流れが鉛直方向の速度をもつため，その圧力が静水圧より小さいことを表している．壁の幅が有限の場合にも同様の結果が得られる（演習問題参照）．なお，壁の後ろでは流速がほとんどゼロになるので，水圧は静水圧と等しいとみなせる．

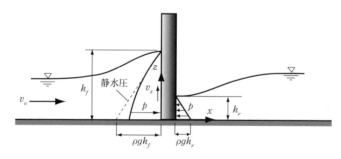

図-4.8 水面をもつ流れに建つ壁の前面と後面の圧力

4.6 ナビエ–ストークスの方程式

ナビエ–ストークスの式と呼ばれる実在流体（粘性のある圧縮性流体）の運動方程式を紹介する．これはN-S方程式とも略称され，ナビエ (Navier, 1823) とストークス (Stokes, 1845) が独立に導いたものとされているが，サン・ブナン (Saint-Venant, 1843) も式の導入に成功している．式の誘導過程は巻末の参考文献に譲り，

ここでは結果のみ掲載する。まず，ベクトル式で表すと，

$$\frac{D\boldsymbol{v}}{Dt} = \boldsymbol{f} - \frac{1}{\rho}\nabla p + \nu \nabla^2 \boldsymbol{v} \tag{4.14}$$

となる。オイラーの式とちがうのは，右辺に動粘性係数 ν の付いた粘性項 $\nu\nabla^2\boldsymbol{v}$ が加わることである。$\nabla^2\boldsymbol{v}$ は次式で定義される。

$$\nabla^2 \boldsymbol{v} = (\nabla \cdot \nabla)\boldsymbol{v} = \left(\frac{\partial^2}{\partial x^2} + \frac{\partial^2}{\partial y^2} + \frac{\partial^2}{\partial z^2}\right)\boldsymbol{v}$$

ベクトル表示の (4.14) 式を直交座標の x, y, z 成分で書き下すと，次のようになる。

$$\frac{\partial v_x}{\partial t} + v_x\frac{\partial v_x}{\partial x} + v_y\frac{\partial v_x}{\partial y} + v_z\frac{\partial v_x}{\partial z} = f_x - \frac{1}{\rho}\cdot\frac{\partial p}{\partial x} + \nu\left(\frac{\partial^2 v_x}{\partial x^2} + \frac{\partial^2 v_x}{\partial y^2} + \frac{\partial^2 v_x}{\partial z^2}\right) \tag{4.15a}$$

$$\frac{\partial v_y}{\partial t} + v_x\frac{\partial v_y}{\partial x} + v_y\frac{\partial v_y}{\partial y} + v_z\frac{\partial v_y}{\partial z} = f_y - \frac{1}{\rho}\cdot\frac{\partial p}{\partial y} + \nu\left(\frac{\partial^2 v_y}{\partial x^2} + \frac{\partial^2 v_y}{\partial y^2} + \frac{\partial^2 v_y}{\partial z^2}\right) \tag{4.15b}$$

$$\frac{\partial v_z}{\partial t} + v_x\frac{\partial v_z}{\partial x} + v_y\frac{\partial v_z}{\partial y} + v_z\frac{\partial v_z}{\partial z} = f_z - \frac{1}{\rho}\cdot\frac{\partial p}{\partial z} + \nu\left(\frac{\partial^2 v_z}{\partial x^2} + \frac{\partial^2 v_z}{\partial y^2} + \frac{\partial^2 v_z}{\partial z^2}\right) \tag{4.15c}$$

このナビエ-ストークスの式を解くためには，次の連続の式が必要である。これは圧縮性流体の質量保存則であり，非圧縮性が仮定できるときは，前の (4.11) 式でよい。

$$\frac{D\rho}{Dt} + \rho(\nabla\cdot\boldsymbol{v}) = \frac{\partial\rho}{\partial t} + v_x\frac{\partial\rho}{\partial x} + v_y\frac{\partial\rho}{\partial y} + v_z\frac{\partial\rho}{\partial z} + \rho\left(\frac{\partial v_x}{\partial x} + \frac{\partial v_y}{\partial y} + \frac{\partial v_z}{\partial z}\right) = 0 \tag{4.16}$$

このナビエ-ストークスの式を流れの境界条件を満たすように解析的に解くことは，ほとんどの場合不可能で，数値解析に頼らざるをえない。しかし，流れの中にある構造物の流体力を求めるような場合では，現代のスーパーコンピュータをもってしても限界があり，抗力係数の値などは依然として実験に頼らなければならないのが現実である。

ナビエ-ストークスの式は，レイノルズ数 $R_e \to \infty$ でオイラーの式に漸近する。このことは，レイノルズ数が非常に大きい強風や洪水の流れの作用をオイラーの式でとらえることができる根拠となっている。レイノルズ数は粘性力に対する慣性力の比になっているので，災害をもたらす風や水の流れは慣性力が卓越し，粘性力を無視できるということでもある。

4.7 次元解析

(1) バッキンガムのパイ定理

　ある物理現象を支配する因子がもつ次元からその現象の数理構造を解析することを次元解析 (dimensional analysis) という。そのとき，バッキンガムのパイ定理 (Buckingham pi theorem, 1914) が有用となる。厳密な理論は専門書に譲って，この定理をわかりやすく説明すると，「ある物理現象に関係する物理量 A_i が全部で n 個あり，それらに含まれる基本次元が m 個ならば，その現象を支配する無次元パラメータ (無次元積) Π_i は $(n-m)$ 個である」というものである。別のいい方をすれば，「現象を支配する方程式 $F(A_1, A_2, \cdots, A_n)=0$ は，$\Phi(\Pi_1, \Pi_2, \cdots, \Pi_{n-m})=0$ に書き換えることができる」となる。力学問題の基本次元は，長さ L，質量 M，時間 T の三つで，熱を扱う場合には温度 Θ が加わる。力は，質量×加速度であるから，MLT^{-2} の次元をもつ。

　具体例として，図-4.9 の粘性減衰 1 質点系が自由振動するときの固有円振動数を取り上げる。この問題に関与する物理量は固有円振動数 ω，質量 m，ばね定数 k，粘性係数 c の 4 個である ($n=4$)。それぞれの次元を $[\cdot]$ で表

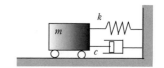

図-4.9　減衰のある弾性ばね一質点系

すと，$[\omega]=\mathrm{T}^{-1}$，$[m]=\mathrm{M}$，k は「単位長さあたりの伸縮に要する力」であるから $[k]=\mathrm{MT}^{-2}$，c は「単位速度あたりの抵抗力」であるから $[c]=\mathrm{MT}^{-1}$ の次元をもっている。よって，この問題に含まれる基本次元は M と T の 2 個であるので ($m=2$)，この問題は $n-m=2$ 個の無次元積を使って $\Phi(\Pi_1, \Pi_2)=0$ または $\Pi_1=\Phi(\Pi_2)$ で表される。この場合，4 個の物理量のどの二つを取っても無次元積をつくれないので，3 個取ってみる。その組合わせは 4 ケースあるが，有望なものとしてまず，$\Pi_1=\omega m^x k^y$ とすると (べき数はどれか一つを 0 以外の整数にしてよい)，

$$[\Pi_1]=\mathrm{T}^{-1}\cdot\mathrm{M}^x\cdot\mathrm{M}^y\mathrm{T}^{-2y}=\mathrm{T}^{-1-2y}\cdot\mathrm{M}^{x+y}$$

となり，これが無次元になるには $x=1/2$，$y=-1/2$ でなければならないので，

$$\Pi_1=\omega m^{1/2}k^{-1/2}=\omega\sqrt{m/k}$$

が得られる。次に，$\Pi_2=m^x k^y c$ とすると，同様の操作により，

$$[\Pi_2] = M^x \cdot M^y T^{-2y} \cdot MT^{-1} = T^{-1-2y} \cdot M^{x+y+1} \quad \therefore x = -1/2, \ y = -1/2$$

となり，二つめの無次元積として，

$$\Pi_2 = m^{-1/2} k^{-1/2} c = c/\sqrt{mk}$$

が得られる。よって，

$$\omega \sqrt{m/k} = \Phi\left(c/\sqrt{mk}\right) \quad \therefore \omega = \sqrt{k/m} \cdot \Phi\left(c/\sqrt{mk}\right)$$

となり，ω は k/m と $c/\sqrt{mk}$ のみに支配されることがわかる。次元解析では関数 Φ を求めることはできない。この問題の運動方程式は $m\ddot{x} + c\dot{x} + kx = 0$ で表され，その解は $\omega = \omega_o\sqrt{1-\eta^2}$ となることが知られている。ここで，$\omega_o = \sqrt{k/m}$ で，非減衰での固有円振動数である。すなわち，$\Pi_1 = \omega/\omega_o$ である。また，$\eta = c/(2m\omega_o) = c/\left(2\sqrt{km}\right)$ で，これは臨界減衰比または減衰定数と呼ばれているもので，$\Pi_2/2$ にほかならない。結局，解は $\Pi_1 = \sqrt{1-(\Pi_2/2)^2}$ となり，無次元積だけで表されることが確認できる。

(2) 水面を伴わない構造物とレイノルズ数

図-4.10 のような水面のない無限空間または半無限空間の流れに構造物があるときの抗力を支配する因子について次元解析を行ってみる。抗力は構造物に作用する流体力のうち流れ方向の成分である。この問題を支配する物理量は，抗力 P_D のほかに，ナビエ‐ストークスの式に含まれる流体の密度 ρ，動粘性係数 ν，および境界条件として与えられる流速 v_o と構造物の代表長さ B の合計5個で，それぞれ次の次元をもっている。

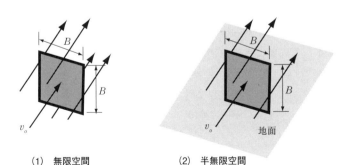

(1) 無限空間　　(2) 半無限空間

図-4.10　無限または半無限空間の流れにある構造物の抗力

$$[P_D]=\text{MLT}^{-2}, \quad [\rho]=\text{ML}^{-3}, \quad [\nu]=\text{L}^2\text{T}^{-1}, \quad [v_o]=\text{LT}^{-1}, \quad [B]=\text{L}$$

これらを構成している基本次元はM，L，Tの3個であるから，この問題を支配する無次元積は2個である．そこで，物理的に有意な無次元積 Π_1, Π_2 として，次の二つを採用する．

$$C_D = \frac{P_D}{\frac{1}{2}\rho v_o^2 B^2} \tag{4.17}$$

$$R_e = \frac{Bv_o}{\nu} \tag{4.18}$$

C_D は抗力係数（drag coefficient），R_e はレイノルズ数（Reynolds number）である．よって，この問題の有次元物理量で表された解 $F(P_D, \rho, \nu, v_o, B)=0$ は，C_D と R_e の二つの無次元物理量で表された解 $\Phi(C_D, R_e)=0$ または $C_D = \Phi(R_e)$ に帰着することとなる．すなわち，構造物の形状と設置条件が与えられると，抗力係数はレイノルズ数のみで決まる．

ただし，通常の建築物のように幅の広い切り立った構造体（bluff body，鈍頭物体と訳される）では，レイノルズ数が大きいとき（およそ $R_e > 10^4$），C_D は R_e に関係なくほぼ一定になることが経験的に知られている．この場合，C_D は物体の形状だけで決まるので，形状抗力係数と呼ばれる．例えば，流れに垂直な正方形板の抗力係数は，**図-4.10**(1) では $C_D = 1.12 \sim 1.16$，同図 (2) では $C_D = 1.10$ という値が実験的に知られている．

（3）水面を伴う構造物とフルード数

図-4.11のように水面をもつ流れに構造物が部分浸水しているときの抗力には，ナビエ－ストークスの式に重力加速度（(4.15c) 式で $f_z = -g$），および境界条件として浸水深 h_o が加わり，次の7個の物理量が関与する．

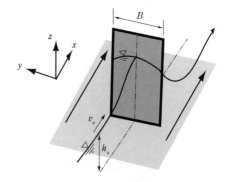

図-4.11　水面を伴う構造物の抗力

$[P_D] = \mathrm{MLT}^{-2}$, $[\rho] = \mathrm{ML}^{-3}$, $[\nu] = \mathrm{L}^2 \mathrm{T}^{-1}$, $[v_o] = \mathrm{LT}^{-1}$, $[B] = \mathrm{L}$, $[g] = \mathrm{LT}^{-2}$, $[h_o] = \mathrm{L}$

これらを構成している基本次元は M, L, T の3個であるから,この問題を支配する無次元積は4個である。そこで,物理的に有意な無次元積 $\Pi_1, \Pi_2, \Pi_3, \Pi_4$ として,前の抗力係数 C_D とレイノルズ数 R_e に加え,次の二つを採用する。

$$F_r = \frac{v_o}{\sqrt{gh_o}} \tag{4.19}$$

$$\alpha = \frac{h_o}{B} \tag{4.20}$$

F_r はフルード数,α はアスペクト比である。よって,この問題の有次元物理量で表された解 $F(P_D, \rho, \nu, v_o, B, g, h_o) = 0$ は,四つの無次元物理量で表された解 $\Phi(C_D, R_e, F_r, \alpha) = 0$ または $C_D = \Phi(R_e, F_r, \alpha)$ に帰着することとなる。すなわち,抗力係数はレイノルズ数,フルード数,アスペクト比のみに支配される。ただし,上で述べたように,レイノルズ数の影響は無視できることが経験的に知られているので,$C_D = \Phi(F_r, \alpha)$ と考えてよい。ここでの次元解析では,構造物の形状を平板とし,流れの進入角度（迎え角という）を0°としたが,これらが変われば抗力係数も変化する。

（4）相似則

構造物に働く流体力を実験的に調査するとき,実際のスケールで行うことは至難であるので,縮小した模型を用いることになる。このときには,相似則（law of similitude）に注意しなければならない。

例えば,図-4.12(1)に示す実際の構造壁の抗力係数を図-4.12(2)の縮小模型で知ろうとしたとき,上でみたように,抗力係数がレイノルズ数 R_e,フルード数 F_r,アスペクト比 α に支配され,$C_D = \Phi(R_e, F_r, \alpha)$ となるので,現実と模型の R_e, F_r,α の値をそれぞれ合致させなければならない。ところが,次の対照表にみるように,R_e と F_r の両方を同時に合わせることは不可能であることがわかる。例えば,まず,$\alpha = 0.5$ が維持されるように縮小率 1/100 の模型の寸法と実験水路の浸水深を決める。次に,F_r が合うように実験水路の流れの速度を決める。すると,水を使う限り動粘性係数は同じであるので,R_e は現実と模型実験でそれぞれ自動的に決まってし

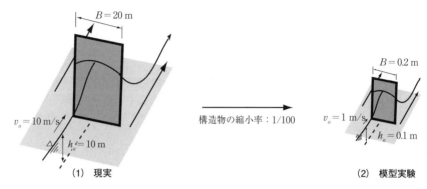

図-4.12 相似則の例

まい，R_e の値を合わせることができなくなるという訳である。

$$\alpha = \frac{h_o}{B} = \frac{10}{20} = 0.5 \quad \rightarrow \quad \alpha = \frac{h_o}{B} = \frac{0.1}{0.2} = 0.5$$

$$F_r = \frac{v_o}{\sqrt{gh_o}} = \frac{10}{\sqrt{9.8 \times 10}} = 1.0 \quad \rightarrow \quad F_r = \frac{v_o}{\sqrt{gh_o}} = \frac{1}{\sqrt{9.8 \times 0.1}} = 1.0$$

$$R_e = \frac{Bv_o}{\nu} = \frac{20 \times 10}{1.2 \times 10^{-6}} = 1.7 \times 10^8 \quad \rightarrow \quad R_e = \frac{Bv_o}{\nu} = \frac{0.2 \times 1}{1.2 \times 10^{-6}} = 1.7 \times 10^5$$

以上のように，フルード数とレイノルズ数の両方を現実と模型実験で同時にそろえることは不可能であるが，抗力係数にレイノルズ数はほとんど影響を与えないという経験則を前提にしてフルード数を現実に合わせて実験を行うことになる。

相似則は時間 t にも及ぶので，無次元化された時間 $t/(h_o/v_o)$ は現実と模型実験で合致する。この例題では，1秒間に起きる現実事象が，0.1秒間の模型実験で再現されることになる。定常流では時間が関与しないので，時間の相似性は気にしなくてよい。

4.8　運動量の法則

（1）運動量と力積

運動量の法則（momentum principle）とは「物体の運動量（momentum）の変化はその間に働いた力積（impulse）に等しい」という法則であり，次式で表される。

$$\Delta(mv) = F \cdot \Delta t \tag{4.21}$$

ここで，m は質量，v は速度，F は外力（衝撃力），Δt は外力の作用時間であり，v と F はベクトルであることに注意する。上式で $F=0$ の特別な場合を考えると，物体（系）に外力が働かなければ（たとえ内部で力を及ぼし合っていても），全体の運動量 mv は一定に保たれることになる。これが運動量保存則と呼ばれるものである。運動量の法則は，運動の法則 $F=ma$ を時間に関して積分したものにほかならないが（a は加速度ベクトル），加速度よりも速度を用いるほうが便利なことがある。とくに，急変流と呼ばれる流況が急激に変化する不等流を扱う際に有用である。

(2) 噴流の衝撃力

図-4.13 のように速度 v の噴流が壁体に当たったあと壁面に沿って左右に散失する場合を考える。簡単のため，紙面に垂直な方向は状態が同じとして2次元で考える。壁は噴流の進入直交面から迎え角 α だけ傾いているものとする。ある時間 Δt の間に壁に当たる水の質量は $m = \rho \cdot v \Delta t \cdot A$ で（A は進入噴流の断面積とする），衝突後，m_1 と m_2 に分かれるものとする（$m = m_1 + m_2$）。水を完全流体（粘性がない）とすれば，水粒子がもっている運動エネルギーは保存されるので，m_1 と m_2 の速度はやはり v であり，水と壁の間に摩擦が生じないので壁に平行な力は作用せず（$F_t = 0$），衝撃力は壁に垂直な F_n のみである。

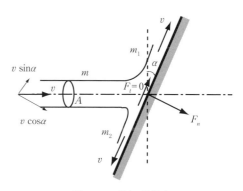

図-4.13 噴流の衝撃力

まず，壁面に垂直方向の運動量方程式は，水に働く力積が $-F_n \cdot \Delta t$ で，速度が $v\cos\alpha$ から 0 に変化するので，

$$-F_n \cdot \Delta t = 0 - mv\cos\alpha = -(\rho v \Delta t A)v\cos\alpha = -\rho v^2 \Delta t A \cos\alpha \quad \therefore F_n = \rho v^2 A \cos\alpha$$

となり，衝撃力が定まる。次に，壁面に平行方向については，

$$-F_t \cdot \Delta t = m_1 v - m_2 v - mv\sin\alpha = 0 \quad \therefore m_1 - m_2 - m\sin\alpha = 0$$

となり，質量保存式 $m_1+m_2=m$ と合わせて，二手に分かれる質量が次のように定まる。

$$m_1=\frac{1+\sin\alpha}{2}\cdot m \qquad m_2=\frac{1-\sin\alpha}{2}\cdot m$$

例えば，$\alpha=45°$なら $m_1:m_2=0.85:0.15$ となり，$\alpha=0°$なら当然，両側に半分ずつ分かれる。

壁が噴流と垂直（$\alpha=0°$）のときの衝撃力を書き直すと，

$$F_I=F_{n(\alpha=0)}=2\times\frac{1}{2}\rho v^2\times A$$

となる。これは抗力の計算式と類似しており，抗力係数が 2.0 に相当する。仮に，壁に垂直に当たった水がすべて逆向きに跳ね返ったとすると $F_I=2\rho v^2 A$ となり，これは抗力係数 4.0 に相当する。

（3）サージ衝撃力

運動量方程式を図-4.14 のようなサージフロント衝撃力の算定に応用してみる。流速 v のサージのある断面（断面積 A_s）が壁面に衝突し，ある微小時間 Δt が経過したとすると，その間に壁面に衝突する流塊は進行方向に長さ $v\Delta t$ をもつので，その体積は $v\Delta t\cdot A_s$，その質量は $m=\rho\cdot v\Delta t\cdot A_s$ である。壁面に衝突したあと，流塊が壁に沿って向きを変えるとすると，水平方向の速度は v から 0 になる。よって，運動量の変化は $\Delta(mv)=-\rho\cdot v^2\Delta t\cdot A_s$ で表される。これが流塊に働く力積と等しく，壁面に働くサージ力の力積 $F_s\cdot\Delta t$ と逆向きとなるので，衝撃力 F_s は次式で表される。

$$F_s(t)=\rho v^2\cdot A_s(t)=C_s\cdot\frac{1}{2}\rho v^2\cdot A_s(t) \qquad ここで，C_s=2.0$$

上式の C_s は，衝撃力 F_s を抗力に換算したときの抗力係数に相当するものである。衝突した流塊が上流側に跳ね返るとするならば C_s は 2.0 より大きくなりうるが，4.0 を超えることはない。しかしながら，上の式は壁面に次々に衝突する流塊が後続の流塊に影響を及ぼさず，すべて壁面に沿って散逸することを前

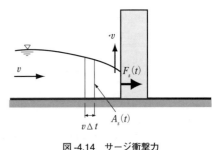

図-4.14　サージ衝撃力

提とした解である．実際には，衝突流塊が後続の流体に圧力を及ぼし，水面が変形するなど，サージ衝撃力の実態は複雑で，今も研究が進められている．一般に，水の衝撃力を時刻歴でとらえるには，微分表示された運動方程式（オイラーの式，ナビエ－ストークスの式）を解かなければならず，積分形式で表された運動量の式では無理である．

演習問題

1. オイラーの式からベルヌイの式を導いてみよう．
2. 演習図-4.1 のように津波が傾斜地盤を遡上するようなとき，水圧と静水圧の関係を求めてみよう．ただし，水は完全流体とし，流れは2次元定常流とする．

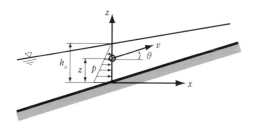

演習図-4.1　斜面を遡上する定常流の圧力

3. 流れに部分浸水した有限幅の壁面に垂直に向かう接近流が壁面に及ぼす圧力をオイラーの式から推定し，静水圧とどのような関係にあるか考察してみよう．
4. レイノルズ数が無限大になるとナビエ－ストークスの式がオイラーの式に帰着すること，レイノルズ数が粘性力に対する慣性力の比になっていること，フルード数の自乗が重力に対する慣性力の比になっていることを確かめてみよう．
5. 水平速度 v をもった半径 a の球状水塊（質量 $m = \frac{4}{3}\pi a^3 \rho$）を鉛直壁に衝突させる実験によると，水はほぼ全て壁に平行に（すなわち鉛直面内に）飛散し，跳ね返りはほとんどなく，運動量保存則により $F\Delta t = mv$ となる．水塊を構成するすべての水粒子が衝突までに水平速度 v を維持するとして，衝撃力 F の時間変化を計算してみよう．

第5章 氾濫流の荷重効果

5.1 氾濫流

　陸上を遡上する津波(tsunami)，大雨による河川の溢水や破堤がもたらす洪水(flood)，海岸堤防を乗り越えて内陸を拡散する高潮(storm surge)などは制御できなくなった水の流れであり，これらは氾濫流(inundation flow, flood)と総称される。津波といえども，いったん，陸に上がると，もはや波ではなくなり，洪水と同じ振る舞いをする。

　氾濫流が陸上構造物に及ぼす荷重効果はさまざまなものがあり，通常，次の9種類が想定される。流体力，サージフロント衝撃力，静水圧，浮力，漂流物の衝突力，漂流物のせき止め力，床下揚圧力，床上湛水荷重，波力である。これらの力は，どのタイミングで生じるか，その作用が瞬間的か持続的か，時間的に変化するか一定かなどにおいて，性質が相当異なっている。未だ解明されていない部分が多いが，以下，現在の知見を紹介しておこう。

5.2 流体力

(1) 流体力の特徴

　構造物のまわりがすべて氾濫流に囲まれた状態で構造物に作用する力，あるいはその反作用として構造物が流れに抵抗する力を流体力(hydrodynamic force)という。通常，この状態は流れが定常状態(時間的に変化しない状態)になっているとみなし，流体力は定常力として扱われる。したがって，あとで述べるサージフロント衝撃力や波力のような非定常力とは性質が異なる。また，流体力は氾濫流が到達してからおさまるまでの時間(津波で数十分，高潮で数時間)のあいだ継続するので，漂流物の衝突力やせき止め力，床下に働く揚圧力と組み合わさって作用する。

（2）抗力と揚力

流体力は流れ方向の成分と流れ直交方向の成分に分解され，流れ方向の流体力を抗力（drag）といい，流れ直交方向の流体力を揚力（lift）という。流れは物体の周辺で乱れるので，ここでいう流れは物体がなかったとしたときそこを通過する流れを指し，混乱を避けるために接近流ということがある。図-5.1に示すように，P_Dが抗力，P_Lが揚力である。航空機は抗力を低減し揚力を利用して飛翔する流線型をしているが（$P_D \ll P_L$），ずんぐりした建築物では$P_D \gg P_L$となるので抗力のほうが設計上重要となる。抗力が構造物の水平耐力を超えると，構造物は崩壊し，基礎から離脱した部分は流失する。なお，あとで述べる揚圧力（uplift）は，ここでいう揚力とは別物であり，地面に定着した構造物をもち上げるように作用する上向きの力である。

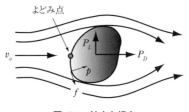

図-5.1 抗力と揚力

流体が物体の表面に及ぼす単位面積あたりの力は圧力pと摩擦応力（せん断応力）fである。これを流れ方向と流れ直交方向の成分に分解して物体表面全体で積分したものが，それぞれ抗力と揚力である。しかし，摩擦応力が支配的となるのは流れ方向に細長い板状の物体に限られ，建築物のような流れに対して幅が広く切り立った構造体（bluff body，鈍頭物体と呼ばれる）では，摩擦の寄与はきわめて小さく，抗力や揚力の源泉は圧力だけと考えてよいことが知られている。

（3）圧力係数

流体が物体に及ぼす圧力は物体表面で不均一に分布するが，その基準として，よどみ点の圧力を用いる。物体にあたった流れは左右にわかれるが，その境では左右いずれにも行けず，流れが停止する点が存在する。これをよどみ点という。構造物の影響を受けない接近流の流速と圧力をそれぞれv_o，p_o，よどみ点の圧力をp，流体の密度をρとすると，ベルヌイの定理より，$p - p_o = \frac{1}{2}\rho v_o^2$ が得られる。これは，よどみ点の圧力が接近流の圧力より$\rho v_o^2/2$だけ大きいことを表している。これがよどみ点の速度圧あるいは動圧と呼ばれるものである。よどみ点以外の速度圧は，$p - p_o = c_p \frac{1}{2}\rho v_o^2$ と表記し，c_pを圧力係数という。耐風設計では，c_pを風圧係数あ

5.2 流体力

（4）抗力係数

抗力 P_D は，よどみ点の速度圧 $\rho v_o^2/2$ と抗力係数 C_D を用いて次式で表される。

$$P_D = C_D \cdot \frac{1}{2}\rho v_o^2 \cdot B h_o \tag{5.1}$$

ここで，C_D：抗力係数（drag coefficient）（無次元），B：流れ直交方向の構造物の幅 (m)，h_o：構造物の影響を受けない接近流の浸水深 (m) である。浸水深が構造物の高さ H を超えるとき（$h_o > H$ のとき）は，h_o のかわりに H を用いる。

上式は，よどみ点の速度圧に受圧面積 Bh_o を掛けて仮の合力とし，圧力が不均一に分布することや構造物の背後にも圧力が作用することを考慮するため，抗力係数で調整して抗力を計算するという方法である。

接近流の流速と浸水深が同時に最大値をとるとは限らないので，運動量流束 (momentum flux，着目する断面を単位時間に通過する流体がもつ運動量，ここでは $\rho B h_o v_o^2$) を ρB で除した $h_o v_o^2$ の最大値を設計では採用すべきとされている。例えば，陸上を氾濫する津波は，遡上 (runup) するときよりも流下 (rundown) して海に戻るときのほうが，流れが速く，水深が浅くなる傾向があるといわれている。すると，遡上と流下で運動量流速が同じとは限らなくなる。もちろん，このとき，流れの向きが逆になるので抗力の向きも逆になる。

（5）抗力係数の支配因子

風の中に建つ構造物や氾濫流に完全に水没する構造物の抗力係数 C_D は，構造物の形状に左右されるとともに，レイノルズ数 R_e に支配されることが知られている。しかし，風害や水害をもたらす風や氾濫流のレイノルズ数は非常に大きいので（およそ $R_e > 10^4$)，レイノルズ数はほとんど関係がなくなり，C_D は構造物の形状だけで決まる。そのため，この場合の抗力は形状抗力 (form drag)，またはその源泉が圧力であることから圧力抵抗 (pressure drag) とも呼ばれる。

ところが，水害避難ビルでは，構造物の上部が必ず水面から上に出ていなければならないので，**図-5.2** のように氾濫流が向かってくる構造物の前面では水面が盛り上がり，後ろでは水面が降下するという水面のかく乱現象が生じる。この水面を変形させる力を造波抗力 (wave-making drag，wave drag) と呼んでおり，水面を航

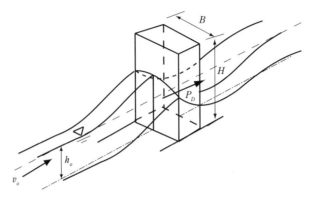

図-5.2 水面を伴う構造物の抗力

行する船舶の設計では非常に重要な力として知られている。したがって，水面を伴う構造物の抗力は，底層流が関与する形状抗力と表層流が関与する造波抗力の和となり，その抗力係数は，構造形状とレイノルズ数のほかに，フルード数 $F_r = v_o/\sqrt{gh_o}$ とアスペクト比 h_o/B の影響を受けることが次元解析から理論的に導かれる。ただし，上述の理由で，レイノルズ数の影響は実用上無視できる。なお，構造物の周辺に別の構造物が接近して建っているときは，その影響も受け，これを干渉抗力（interference drag）という。

（6）抗力係数の値

現時点で，氾濫流に関する抗力係数 C_D の値はまだよく分かっていない。アメリカの連邦緊急事態管理庁 FEMA（フィーマ）が発行している津波避難ビル設計指針では $C_D = 2.0$ が推奨されているが，その条件や根拠は詳らかでなく，過大な，つまり設計上安全側に設定されているようである。

風工学ではさまざまな構造物に対して抗力係数の値が知られているが，氾濫流には適用できない。その理由は，風には水面に相当する境界面がないからであって，風の抗力係数はフルード数が関与しない形状抗力だけに対するものである。参考に，平板と直方体の形状抗力係数 C_{Dp} をそれぞれ表-5.1，表-5.2 に掲載しておく。研究者によって若干数値が異なっているが，これは形状抗力係数が理論的には求められず，すべて実験に基づく値であるためである。

氾濫流に部分浸水した構造物の抗力は形状抗力と造波抗力の和となる。その抗力係数については未だよくわかっていないが，著者が行った水理実験（図-5.3）によ

5.2 流体力

表-5.1 平板の形状抗力係数

boundary cond.	form drag coefficient, C_{Dp}
2-D	2.0 (JSSC), 2.01(荻原) 1.98 (Hoerner), 1.96−2.01(ASCE)
2-D	1.2 (JSSC)
3-D	ARC 機械学会 / Idelchik / ASCE B/H ARC機械学会 Idelchik ASCE 1 1.14 1.16 1.12 2 1.15 1.16 1.19 5 1.22 1.21 1.20 10 1.27 1.29 1.23 20 1.50 1.40 1.42 inf. 1.86 2.0 1.98
3-D ground	B/H ASCE 1 1.10 10 1.20 inf. 1.20

表-5.2 直方体の形状抗力係数

boundary cond.	form drag coefficient, C_{Dp}
2-D	L/B JSSC岡内 Hoerner荻原 ASCE 0.1 — — 1.95 0.5 2.3 — — 1.0 2.0 2.05 2.03 2.0 1.5 — — 6.0 — — 0.90
3-D	for $L=H$, B/H Idelchik Hoerner荻原 0.2 0.67 — 0.5 0.90 — 1.0 1.05 1.05 2.0 1.20 — 5.0 1.40 — inf. 2.0 —
2-D ground	L/H JSSC岡内 2 1.2
3-D ground	$B=H$: L/B Hoerner <1 1.20 >2 0.74 $B=L$: H/B ASCE 1 1.0 7 1.2 25 1.4

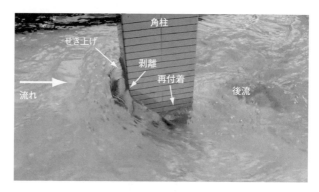

図-5.3 流体力の水理実験

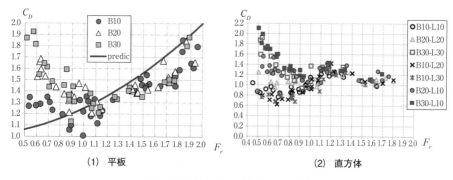

(1) 平板　　　　　　　　　　　　(2) 直方体

図-5.4 氾濫流に建つ構造物の抗力係数

ると，平板状の壁体と直方体状の構造物の抗力係数について図-5.4のデータが得られている。いずれも水面をもつ開水路の中央に置かれた場合の抗力係数 C_D をフルード数 F_r に対してプロットしたものであり，形状抗力と造波抗力の両方を含んでいる。実験条件は，流れに立ち向かう前面壁は主流に垂直で，流れが構造物の上部を越流せず，開水路の幅 $B_o=90$ cm，前面壁の幅 $B=10, 20, 30$ cm，直方体では流れ方向の辺長 $L=10, 20, 30$ cm，レイノルズ数 $R_e=4\times10^4\sim4\times10^5$，アスペクト比 $h_o/B=0.1\sim1.2$ である。

平板では，F_r が1.0より大きい範囲では，C_D が F_r とともに上昇し，それに平板の幅が関与していないこと，一方，F_r が1.0より小さい範囲では，C_D が F_r の低下とともに上昇し，その様相に平板の幅が大いに関与することである。水理学では，$F_r>1$ の流れを射流，$F_r<1$ の流れを常流といっており，この実験結果は，射流で支配的となる造波作用が水路側壁の干渉を受けにくいこと，常流で支配的となる形

状抗力が水路側壁の干渉を受けやすいことを示唆している。水路側壁の影響が無視できるとき，いい換えれば，近くに他の構造物がない場合には，平板状壁体の抗力係数として $C_D=1.0+F_r^2/4$ が提案されている。これによると，$F_r=2.0$ という猛烈な射流が襲来したときにFEMAの推奨する $C_D=2.0$ となる。

直方体は平板とやや様相を異にし，射流では抗力係数がほぼ一定値をとる。これは前面壁のコーナーで剥離した流れが直方体の側面に再付着することによると考えられているが，実態はまだ解明されていない。建築構造物の外形は直方体状であることが多いので，図-5.4 から抗力係数をフルード数の全域にわたって 1.2 程度と考えておけばよい。

(7) 抗力の作用点と転倒モーメント

抗力は構造物の前面と後面に作用する圧力の総和であるので，圧力分布がわかればその作用点の高さを知ることができ，抗力が生む転倒モーメント（overturning moment）を計算することができる。構造物の壁面に垂直に氾濫流が向かってくるとき，前面ではせき上げによって水面が盛り上がり，後面ではエアポケットができて水面が下がる。図-5.5 に示すように，前面の圧力 p_f は，流れが鉛直方向成分をもつため，三角形状の静水圧分布より小さくなる。後面の圧力 p_r は，流速が小さいので静水圧分布とみなせる。すると，前面と後面を合わせた圧力 p_f-p_r は高さの途中に最大値をもつ分布となる。

抗力の源である圧力の分布については現時点で有力な知見が得られていないが，物体に作用する3方向の力とモーメントを計測する分力計を用いて著者が行った平板の水理実験によると，抗力の作用点位置に関するデータが図-5.6 のように得られている。接近流の浸水深を h_o，前面浸水深を h_f，抗力の作用点高さを h_D とする

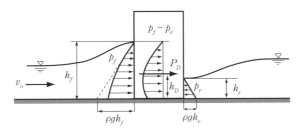

図-5.5 抗力を生む圧力の分布

と，h_D/h_o はフルード数 F_r とともに上昇し，h_D/h_f はその逆傾向を示すが，$0.4h_o \leq h_D \leq 0.4h_f$ の範囲にある（$F_r > 0.5$）。よって，構造物の転倒を検定する際は，地盤レベルでの転倒モーメントを $0.4h_f P_D$ としておけば安全側となる。このとき，h_f は4章 (4.5) 式の $h_f = (1+F_r^2/2)h_o$ を使って計算できる。常流では，$h_D = 0.5h_o$ としても差し支えないであろう。$F_r \to 0$ で $h_D \to h_o/3$ に漸近する様相は不明である。

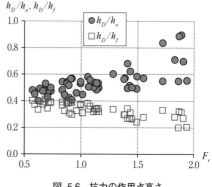

図-5.6 抗力の作用点高さ

（8）層せん断力

抗力に対する上部構造物の安全性を検証する場合に，図-5.5 の圧力分布 $p_f - p_r$ を用いるのは不便であるし，その分布形を定量化する決め手がない。そこで，設計に当たっては，簡単な分布形を仮定せざるを得ない。図-5.7 (1) に示すように，曲線1が実際の分布形，2が前面浸水深のレベルまで一様分布，3が接近流の浸水深レベルまで一様分布，4が静水圧を仮定した台形分布である。いずれの分布形もそれが囲む面積は等しく，その面積に Bh_o を掛けたものが抗力 P_D となる。

この圧力分布を単位幅あたりの層せん断力 q に変換したものが同図 (2) であり，水面からの距離を ξ とすると，$p_f - p_r = dq/d\xi$ の関係がある。地盤面での q_o はどのケースも同じ値になり，$q_o B = P_D$ である。すなわち，P_D は耐震設計におけるベー

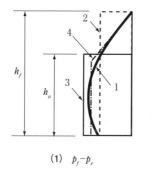
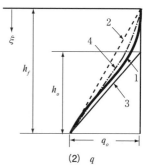

図-5.7 抗力の圧力分布と層せん断力分布

スシアと同義である．層せん断力に関して，分布形2は全層で過大評価，3は全層で過小評価，4は上部で過大評価，下部でやや過小評価となる．上部のせき上げ部分の水圧は下部に比べて非常に小さく，上部の層せん断力を過小評価することはさほど問題にはならないことを勘案すると，分布形3を用いるのがもっとも簡便であり，FEMAの津波避難ビル設計指針はこれを採用している．

5.3　サージフロント衝撃力

　氾濫流が構造物に及ぼす水平力は図-5.8に示すように，次の三つの時系列事象に分類される．

- フェーズ1：氾濫流の先頭が構造物に激突する際に生じる瞬間的な衝撃力．これはサージフロント衝撃力 (surge impulsive force)，あるいは単にサージ力 (surge force) と呼ばれる．サージ (surge) とは'押し寄せるうねり'の意である．停電を引き起こす雷サージ（落雷によって生じる電流の洪水）が，一般には，よく知られている．
- フェーズ2：氾濫流が構造物の背後に回りこむ前に作用する非定常力（過渡的流体力）．
- フェーズ3：構造物のまわりがすべて氾濫流に囲まれた状態で作用する定常力（定常流体力）．これを一般に流体力といっており，その水平成分が前述の抗力である．

　フェーズ1のサージフロント衝撃力の大きさは現時点で解明されていない．衝撃力の大きさはサージフロントの形態に左右され，海岸線近くを襲う段波や砕波のような切り立ったフロントをもつサージの衝撃力は，非常に大きくなることが知られている．

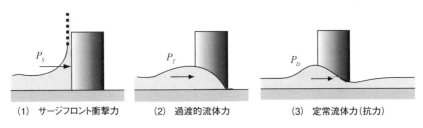

図-5.8　氾濫流が構造物に及ぼす水平力の時系列事象

サージフロント衝撃力は非定常性がきわめて顕著で，つまり時間的な変化が急激なものであるため，そのピークをとらえるのが難しいが，形式上，そのピーク値 P_S は抗力と同様に，次式で表される。

$$P_S = C_S \cdot \frac{1}{2}\rho v_o^2 \cdot Bh_o \tag{5.2}$$

上式中の C_S はサージフロント衝撃力を抗力に換算したときの抗力係数に相当するもので，サージ力係数と呼ばれる。FEMA の津波避難ビル設計指針では P_S を抗力 P_D の 1.5 倍と設定している（FEMA では $C_D=2.0$ としているので，$C_S=3.0$ ということになる）。ただ，FEMA では，サージ力は津波の先頭が当たる構造部分のみに作用するとしており，それ以外の浸水域は抗力が作用するものとしている。サージフロント衝撃力は作用時間が非常に短いので，ほかの荷重と組み合わせる必要はない。なお，サージは津波だけでなく，河川の堤防が決壊すると，その周辺に猛烈なサージが襲ってくる。

フェーズ 1, 2, 3 のどれがもっとも大きな破壊力をもつかはまだ明らかでない。仮に，サージフロント衝撃力が，もっとも大きな力を発揮するとしても，それがただちに最大の破壊力をもたらすとはいえない。

例えば，図-5.9 のように，構造物の質量を M，滑動抵抗を R_{slide}，時間的に変化するサージ力を $P(t)$ とすると，滑動しているときの運動方程式は $M\ddot{x} + R_{slide} = P(t)$ となる。R_{slide} が速度に依存しない一定値とすると，直接積分で容易に解を得ることができ，次のことがわかる。

滑動開始 $(t=t_1)$：サージ力が R_{slide} に達したとき。
滑動停止 $(t=t_2)$：図の ABC の面積と CDE の面積が等しくなったとき。
滑動中 $(t_1 \leq t \leq t_2)$ に生じる滑り量：

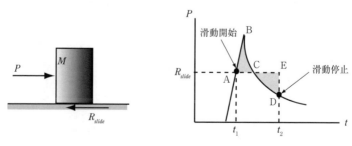

図-5.9　サージによる滑動

$$x_{slide} = \frac{1}{M}\left[\int_{t_1}^{t_2}\left(\int_{t_1}^{t} P(\tau)\mathrm{d}\tau\right)\mathrm{d}t - \frac{1}{2}R_{slide}(t_2-t_1)^2\right] \tag{5.3}$$

この式は,サージ力の力積 $\int_{t_1}^{t} P\mathrm{d}\tau$ が小さければ,滑動変位は小さいことを表している。すなわち,瞬間的に大きな衝撃力が働くだけでは滑動被害を起こさないわけであって,その力がある時間働くことによって滑動変位が生じることになる。

サージに続く過渡流と定常流の様相によって,滑動の被害が次のように大きく変わってくることにも注意する必要がある。それを図-5.10 で説明すると,次のようになる。

  曲線 a：サージ力で滑ったのち,停止し,その後の過渡流と定常流では滑らない(流失しない)。
  曲線 b：サージ力で滑ったのち,いったん停止するが,その後の過渡流または定常流でふたたび滑り始め,定常流で滑り続ける(流失する)。
  曲線 c：サージ力で滑ったのち,停止することなく,過渡流と定常流で滑り続ける(流失する)。

定常流で滑動するときは,構造物の全周が浸水して床下や基礎スラブ下に揚圧力が働き,滑動抵抗 R_{slide} が低下するので,なおさら危険である。

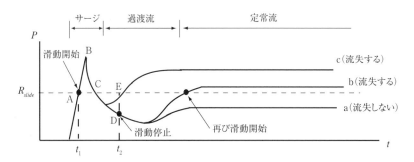

図-5.10　サージ後の過渡流と定常流による滑動の停止または継続

5.4　静水圧

静止した水に接する物体に働く圧力を静水圧 (hydrostatic pressure) という。水面があるときの静水圧は,図-5.11 の記号を用いると,

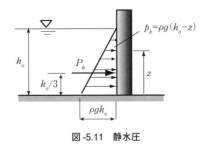

図-5.11 静水圧

$$p_h = \rho g(h_o - z) \tag{5.4}$$

で表され，鉛直方向に三角形分布となる．よって，浸水深 h_o，幅 B の壁面に作用する静水圧の合力（hydrostatic force）は，

$$P_h = \frac{1}{2}\rho g h_o^2 B \tag{5.5}$$

となり，その作用点位置は地盤面から $h_o/3$ となる．水圧は等方性をもつ（大きさが方向によらない）ので，同一深さのいかなる面（傾斜面や曲面）にも同じ値であり，かつ面に垂直に働く．

流れている水中の圧力と静止している水中の圧力は，水面から同じ深さであっても，一般に等しくない．速度をもつ流体中の圧力を静圧（static pressure）といい，静水圧と区別している．ただし，自由表面（水面）をもつ定常流では，鉛直方向の速度成分が無視できるならば，静圧はその深さにおける静水圧と大きさが同じである．

5.5 浮　力

図-5.12 に示すように，静止した水につかった物体に働く鉛直上向きの力を浮力（buoyant force, buoyancy）といい，その大きさは静水圧の鉛直方向成分の合力にほかならない．よって，アルキメデスの原理のとおり，浮力 P_B は物体が押しのけた水の体積 V_B がもつ重量と等しくなり，次式で表される．

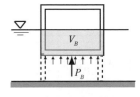

図-5.12 浮力

$$P_B = \rho g V_B \tag{5.6}$$

　水が流れているとき，すなわち流速をもつ場合には，浮力とはいわず，揚圧力といって区別する．というのは，流れの中で構造物に働く鉛直上向きの力は，その源泉がもはや静水圧ではなくなるし，同じ深さにある水平面に働く圧力は一様ではなくなり，またアルキメデスの原理も成立しなくなるからである．揚圧力についてはあとで触れるので，ここでは水が静止していることを前提として浮力について説明する．

　図-5.13に浮力のさまざまな作用を示す．構造物を支持する地盤に水が浸透すると，基礎底面に静水圧が生じるので，これが浮力をもたらす．地震時に砂質地盤が液状化すると埋設されたマンホールなどの地中構造物が地上に浮き上がってくるのは，これが原因である．図の網掛け部分が押しのけた水の体積である．同様に，床下換気孔を通じて床下に浸水すると，床下から浮力が作用する．建物の1階が浸水すると，2階をもち上げる浮力が働き，このとき床下に空気溜り（trapped air）ができると，その体積が浮力を生む．浮力の作用点（浮心 center of buoyancy という）と構造物の重心が横方向にずれると，浮力は構造物を回転させようとする転倒モーメントを生む．

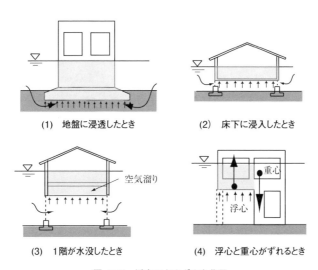

図-5.13　浮力のさまざまな作用

5.6 漂流物の衝突力

氾濫流は図-5.14のように，さまざまな瓦礫（waterborne debris）を漂流させ，それが構造物に漂着すると衝突力を及ぼす。これを漂流物の衝突力（debris impact force）という。漂流物には，流木，船，自動車，コンテナ，自販機，流失建物，家具，漁具，電柱・電線，プロパンガスボンベなど大小さまざまで，重量も種々異なり，また可燃性のあるものは火害を併発させることがある。海岸線の防潮林に多いクロマツの比重は約0.6，自家用車のかさ比重は0.2～0.4，家庭用プロパンガスボンベのかさ比重は満タンで0.7，空で0.3であるので，これらはいずれも水面を漂流する。

漂流物の衝突力を支配する因子は次のように整理される。

衝突する側：漂流物の形，体積，質量，速度，剛性（弾塑性）
衝突される側：構造部分の形，剛性（弾塑性）
周辺の水：流速，漂流物にまとわりつく付加質量

衝突力の評価は，運動量の法則「力積＝運動量の変化，$P_{imp}\Delta t=\Delta(mv)$」に基づくものが多い。漂流物の接触（$v=v_o$）から停止（$v=0$）までの時間を$\Delta t$とすると，衝突力は，$P_{imp}=mv_o/\Delta t$で表される。ここで，$v_o$は氾濫流の流速と考えてよいが，漂流物自身の質量に付加される水の付加質量が定量化しにくいのでmの評価が難しく，またΔtが漂流物と構造物双方の剛性の影響を受けるので，これもよくわからないというのが現状である。

漂流物の衝突力については実験に基づいてさまざまな提案式がある。例えば，FEMAの津波避難ビル設計指針では，次式が提案されている。これは，一定のばね定数kをもった質量mの振動系の運動方程式$m\ddot{x}+kx=0$を，衝突時の条件（$t=0$のとき$x=0$, $\dot{x}=v_o$）で解いたときのばね反力の最大値$(kx)_{max}=v_o\sqrt{km}$を基にしたものである。

$$P_{imp}=C_m v_o \sqrt{km} \tag{5.7}$$

ここで，C_m：付加質量係数（推奨値$C_m=2.0$），v_o：流速（m/s），k：漂流物の有効剛性（N/m），m：漂流物の質量（kg）で，代表的な漂流物のmとkが**表**-5.3のように与えられている。

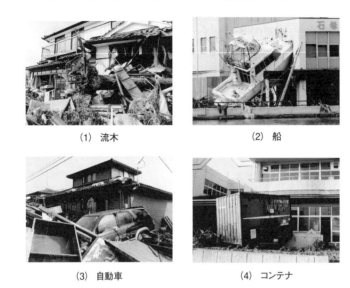

図-5.14 さまざまな漂流物（2011年東北地方太平洋沖地震による大津波）

表-5.3 漂流物の衝突力に関する質量と有効剛性（FEMA）

漂流物	質量 m(kg)	有効剛性 k(N/m)
丸太，材木	450	2.4×10^6
12 m 標準コンテナ（空）	3 800	6.5×10^8
6 m 標準コンテナ（空）	2 200	1.5×10^9
6 m 重量コンテナ（空）	2 400	1.7×10^9

漂流物の衝突力は，サージフロント衝撃力との同時性は通常，考えなくてよい。これは漂流物がサージより遅れて漂着するためである。漂流物の衝突力は，流体力（抗力），揚圧力と組み合わせる必要があるが，その作用点位置は水面レベルであり，構造物の全体ではなく外周部の局所に作用する。衝突した漂流物が構造壁面から離脱せず付着したままの場合には，後述のせき止め力が，図-5.15のように継続して作用することになる。

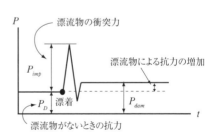

図-5.15 漂流物の衝突力とその後のせき止め力

5.7 漂流物のせき止め力

漂流物が構造物に漂着すると，受圧面が広くなって，作用する流体力（抗力）が大きくなることがある。これを漂流物のせき止め力（debris damming force）という。せき止め力は抗力の式を援用して次式で表す。

$$P_{dam} = C_D \cdot \frac{1}{2}\rho v_o^2 \cdot B_{dam} h_o \tag{5.8}$$

ここで，B_{dam} は構造物に漂着した漂流物の幅（m）で，B_{dam} が構造物の幅 B より大きいときに，上式が適用されることになる。

5.8 床下揚圧力

流れの中に建つ構造物の床下に水が浸入したときに働く上向きの力は，床下の流体が速度をもつ場合と速度をもたず停滞した場合の2種類がある。前者は，例えば水没したピロティを通過する流れのような場合で，これはすでに述べた流体力のうち流れ直交方向の揚力（lift）である。後者は，基礎スラブ下や住宅の1階床下に浸入した速度がほぼゼロの静止した水で，このときに働く上向きの圧力を揚圧（uplift pressure）または揚圧力強さ，その合力を全揚圧力または単に揚圧力（uplift force）という。

揚力 P_L は抗力と同様，$P_L = C_L \cdot \frac{1}{2}\rho v_o^2 \cdot A_f$ の形式で表される。ここで，C_L は揚力係数（lift coefficient）と呼ばれるもので，A_f は流れが下を通過する床の面積である。図-5.16 のような完全に水没したピロティをもつ構造物の揚力係数については，現段階でよく分かっていないが，ピロティを通過する流れは接近流より速くなるので，ベルヌイの定理から，圧力は同じ深さの接近流の圧力，すなわち静水圧より小さくなる。このことから揚力を静水圧の合力と同じと仮定し，$P_L = \rho g (h_o - h_p) A_f$ とすれば，ピロティ天井の水圧に対する安全性が検定でき

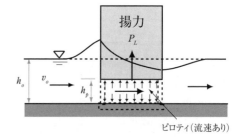

図-5.16 ピロティ天井の揚力

る。ここで，h_o は接近流の浸水深，h_p はピロティの高さである。ピロティを通過する流れはピロティの基礎部分にも圧力を及ぼすので，揚力は構造全体に滑動や転倒の被害を与えるような外力とはならないとみてよい。

一方，揚圧力は，基礎スラブ下や床下の流速がゼロとみなせる場合であり，そのときは一見，静水圧が作用すると思われる。しかしながら，図-5.17 に示すように，構造物が流れの中にあるので，前面（上流側）では水位が上がり，後面（下流側）では水位が下がる。すると，床下に作用する圧力は静水圧とは異なり，一様に分布しないことになる。そのことを考慮して，揚圧力 P_{upl} は次式で表される。

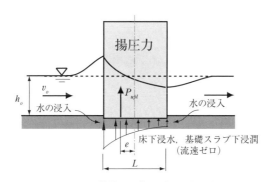

図-5.17　基礎スラブ下・床下の揚圧力

$$P_{upl} = C_{upl} \cdot \frac{1}{2} \rho v_o^2 \cdot A_f \tag{5.9}$$

ここで，C_{upl} は揚圧力係数（uplift coefficient）と呼ばれるもので，A_f は揚圧力が作用する構造底面の面積である。直方体の模型を使った著者の水理実験によると，C_{upl} は図-5.18 に示すようにフルード数 F_r のみで決まり，$C_{upl} = 1.5/F_r^2$ の関係が得られている（$F_r > 0.5$）。$F_r = v_o/\sqrt{gh_o}$ を使って，上式を書き直すと，

$$P_{upl} = \frac{3}{4} \rho g h_o A_f \tag{5.10}$$

となる。すなわち，揚圧力は流れが静止したと仮定したときの静水圧による浮力の 75％ ということになる。円筒タンクの模型実験でも同じ結果が得られている。ただし，$F_r \to 0$ で $P_{upl} \to \rho g h_o A_f$ となるはずだから，F_r が小さい範囲を含めて，$C_{upl} = [6/(F_r+3)]/F_r^2, P_{upl} = [3/(F_r+3)] \cdot \rho g h_o A_f$ のような近似式が考えられるが，まだ確かめられていない。

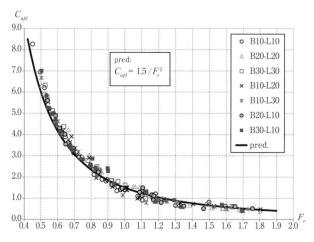

図-5.18　直方体の揚圧力係数

　揚圧力の作用点は構造底面の中心から上流側に偏心するので，構造物に転倒モーメントをもたらす．これは抗力による転倒モーメントと同じ向きであるので，構造物にとっては厳しい条件となる．フルード数の上昇とともに，揚圧力の作用点が構造物の上流側前縁に近づいてくることが水理実験で明らかにされており，それによると，常流（$F_r<1$）に部分浸水した直方体では，

$$e/L = 0.1 F_r \tag{5.11}$$

とみておけばよい．ここで，e は構造底面中心から揚圧力の作用点までの距離，L は流れ方向の構造物の長さである．射流（$F_r>1$）では，e がもっと大きくなる傾向があるので注意が必要であるが，陸上を氾濫する津波や洪水は一般に，常流である．

　揚圧力が基礎スラブ下に作用すると，直接基礎の滑動抵抗や転倒抵抗を低下させ，杭基礎では杭の引抜き抵抗を低下させる．揚圧力が床下に作用すると，とくに，軽い木造建築物では，床の破壊や土台，柱脚の引抜き破壊の原因となる．

5.9 床上湛水荷重

図-5.19のように,氾濫流が去ったあと,床上に溜まった水の重量を床上湛水荷重(gravity force of water retained on floor)という。湛水の深さをh_r,床面積をA_fとすると,床上湛水荷重P_rは次式で表される。

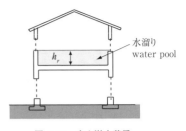

図-5.19 床上湛水荷重

$$P_r = \rho g h_r A_f \tag{5.12}$$

このとき,氾濫水が引いているので,床上湛水荷重を打ち消す床下からの上向きの水圧がない。床上湛水の重さは相当大きく,通常の設計では想定していないので,図-5.20のように氾濫流が去ったあとに床が崩落することがある。

図-5.20 床上湛水荷重による木造床の崩壊

5.10 波力

波力(wave force)は水面の波が原因となって構造物に作用する力であり,流れがもたらす流体力とは異なるものである。図-5.21に示すように,波力は,波浪にさらされる海洋構造物(off-shore structure)や海岸構造物(coastal structure)の設計では重要な外力であるが,氾濫流にさらされる陸上構造物(land structure)では,海岸線近くで段波や砕波の直撃を受ける場合を除いて,抗力のほうが波力よりはるかに大きい。そのため,FEMAの津波避難ビル設計指針における津波力(tsuna-

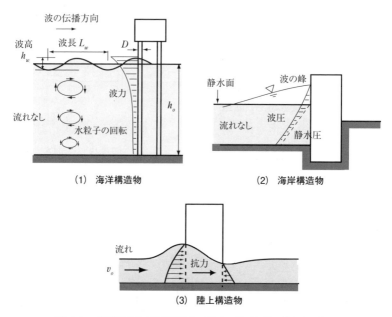

図-5.21 海洋構造物と海岸構造物の波力・波圧と陸上構造物の抗力

mi forces）には波力が含まれていない．

　水面に波が生じると，水中では水粒子が楕円軌道で回転運動する．津波の際，海底に堆積したヘドロが海水とともに防潮堤を乗り越えてくるのは，この回転運動で巻き上げられるからである．水粒子の回転運動が構造物に妨げられると波圧 (wave pressure) が発生し，その積分値（通常，水平方向の合力）が波力となる．これは左右に振動する非定常力である．水粒子の回転運動の振幅は波高 h_w とともに増大するので，波圧も波高に支配される．水粒子の回転運動の振幅は水面で大きく，深さとともに減衰していくので，波圧の振幅は水面で大きく，深くなるにつれて小さくなる．これは，構造物の抗力を生む圧力が深いところで大きくなることと逆傾向である．

　図 (1) のような小径の円柱に作用する波力の評価式として，モリソンの式 (Morison et al., 1950 年) がよく知られている．これは海洋構造物を対象としたもので，水深に比べて波高がじゅうぶん小さいこと ($h_w \ll h_o$)，構造物の幅が波長に比べてじゅうぶん小さいこと ($D \ll L_w$) が条件となっている．波力の分布は水面で最大となり，海底に向かって減少する．Morison 式では水粒子の回転運動がもつ水平方向

の速度と加速度がそれぞれ抗力と慣性力を生むと考え，両方の和を波力としている．

図(2)のような海岸構造物では入射波と反射波の重複による重複波圧が構造壁面に作用する．波の峰が壁面にくるときは，静水面を基準とした静水圧に波圧を加えた圧力が壁面に作用する．湾口に設置される防波堤では沖側と湾側の両方から働く静水圧が打ち消し合うので，静水面から海底に向かって減衰する波圧分布となる．波高が大きいときのサンフルーの波圧分布，砕波するときの廣井の波圧分布など種々の分布が提案されている．

図(3)の陸上構造物では水の流れによる抗力が水面の波による波力よりずっと大きいので，波力は無視できる．抗力のうち水面を変形させる造波抗力は波力と異なり，振動しない定常力である．

5.11 その他

(1) 漂流火災

津波や洪水で可燃性危険物が流出すると漂流火災が起こることがある．実際，2011年東日本大震災では気仙沼市や陸前高田市，大槌町など多くの津波被災地で大規模火災が発生した．自動車のガソリンタンク，家庭用プロパンガスボンベ，沿岸工業地帯の石油やLNG貯蔵タンクなどが流出して，タンクやバルブが破損すると可燃物が流れ出す．それらが発火し漂流しながら，家屋などにも延焼すれば，浸水域に大火災を引き起こす．図-5.22は漂流火災で全焼した学校の体育館である．

図-5.22 漂流火災で全焼した学校の体育館

漂流火災の火源は，耐火設計でいう火災荷重（単位床面積あたりの可燃物の木材換算質量）とは異なり，外部から漂着してくるので，可燃物の量をあらかじめ設定することが困難である。津波避難ビルをはじめ水害危険区域の重要建築物は，外部からの漂流火災で類焼しないように，外壁を不燃材料による防火構造とし，開口部には防火戸（遮炎性能のある窓や扉）を取り付け，また漂流物が外壁や建具を突き破って屋内に侵入しないように対策を施しておくことが大切である。

（2）掃流力

流体が土砂を移動させる力を掃流力（tractive force）といい，通常，流体と土砂の境界に生じるせん断応力で表す。掃流力による土砂の移動現象を，分野によって，流砂（河川工学），漂砂（海岸工学），飛砂（風工学）と呼んでいる。風の場合は，地面が湿っているほうが飛砂が起きにくいが，水流の場合は水によって土のせん断抵抗が低下することが流砂・漂砂の大きな要因となる。流砂が構造物周辺で局所的に進行して地面が掘り下げられる現象を洗掘といい，建築物の基礎に損傷を与えることがある（**10.8**節参照）。

演習問題

1. **演習図-5.1**は津波被害を受けた小学校の建物である（海岸線は右方向1.2 km）。窓ガラスの破損状況から壁面に作用した水圧の高さ方向分布を推察してみよう。
2. **5.3**節のサージによる滑動停止条件と滑動量の式を導いてみよう。
3. **演習図-5.2**のように，サージ力Pが水平地盤上の剛体に作用したときの滑動量x_{slide}を$\mu, g, \beta, \Delta t$で表してみよう。剛体の質量をm，重力加速度をg，滑り摩擦係数をμとすると，サージ力は揚圧力と組み合わせる必要がないので，滑り抵抗は$R_{slide} = \mu mg$となる。サージ力Pは瞬時に立ち上がる三角波で，そのピーク値をβR_{slide}，継続時間をΔtとする。ただし，$1 \leq \beta \leq 2$とし，サージ通過後の流体力は無視する。

演習図-5.1 津波による窓ガラスの破損

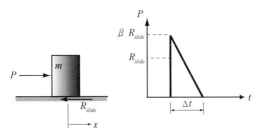

演習図-5.2 サージによる滑動

4．浸透性の高い砂礫地盤に直接基礎をもつ鉄筋コンクリート造建築物が，氾濫流の抗力と揚圧力によって滑動あるいは転倒するか否かを調べてみよう．建物の水平断面を $10\,\mathrm{m} \times 10\,\mathrm{m}$（基礎も同じとする），高さを $12\,\mathrm{m}$，全重量を $5\,000\,\mathrm{kN}$，氾濫流の浸水深を $5\,\mathrm{m}$，流速を $5\,\mathrm{m/s}$，密度を $1\,\mathrm{ton/m^3}$，抗力係数を 1.2，揚圧力係数を $C_{upl} = 1.5/F_r^2$，基礎と地盤の滑り摩擦係数を 0.5，転倒は下流側の縁を剛支点にして回転するものとする．また，氾濫流の方向は建物の壁面に垂直とし，建物の内部は浸水しないものとする．

第6章 氾濫流に対する既存建築物の安全性

6.1 水平力としての地震・風・氾濫流荷重

　現在，わが国の建築物は津波や洪水，高潮による氾濫流に対して設計されていない。建築基準法第20条では，「建築物は，自重，積載荷重，積雪荷重，風圧，土圧及び水圧並びに地震その他の震動及び衝撃に対して安全な構造のものとして，……」とあり，「水圧」が設計荷重の一つとして含まれている。したがって，広義に解釈すれば，氾濫流がもたらす水圧に対して建築物は安全でなければならないわけである。しかし，建築基準法に書かれてある「水圧」は屋内プールや近接する貯水部分などから作用する静水圧として狭義に解釈されているのが実態である。

　氾濫流は第5章で述べたように建築物にさまざまな荷重効果をもたらすが，その中で構造の安全性を最も脅かすのは流体力，とくに，流れ方向の抗力である。これは建築物に作用する水平力であり，図-6.1に模式的に示すように，風圧力や地震力と同様である。すると，抗力が今の設計で用いられている風圧力または地震力の

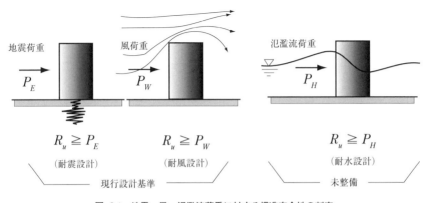

図-6.1　地震・風・氾濫流荷重に対する構造安全性の判定

いずれかを超えれば建築物の安全性が脅かされることになる。氾濫流に対して耐水構造設計がされていない現段階では，まず，このことに着目して，現在建っている建築物の氾濫流に対する構造安全性を照査してみるのは意味のあることであろう。

建築構造物が水平力を受けたときの荷重－変形曲線の形は，木造，鉄骨造，鉄筋コンクリート造などの構造種別によらず，図-6.2のようになる。この曲線のピークにおける荷重（構造からみれば耐力）R_u を終局耐力あるいは保有水平耐力と呼んでいる。水平方向の作用荷重については，現行の耐震設計と耐風設計で，起こりうる最大級の荷重（終局荷重という）が定められており，その終局地震荷重と終局風荷重をそれぞれ P_E，P_W で表すことにする。耐水設計は未整備なので，その規定はないが，終局氾濫流荷重を P_H で表すことにする。現行設計基準では，$R_u \geq P_E$，かつ $R_u \geq P_W$ となるように設計されている。もし，この規範を満たすようにぎりぎりに設計されていたとすると，すなわち $R_u = \max\{P_E, P_W\}$ であったならば，$P_H > \max\{P_E, P_W\}$ となる氾濫流で，この建築物は崩壊することになる。氾濫流荷重による安全性の検証方法が未だ確立されていないので，ここでは，荷重の大小関係を使った次の判定式で，氾濫流に対する既存建築物の安全性を調べることにする。

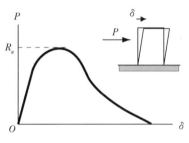

図-6.2　建築物の終局耐力

$P_H \leq \max\{P_E, P_W\}$ ならば，氾濫流に対してさしあたり安全。

$P_H > \max\{P_E, P_W\}$ ならば，氾濫流により崩壊・流失の危険あり。

6.2　木造・鉄骨造・鉄筋コンクリート造の構造諸元

ここでは，建築物の構造を代表する木造，鉄骨造，鉄筋コンクリート造（以下，RC造）の3種類を扱う。建築物は構造種別においても，また個々においても異なった形態をしているが，代表的な形状として図-6.3に示す直方体を設定する。構造物の外形は，幅B×長さL×高さHで，幅Bの面に垂直方向に水平力Pが作用する場合を考える。建築物の外周は，窓等を含め閉じられており，計画的開口や損傷による開口がないものとする。

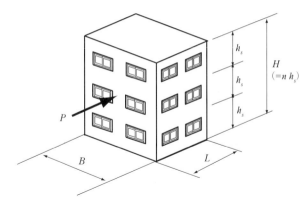

図-6.3 直方体状の建築物

各階の階高 h_s は一定とし，階数を n とすると，建築物の高さは $H=n \cdot h_s$ となる。階高 h_s として，簡単のため，表-6.1 に示す数値を木造，鉄骨造，RC 造の代表的階高として用いる。

表-6.1 木造・鉄骨造・RC 造建築物の代表的構造諸元

構造	階高 h_s(m)	地震ベースシア係数 C_E	単位面積あたりの重量 w_i(kN/m²)
木造 (軽い屋根)	2.8	0.5	最上層 1.5 その他 2.5
鉄骨造	3.5	0.35	7
RC 造	3.7	0.5	13

6.3 設計用終局荷重

(1) 地震荷重

現行耐震設計では，建築物全体に作用する終局地震力は次式で表される。

$$P_E = C_E W \tag{6.1}$$

ここで，C_E はベースシア係数と呼ばれるもので，次式で表される(令第 82 条の 3，令第 88 条)。

$$C_E = D_s F_{es} C_1 \tag{6.2}$$

$$C_1 = ZR_t A_1 C_o \tag{6.3}$$

式中の D_s は構造特性係数と呼ばれるもので，構造物の靱性（ねばり強さ）に応じて地震荷重を低減する係数で，木造は 0.25〜0.55，鉄骨造は 0.25〜0.50，RC 造は 0.30〜0.55 の範囲が設定されている（告示第 1792 号）。ここでは，実情に即して，D_s の値を，木造 0.5，鉄骨造 0.35，RC 造 0.5 とする。F_{es} は形状特性係数と呼ばれるもので，建築物の不整形な度合い（剛性率と偏心率）に応じた割り増し係数であるが，ここでは整形な建築物を設定しているので，$F_{es}=1.0$ とする（告示第 1792 号）。C_1 は第 1 層の層せん断力係数で，それを規定する Z, R_t, A_i の値は告示で定められている（告示第 1793 号）。Z は地域係数と呼ばれるもので地域ごとの地震危険度に応じて 0.7〜1.0 の値をとるが，ここでは多くの地域に適用される $Z=1.0$ を用いる。R_t は振動特性係数と呼ばれるもので，地盤の卓越周期と建築物の固有周期に依存し，1.0 以下の値となるが，多くの建築物に当てはまる $R_t=1.0$ とする。A_i は層せん断力係数分布と呼ばれるもので，建築物の固有周期と質量分布に依存するが，第 1 層では 1.0 となるので，$A_1=1.0$ とする。C_o は標準せん断力係数と呼ばれるもので，終局地震に対して $C_o=1.0$ である（令第 88 条 3）。結局，この場合は，$C_E = D_s$ となる。

次に，W は建築物の全重量で，固定荷重と積載荷重の和である。ここでは，簡単のため，単位床面積あたりの重量 w_i に床面積を乗じて次式により W を算定する。

$$W = \sum_{i=1}^{n} w_i BL \tag{6.4}$$

木造，鉄骨造，RC 造の各階の単位床面積あたりの重量 w_i として，**表 -6.1** の値を採用する。なお，木造は屋根がスレート葺きや金属板葺きによる軽い屋根とする。

以上により，地震荷重を単位幅あたりで表記すると次式になり，式中の C_E と w_i は**表 -6.1** のとおりである。

$$\frac{P_E}{B} = C_E \cdot \sum_{i=1}^{n} w_i \cdot L \quad (\mathrm{kN/m}) \tag{6.5}$$

（2） 風荷重

現行耐風設計における風荷重は壁面や屋根面の単位面積に作用する風圧力として

与えられている（令第 87 条）。それに受圧面積を掛ければ風荷重が次のように求められ，風がもたらす水平力となる。

$$P_W = C_D' \cdot \frac{1}{2}\rho' v_o'^2 \cdot Bnh_s \tag{6.6}$$

ここで，C_D' は風における抗力係数で，ここで想定した直方体状建築物の風力係数は前面（風上壁面）で 0.8，後面（風下壁面）で -0.4 であるので（告示第 1454 号），$C_D' = 1.2$ となる。次に，ρ' は空気の密度であり，$\rho' = 1.2\,\mathrm{kg/m^3}$ である。施行令では基準風速を地域に応じて 30～46m/s で設定し，地表面粗度区分と建築物の高さに応じて係数を掛けて風圧力を計算する方法をとっており（令第 87 条，告示第 1454 号），さらに暴風時の安全性確認にはそれを 1.6 倍（風速換算では $\sqrt{1.6} = 1.26$ 倍）することとしている（令第 82 条の 5）。ここでは，簡単のため，$v_o' = 60\,\mathrm{m/s}$ を用いることとする。これは，地域別基準風速 38 m/s，地表面粗度区分Ⅲ，高さ 10 m の終局風速に相当する。すると，単位幅あたりの風荷重は次式で表される。

$$\frac{P_W}{B} = 2.6 \times nh_s \quad (\mathrm{kN/m}) \tag{6.7}$$

（3）氾濫流荷重

氾濫流がもたらす抗力は，図-6.4 のように，建築物が水面より上に出ている場合と水面下に完全に水没している場合に分ける必要がある。せき上げによる水面の盛り上がりを無視すれば，浸水深 h_o と建築物の高さ H の大小関係により，氾濫流荷重は次の二つの式で表される。

$$P_H = C_D \cdot \frac{1}{2}\rho v_o^2 \cdot Bh_o \quad : h_o \leq H\text{（非水没）のとき} \tag{6.8a}$$

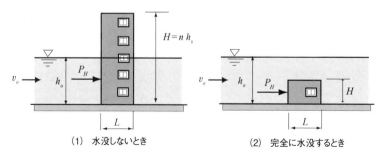

(1) 水没しないとき　　　(2) 完全に水没するとき

図-6.4　氾濫流荷重

$$P_H = C_D \cdot \frac{1}{2}\rho v_o^2 \cdot BH \quad : h_o > H \text{ (水没) のとき} \tag{6.8b}$$

ここで，C_D は抗力係数で，その値はフルード数に依存するが，簡単のため $C_D=1.2$ とする（第5章図-5.4(2) 参照）。水の密度 ρ は，砂泥の混入を無視して $\rho=1\,000\,\text{kg/m}^3$ とする。これらを代入し，単位幅あたりの水平力にすると，次式が得られる。

$$\frac{P_H}{B} = 0.6 \times v_o^2 h_o \text{ (kN/m)} \quad : h_o \leq H \text{ (非水没) のとき} \tag{6.9a}$$

$$\frac{P_H}{B} = 0.6 \times v_o^2 n h_s \text{ (kN/m)} \quad : h_o > H \text{ (水没) のとき} \tag{6.9b}$$

6.4 地震・風・氾濫流荷重の比較

上で得られた地震荷重 P_E，風荷重 P_W，氾濫流荷重 P_H を木造，鉄骨造，RC造それぞれで比較したのが図-6.5(1)，(2)，(3)である。横軸は階数 n，縦軸は単位幅あたりの荷重 P/B となっている。建築物の荷重方向の長さ L は，構造種別の実情に即して，木造で $L=10\,\text{m}$，鉄骨造とRC造で $L=20\,\text{m}$ とした。また，氾濫流の浸水深 (m) と流速 (m/s) は，2mと3m/s，3mと4m/s，5mと4m/s，10mと6m/s，10mと10m/s，15mと10m/sの組合わせとした。地震荷重と風荷重は建物の階数が増えるにつれて増大するが，氾濫流荷重は建物の高さが浸水深より高くなると（建物が水面より上に出ると），建物階数に対して頭打ちになる。

図-6.5によると，木造，鉄骨造，RC造いずれの場合も，地震荷重が風荷重を上回っている。よって，この場合は，氾濫流荷重が地震荷重を超えるかどうかによって，氾濫流に対する建築物の安全性が読み取れることになる。木造建築物の圧倒的多数を占める2階建（$n=2$）でみると，図(1)から，浸水深と流速が3mと4m/sになれば崩壊・流失の危険に陥り，浸水深5mで流速4m/sの氾濫流荷重が地震荷重の2倍を超えることがわかる。これに対して，5階建以上のRC造では，浸水深10mで流速10m/sの氾濫流にも耐えうることがわかる。鉄骨造は木造とRC造の中間の能力をもっている。

上の例では建築物の水平耐力が終局地震荷重で決まっている。そこで，終局地震荷重を階数に対してプロットしたのが図-6.6である。RC造，鉄骨造，木造の順に

6.4 地震・風・氾濫流荷重の比較

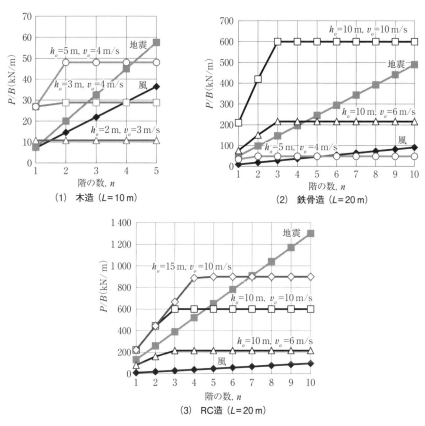

(1) 木造（$L=10$ m）

(2) 鉄骨造（$L=20$ m）

(3) RC造（$L=20$ m）

図-6.5 地震荷重・風荷重・氾濫流荷重の比較

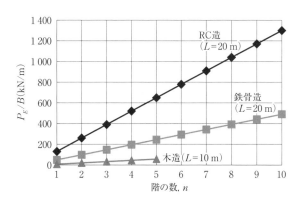

図-6.6 木造・鉄骨造・RC造の地震荷重

地震荷重が大きく，RC造が突出して大きい。これは，第一義的に建築物の重さに起因している。単位床面積あたりの重さは，木造：鉄骨造：RC造 ≒ 1：3：6である。設計用地震荷重もだいたいこの比率になっており，氾濫流に対して潜在的にもっている抵抗能力も建築物の規模が同じなら，この比になる。RC造は，鉄骨造や木造に比べて建物が重いので作用する地震力が大きくなるという点で不利であるが，わが国ではそれを折り込んだ耐震設計が行われているので，風や水による流体力に対してRC造は耐力上有利となり，風害・水害を受けにくいというわけである。

6.5　構造物が崩壊しない氾濫流の浸水深と流速

現在の建築物は氾濫流に対して設計されていないので，氾濫流荷重が地震荷重を上回ると建築物は崩壊・流失の危険にさらされる。すなわち，既存建築物は，$P_H \leq P_E$ を満たしておれば，氾濫流に対して安全であろうと間接的に推定される。建築物が水没しない場合に，上の諸元を用いてこの式を展開すると，次のようになる。

　木造2階建：$v_o^2 h_o \leq 3.33L$ (m³/s²)，ただし　$h_o \leq 2 \times 2.8 = 5.6$ m

　鉄骨造5階建：$v_o^2 h_o \leq 20.4L$ (m³/s²)，ただし　$h_o \leq 5 \times 3.5 = 17.5$ m

　RC造5階建：$v_o^2 h_o \leq 54.2L$ (m³/s²)，ただし　$h_o \leq 5 \times 3.7 = 18.5$ m

これをプロットしたのが図-6.7である。この曲線（以下，耐水曲線）の下側では，終局地震荷重が氾濫流荷重より大きいので，現行の耐震設計をしておけば氾濫流に対して安全とみなせる。耐水曲線の上側が氾濫流によって現行基準で設計された建築物が崩壊あるいは滑動・転倒，流出する可能性のある領域であるので，氾濫流荷重に対して構造耐力上の安全性を改めて検討する必要がある。建築物の長さLが大きいほど，建物重量が増えるので，設計用地震荷重も大きくなるため，氾濫流に対する抵抗能力が上がる。

RC造の耐水曲線は他の構造よりも上に位置しており，木造の耐水曲線が最も下位に位置する。例えば，木造（2階建，$L=10$ m）では，浸水深2 mのとき流速4 m/sあたりが安全限界である。鉄骨造（5階建，$L=20$ m）では浸水深10 mのとき流速6 m/sあたり，RC造（5階建，$L=20$ m）では浸水深10 mのとき流速10 m/sあたりが安全限界である。

しかしながら，以上の議論は建築物に及ぼす水の力のうち地震水平力と同じ性質をもつ抗力のみに基づいている。水の場合は，躯体が健全であっても，外周の壁面

6.5 構造物が崩壊しない氾濫流の浸水深と流速

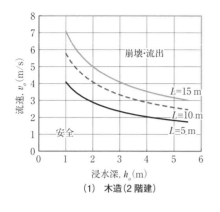

(1) 木造（2階建）

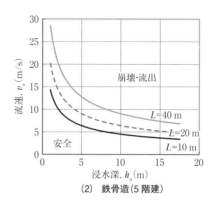

(2) 鉄骨造（5階建）

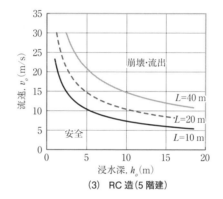

(3) RC造（5階建）

図-6.7　木造・鉄骨造・RC造の耐水曲線

が水圧によって破壊し屋内への浸水を許してしまうことがある．また，浸水深が増すと，揚圧力によって建築物全体がもち上げられて基礎から離脱したり，抗力とあいまって上部構造が一体のまま滑動・転倒することもある．氾濫流に対する建築物の安全性を確認するには，作用する水圧の分布や，屋内浸水，揚圧力などを考慮した耐水構造設計の枠組みが必要であり，それについては本書の第7章から第10章に木造，鉄骨造，RC造，基礎に分けて解説してある．

演習問題

1. 建築物を氾濫流によって流失しやすい順に並べると，木造，鉄骨造，鉄筋コンクリート造となる．その理由を復習してみよう．

2．巻末の参考文献等にある木造，鉄骨造，鉄筋コンクリート造の設計例を参照して設計用終局地震荷重を調べ，その建築物の耐水曲線を描いてみよう。

第7章 木造の耐水構造設計

7.1 木造の建設事情と構造設計の特徴

　木造建築物のほとんどは，階数が2以下，床面積が300 m² 未満の在来軸組構法か枠組壁構法による住宅である。調査年度によって多少の変動はあるが，2010年度の建築統計を円グラフで表すと図-7.1のようになる。全国の新築木造棟数のうち居住専用住宅は95％で，階数が1，2，および3以上はそれぞれ9％，84％，7％となっており，2階建以下が93％を占める。床面積については300 m² 未満のものが98％を占める。構法別には戸数のデータしかないが（1棟に複数戸を有する長屋建や共同住宅があるため戸数は棟数より多い），在来軸組構法が75％，枠組壁構法が21％であり，プレハブ工法3％や，その他1％に入る丸太組構法（ログハウス），大断面集成材構法などはごく少数である。

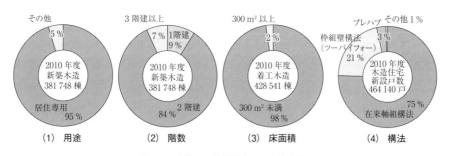

図-7.1　木造の建築統計（2010年度全国）

　在来軸組構法と枠組壁構法の主要な構造部分を建設工程順に示すと図-7.2のようになる。在来軸組構法は柱と梁で骨組を形成して鉛直荷重を支え，筋かいや面材で水平力に抵抗する構法である。枠組壁構法（法令では枠組壁工法と記され，構法と工法が混用されている）はツーバイフォー構法とも呼ばれ，1970年代に北米から

第7章 木造の耐水構造設計

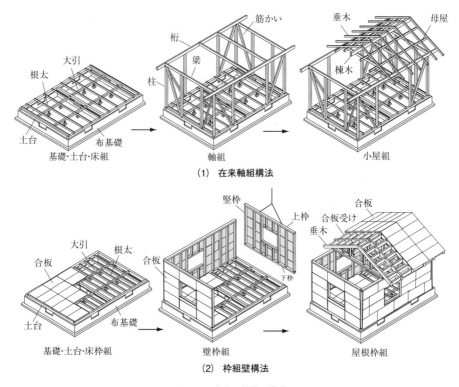

図-7.2 木造の躯体の構成

導入された構法で，断面が2インチ×4インチを基本とする輸入製材を枠材として用い，枠材に釘で打ち付けた構造用合板の壁と床で鉛直方向と水平方向の荷重を支える構法である。

2階建以下の木造住宅は，ほとんどすべて延べ面積が 500 m^2 以下，高さが13 m 以下，軒高が9 m 以下とみてよい。この条件を満たす小規模木造の構造設計は，建築基準法第20条を根拠に，構造計算を必要とせず，構造方法に関する技術的基準に適合することを確認すればよいことになっている。この技術的基準は仕様規定とも呼ばれ，木造については建築基準法施行令第40条～第50条，および関連告示に種々の仕様が細かく規定されている。このうち，水平方向の外力に関してもっとも重要な仕様規定は，壁量規定と接合部規定である。壁量規定と接合部規定は地震荷重と風荷重を想定したものであるので，これを氾濫流荷重に拡張するには，壁量規定と接合部規定を構造耐力に換算し数値化する必要がある。そうすれば，それを

基に氾濫流に対する安全性を検証できる。本章では氾濫流荷重に対する在来軸組構法住宅の構造耐力と安全性を中心に解説する。

7.2 木造の力学的形態と崩壊形式

木造は**図-7.3(1)**に示すように柱と横架材の接合がピンに近いので，壁がなければ横抵抗が乏しく，横方向に不安定である。そこで，同図(2)，(3)のように筋かい壁あるいは面材壁を設けて，横方向の剛性と耐力を確保しなければならない。

木造の床面や屋根面などの水平構面は床荷重や屋根荷重を常時支える必要があるので総じて剛強であるが，鉛直構面は相対的に弱い。これは，接合部が剛強でないからであって，水平力によって**図-7.4(1)**，(2)のような壊れ方をする。同図(3)，(4)

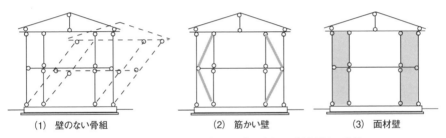

図-7.3 筋かい壁または面材壁による水平方向の剛性と耐力の確保

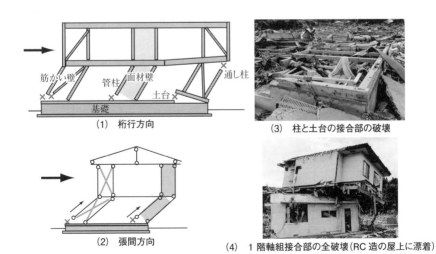

図-7.4 接合部の破壊による木造の崩壊

の写真は2011年東北地方大津波による木造の流失例である。木造では鉄骨造のような保有耐力接合（部材が降伏するまで接合部が破壊しない接合）はとうてい無理なので，木造の水平耐力は，筋かい壁や面材壁のせん断耐力よりもむしろ，その周辺にある部材の接合部の耐力で決まることに注意しなければならない。

7.3 木造に用いられる材料

(1) 木材・木質材料

木造建築物の構造耐力上主要な部分には，木材と木質材料が用いられる。法令上は両者を木材と称している。原木（丸太）を用いた丸太組構法もあるが，多くは丸太を鋸挽きした矩形断面の製材が使われる。通常，木材というと製材を指し，木質材料は木板や木片を接着剤で合成した集成材や合板などをいう。

木造で最も多く使用されるのは，図-7.5に示す構造用製材，構造用合板，構造用集成材で，枠組壁工法住宅には枠組壁工法構造用製材が使われる。このほかにも，構造用単板積層材（LVL）や構造用パネルなどがある。これらの木材・木質材料の品質は日本農林規格（JAS）で定められている。木材・木質材料には樹種や等級がたくさんあり，それぞれに対して基準強度 F（圧縮 F_c，引張 F_t，曲げ F_b，せん断 F_s，めり込み F_{cv}）が与えられている（告示第1452号・第1024号）。木材は方向によって強度や弾性が異なる性質，すなわち異方性をもつ材料で，樹幹に平行な繊維

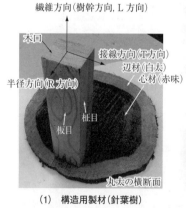

図-7.5 木造に用いられる主な材料

方向は強いが，その直交方向は弱い。圧縮，引張，曲げ，せん断の基準強度は繊維方向の応力度に対するもので，めり込みの基準強度は繊維直交方向の支圧応力度に対するものである。

この基準強度 F をベースに，長期許容応力度が $1.1F/3$，短期許容応力度が $2F/3$，材料強度が F と定められている（令第 89 条・第 95 条，告示第 1024 号）。しかしながら，上で述べたように木造のほとんどは構造計算を要しないので，これらの基準強度や許容応力度等は構造設計で登場しないことが多い。本章でも F を用いないので，F 値の一覧表は割愛する。

(2) 接合金物

木材の接合は，継手と仕口に大別される。継手は同一線上の部材を延長する（継ぎ足す）ための接合で，仕口は交差線上の部材（例えば，柱と梁）を組むための接合である。継手と仕口の両方を合わせて接合（その部位を接合部）と総称している。

接合の方法には，(1) 両方の部材に加工を施して嵌め合わせる方法，(2) 接合金物を介して連結する方法，(3) 接着剤を用いて接着する方法がある。社寺などの伝統木造では金物や接着剤を使わない嵌合形式であったが，現在の木造住宅では嵌合と金物の併用が主流である。

接合金物は，多種多様で無規格品も多い。おおまかには次のように 4 分類される（①～③を接合具，④を接合金物と称して区別することがある）。

① 木材に直接打込むか，ねじ込むもの：釘（くぎ），木ねじ，かすがいなど
② 木材の先孔（先穴）に挿入，あるいは打込むか，ねじ込むもの：ボルト，ドリフトピン，ラグスクリューなど
③ 木材表面に嵌め込むか，押し込むもの：各種シアコネクター（スプリットリング，ジベルなど）
④ 上記①または②と併用する金物：柱脚金物，ホールダウン金物，筋かいプレート，梁受け金物，羽子板ボルト，かど金物，かな（かね）折れ金物，短冊（短ざく）金物，箱金物，火打金物など多種

以上のものは鉄鋼製品であるが，日本工業規格（JIS）で品質が規定されているのは釘やボルトなどごく少数である。現行法令下で設計用の基準強度が与えられているのは強度区分 4.6～6.8 のボルトのみである（アンカーボルトも準ずる）。そこで，これら接合金物の品質を確保するために，日本住宅・木材技術センター（HO

WTEC)が試験に基づいて，軸組構法用にZマーク表示金物，枠組工法用にCマーク表示金物の規格を定め，短期許容耐力の数値を種々の接合金物について公開している。これらの耐力は金物自体の耐力ではなく木材に接合された状態での耐力を表すので，接合される木材の種類に左右される。

金物を用いた接合の例を，基礎 – 土台 – 柱，筋かい – 柱・横架材，横架材 – 横架材，柱 – 横架材，柱 – 柱の主要部位について図-7.6 に示すが，接合の仕方はこれ以外にも非常にたくさんある。

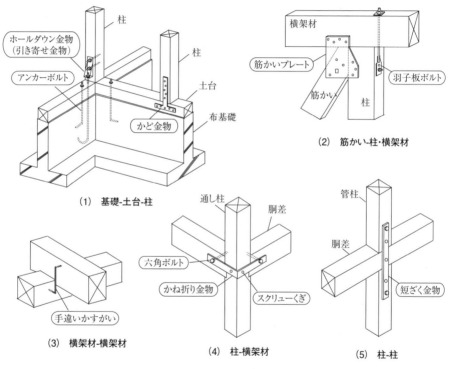

図-7.6　金物を用いた木造接合部の例

7.4　仕様規定による構造設計

小規模な戸建住宅が大半を占める木造の構造設計では，構造計算を省略し，仕様規定によって構造耐力上の安全性を確保する方法が定着している。簡単に紹介すると，木造の仕様規定は次の事項である（令第41条〜第50条）：1）木材は耐力上有害な

欠点がないこと，2) 土台を設け，土台は基礎に緊結すること，3) 柱の小径は最小規定を満たし，有効細長比を150以下とすること，4) 階数が2以上の木造の隅柱は通し柱またはそれと同等の耐力を有するように補強すること，5) 梁や桁などの横架材は中央部下側に欠込みをしないこと，6) 筋かいの断面は最小規定を満たし，仕口は金物で緊結するとともに欠込みをしないこと，7) 床組および小屋梁組の隅角には火打材を設けること，8) 軸組は壁量規定を満たすこと，9) 継手と仕口は存在応力を伝えるように緊結すること，10) 必要な防腐措置を施すこと，である。このうち，8) の壁量規定と 9) の接合部規定が構造耐力の評価においてとくに重要である。

7.5 壁量規定

(1) 壁量規定の目的

構造計算を行わないで仕様規定によって構造設計をする木造のうち階数が2以上または延べ面積が $50\,m^2$ 超では壁量規定を満たさなければならない（ほとんどの木造がこれに該当する）。壁量規定は地震力と風圧力に対して構造耐力上の安全性を確保するのが目的であるが，地震や風と同様の水平力を建築物に及ぼす津波や洪水においても重要な意味をもつ。壁量規定には，各階・各方向の総量を規定したもの（令第46条4，告示第1100号），およびバランスのよい壁配置を規定したもの（令第46条1，告示第1352号）がある。

(2) 壁の総量規定

壁の総量規定は，各階・各方向（張間方向と桁行方向）について次の二つの式をともに満たすことを要求している。

地震に対して，

$$\sum [壁の長さ(cm) \times 壁倍率] \geq 当該階の床面積(m^2) \times 床面積係数(cm/m^2) \tag{7.1}$$

風に対して，

$$\sum [壁の長さ(cm) \times 壁倍率] \geq 当該階・当該方向の見付面積(m^2) \times 見付面積係数(cm/m^2) \tag{7.2}$$

上式の左辺を存在壁量，右辺を必要壁量と呼んでいる。左辺は構造物がもっている水平耐力，右辺は水平荷重または必要水平耐力を間接的に表す指標である。Σ は

各階・各方向の壁の総和を表す。壁には土塗壁や木摺壁など古くから使われている形式のほかに，構造用合板などの面材を打ち付けた面材壁と筋かいを入れた筋かい壁，あるいは両者の併用壁があり，いずれも水平力に抵抗する耐力壁のことを指し，法令では軸組と称している。

壁倍率は壁の水平耐力に比例するように設定されており，耐力を表す指標である。壁倍率は壁の仕様に応じて 0.5〜5 の範囲で数値が与えられている。壁の仕様は，筋かいまたは面材の仕様，面材を留め付ける釘の仕様，および面材を受ける軸組材・枠組材の仕様の組合せで決まり，非常にたくさんのケースがある。筋かい壁と面材壁の例を表-7.1，表-7.2 に示す。

壁倍率の運用には次の注意点がある。(1) 壁倍率には加算則が適用される。例えば，表-7.2 の面材壁は片面に面材を打ち付けた場合の壁倍率を示しているが，両面に打ち付けた場合の壁倍率はその 2 倍になる。また，筋かいと面材を併用した場合の壁倍率は両者の和とすることができる。ただし，いずれの場合も 5 を超えれば 5 とする。(2) 片筋かいを入れた壁では，筋かいが圧縮になる場合と引張になる場合で壁倍率が異なる。例えば，丸鋼筋かいが圧縮を受けるとすぐさま座屈するのでその方向の水平力には効果がない。一つの軸組構面には 1 組の逆向き片筋かいが配置されていることを前提に片筋かいの壁倍率が与えられていると考える必要がある。(3) 壁が所要の水平耐力を発揮するように，筋かい壁では筋かい端部，面材壁では柱端部が次の節で述べる接合部規定を満たさなければならない。

地震力に対する床面積係数の値（階の床面積に乗ずる数値）は，表-7.3 のように定められている。例えば，瓦葺き屋根をもつ 2 階建の 1 階の必要壁量は 1 階の床面積に 33 cm/m^2 を掛けたものとなる。特定行政庁が指定した地盤が著しく軟弱な区域の

表-7.1 筋かい壁の壁倍率

種類	片筋かい壁の倍率			たすき掛け筋かい壁の倍率
	k	圧縮 k_c	引張 k_t	k
ϕ 9 以上の丸鋼（鉄筋）	1.0	0.0	2.0	2.0
1.5 cm × 9 cm 以上の木材	1.0	1.0	1.0	2.0
3 cm × 9 cm 以上の木材	1.5	2.0	1.0	3.0
4.5 cm × 9 cm 以上の木材	2.0	2.5	1.5	4.0
9 cm × 9 cm 以上の木材	3.0	5.0	1.0	5.0（上限）

注） 令第 46 条 4 による。片筋かい壁の k_c, k_t は参考値。片筋かい壁の $k=(k_c+k_t)/2$，たすき掛け筋かい壁の $k=k_c+k_t$（5 を上限とする）。

表-7.2　面材壁の壁倍率

番号	面材の種類	留め付け方法	倍率 k
(1)	構造用合板　厚 7.5 mm 以上 （表層単板を樹脂加工した場合は 5 mm 以上）	N50 @ 15 cm 以下	2.5
(2)	構造用パネル		
	パーティクルボード（曲げ強さ区分 8 タイプ以外），厚 12 mm 以上		
(3)	ハードボード 450 または 350，厚 5 mm 以上		2.0
(4)	硬質木片セメント板 0.9C，厚 12 mm 以上		
(5)	炭酸マグネシウム板　厚 12 mm 以上	GNF40 または GNC40 @ 15 cm 以下	
(6)	パルプセメント板　厚 8 mm 以上		1.5
(7)	構造用せっこうボード A 種　厚 12 mm 以上，屋内使用のみ		1.7
(8)	構造用せっこうボード B 種　厚 12 mm 以上，屋内使用のみ		1.2
(9)	せっこうボード・強化せっこうボード　厚 12 mm 以上，屋内使用のみ		0.9
(10)	シージングボード　厚 12 mm 以上	SN40 外周@ 10 cm 以下 その他@ 20 cm 以下	1.0
(11)	ラスシート（角波亜鉛鉄板　厚 0.4 mm 以上，メタルラス　厚 0.6 mm 以上）	N38 @ 15 cm 以下	

注）　告示第 1100 号による．N50 等は JIS A 5508 に定めるくぎ．

木造建築物については，床面積係数を 1.5 倍することになっている．これは，構造計算を行う場合に短期許容耐力設計用の標準せん断力係数を通常の 0.2 から 0.3 に大きくする規定（令第 88 条 2）に整合させたものである．なお，小屋裏や天井裏等に物置を設ける場合の床面積の算入方法は別途規定されている（告示第 1351 号）．

表-7.3　地震力に対する床面積係数

階の数	係数を乗じる階	床面積係数 (cm/m^2)		
		重い屋根または重い壁の木造[*1]	軽い屋根の木造[*2]	軟弱地盤に建つ木造[*3]
1	1	15	11	それぞれ 1.5 倍
2	2	21	15	
	1	33	29	
3	3	24	18	
	2	39	34	
	1	50	46	

注）　令第 46 条 4 による．
　　＊1：瓦葺きなどの重い屋根または土蔵造などの重い壁をもつ木造
　　＊2：金属板，石綿スレートなどの軽い屋根をもつ木造
　　＊3：特定行政庁が指定した地盤が著しく軟弱な区域の木造

風圧力に対する見付面積は各階・各方向の壁が負担する風圧力の受圧面の面積で，壁量を計算する階の床レベルから 1.35 m より上にある建物外周面を，計算する壁の方向に垂直な鉛直面に投影した面積とする。見付面積係数の値（見付面積に乗ずる数値）は **表-7.4** のように定められており，一般区域では 50 cm/m^2，強風指定区域は 50〜75 cm/m^2 の範囲で特定行政庁が値を定める。

表-7.4 風圧力に対する見付面積係数

区域	見付面積係数（cm/m^2）
一般区域	50
強風区域	50〜75 （特定行政庁が定める）

注）令第 46 条 4 による。

（3）壁の配置規定（四分割法）

壁の配置規定は地震力による建物のねじれ変形を防止するもので，通称「四分割法」と呼ばれている（告示第 1352 号）。**図-7.7** に示すように，各階につき床の全幅を 4 等分して両側の 1/4 の部分（側端部分）の床に着目する。これは建物の外周付近にある壁がねじれに対して最も有効に働くからである。張間方向，桁行方向それぞれにつき，側端部分 a, b にある壁の長さに壁倍率を掛けて足し合わせた存在壁量を L_a, L_b, 側端部分の床面積に床面積係数を掛けた必要壁量を L_{na}, L_{nb} とする。このときの床面積係数は建物の階数ではなく，それぞれの側端部分にある階の数で定める。存在壁量を必要壁量で除した壁量充足率 $\omega_a = L_a/L_{na}$, $\omega_b = L_b/L_{nb}$ を求め，壁量充足率の小さいほうを大きいほうで除した壁率比（$\omega_a > \omega_b$ なら ω_b/ω_a）が 0.5 以

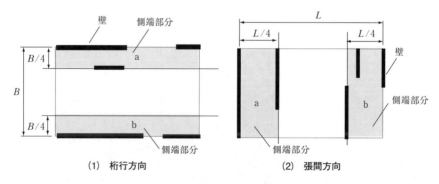

図-7.7 四分割法による壁の配置規定

7.5 壁量規定

上であれば合格とする。ただし，壁量充足率 ω_a, ω_b がいずれも 1 を超えていれば壁率比 0.5 以上の要件は免除される。また，構造計算を行い，各階・各方向の偏心率が 0.3 以下であることが確認できれば，この配置規定は全部免除される。

（4）壁量の計算例

壁量計算を図 -7.8 の木造住宅について具体的に説明しよう。まず，壁の総量規

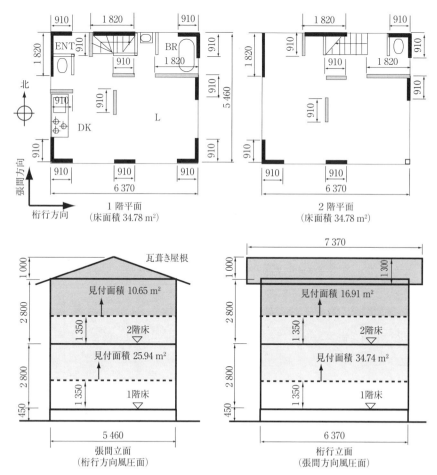

図 -7.8　木造の例題建物

117

定に関しては，表-7.5のように計算される。例えば，1階・張間方向では存在壁量1 966 cmが必要壁量1 737 cm（この例では風で決まっている）より大きいので合格と判定される。次に，壁の配置規定に関しては表-7.6のように計算される。この例では，壁量充足率が1，2階，および張間，桁行方向の側端部分すべてについて1を超えているので壁率比の要件は課されないが，いずれの階・方向とも壁率比が0.5以上であるので，構造耐力上支障となるねじれは生じないと判定される。

表-7.5　壁量の計算（総量規定）

階	方向	地震力に対する必要量			風圧力に対する必要量		存在量			充足率	判定
		床面積 (m²)	係数 (cm/m²)	必要壁量 (cm)	見付面積 (m²)	係数 (cm/m²)	必要壁量 (cm)	壁の仕様	壁の長さ (cm)	倍率	存在壁量 (cm)		

階	方向	床面積 (m²)	係数 (cm/m²)	必要壁量 (cm)	見付面積 (m²)	係数 (cm/m²)	必要壁量 (cm)	壁の仕様	壁の長さ (cm)	倍率	存在壁量 (cm)	充足率	判定
1	張間	34.78	33	1 148	34.74	50	1 737	イ	546	3.0	1 966	1.13	OK
								ロ	182	1.8			
	桁行				25.94		1 297	イ	637	3.0	2 566	1.98	OK
								ロ	364	1.8			
2	張間	34.78	21	730	16.91		846	イ	455	3.0	1 693	2.00	OK
								ロ	182	1.8			
	桁行				10.65		533	イ	455	3.0	1 856	2.54	OK
								ロ	273	1.8			

表-7.6　壁量の計算（四分割法による配置規定）

階	方向	側端部分	地震力に対する必要壁量			存在壁量				壁量充足率	壁率比	判定
			側端部分の床面積 (m²)	床面積係数 (cm/m²)	必要壁量 (cm)	壁の仕様	壁の長さ (cm)	倍率	存在壁量 (cm)			
1	張間	東側	8.70	33	287	イ	273	3.0	819	2.85	1.0	OK
		西側	8.70		287	イ	273	3.0	819	2.85		
	桁行	南側	8.70		287	イ	273	3.0	819	2.85	0.75	OK
		北側	8.70		287	イ	364	3.0	1 092	3.8		
2	張間	東側	8.70	21	183	イ	182	3.0	546	2.98	0.67	OK
		西側	8.70		183	イ	273	3.0	819	4.48		
	桁行	南側	8.70		183	イ	182	3.0	546	2.98	0.67	OK
		北側	8.70		183	イ	273	3.0	819	4.48		

7.6 接合部規定

(1) 接合部規定の目的
　耐力壁には，筋かいや面材の仕様に応じて壁倍率が与えられている。壁倍率は短期許容水平耐力の指標となっているので，その耐力に達するまで，筋かいの接合部や，面材が打ち付けられている柱の接合部が破壊しないようにしておく必要がある。その仕様を定めたのが接合部規定である（告示第 1460 号）。

(2) 筋かい端部の仕様規定
　壁量規定のところでみたように，筋かいには直径 9 mm の丸鋼（法令では鉄筋と表記）あるいは厚さが 4 段階（15，30，45，90 mm）の木材が使われる。これらの筋かい端部はそれぞれ図 -7.9 のように仕様が規定されている（告示第 1460 号）。壁倍率の大きい筋かいほど，筋かいに作用する引張力も大きくなるので，接合部にはより高い引張耐力をもたせている。接合金物には，ボルト（JIS B 1180），鉄丸くぎ・太め鉄丸くぎ・スクリューくぎ（JIS A 5508），鋼板添え板，短冊金物が使われるが，JIS 等で品質が規格化されていない金物も多い。日本住宅・木材技術センターが試験により認定したものを図中括弧内に参考として記しておいた。

(3) 柱脚・柱頭の仕様規定
　筋かいまたは面材による耐力壁の周囲にある柱の柱脚・柱頭には，耐力壁が水平力に抵抗する際に引抜き力が作用する。このとき，柱脚・柱頭の接合部の引張耐力が不足すると，耐力壁が所要の水平耐力を発揮しないうちにこれら接合部が破壊してしまう。これを防止するために，耐力壁の柱には耐力壁の水平耐力（壁倍率）に応じて，柱脚・柱頭の仕様が規定されている。
　柱脚・柱頭の仕様は表 -7.7 に示すように引張耐力の小さいほうから順に（い）から（ぬ）まで 10 種類がある。例えば，前出図 -7.6 の柱に筋かいまたは面材による耐力壁が取り付く場合の柱脚と柱頭は，（は），（に），（ほ），（へ）などの仕様になる。
　壁倍率が高いほど，また出隅の柱ほど大きな引抜き力が柱脚・柱頭に作用するので，引張耐力の大きな接合部仕様を選ばなければならない（告示第 1460 号）。例えば，図 -7.4 (1) の左端にある片筋かいに 30 mm × 90 mm の木材を使用したとき，筋かい自体の端部は図 -7.9 (3) またはそれ以上の耐力を有する仕様にすると同時に，筋

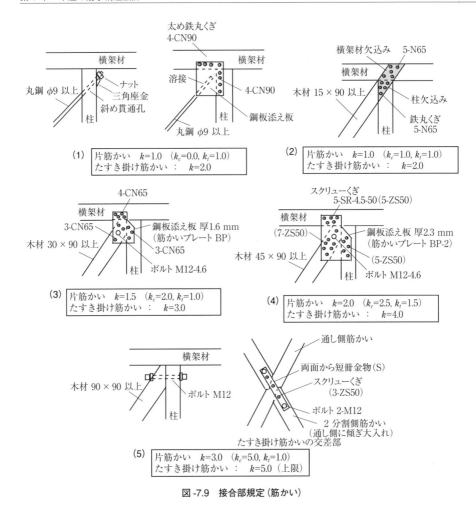

図 -7.9 接合部規定（筋かい）

かいの下部が取り付く柱脚は，この柱が 2 階建の 1 階の出隅の柱でその直上の柱も出隅の柱とすると，表 -7.7 の（に）以上の耐力を有する仕様を採用する。

（4）柱脚・柱頭の N 値計算

構造計算を行って構造設計をする場合には，告示の接合部仕様によらなくてよいが，構造計算をしないで柱脚・柱頭の接合部仕様を選定する方法として通称「N 値計算」と呼ばれる簡便法がある（告示第 1460 号第二号ただし書きに対応）。これは壁倍率から推定される柱軸力を N 値と呼ばれる指標で表し，その N 値が表 -7.7 の

表-7.7　耐力壁の周囲にある柱の柱脚・柱頭接合部の仕様

種類	仕様	参考 短期許容引張耐力(kN)	参考 許容 N 値
(い)	短ほぞ差し(柱端にほぞ，横架材にほぞ穴) かすがい打ち	0.0	0.0
(ろ)	長ほぞ差し＋込み栓打ち L字形かど金物 t2.3 ＋ 太め鉄丸くぎ 5-CN65(柱と横架材それぞれ)	3.4	0.65
(は)	T字形かど金物 t2.3 ＋ 太め鉄丸くぎ 5-CN65(柱と横架材それぞれ) 山形プレート金物 t2.3 ＋ 太め鉄丸くぎ 4-CN90(柱と横架材それぞれ)	5.1	1.0
(に)	羽子板ボルト M12 ＋ ボルト M12(柱) ＋ 角座金(W40 × t4.5)・ナット M12(横架材) 短冊金物 t3.2 ＋ ボルト M12(上下の柱それぞれ)	7.5	1.4
(ほ)	(に)の羽子板ボルト仕様＋スクリューくぎ L50-d4.5(柱) (に)の短冊金物仕様＋スクリューくぎ L50-d4.5(上下の柱それぞれ)	8.5	1.6
(へ)	引き寄せ金物 t3.2 ＋ ボルト 2-M12(柱) ＋ ボルト M16(横架材，布基礎，または上下の柱)	10.0	1.8
(と)	引き寄せ金物 t3.2 ＋ ボルト 3-M12(柱) ＋ ボルト M16(土台を除く横架材，布基礎，または上下の柱)	15.0	2.8
(ち)	引き寄せ金物 t3.2 ＋ ボルト 4-M12(柱) ＋ ボルト M16(土台を除く横架材，布基礎，または上下の柱)	20.0	3.7
(り)	引き寄せ金物 t3.2 ＋ ボルト 5-M12(柱) ＋ ボルト M16(土台を除く横架材，布基礎，または上下の柱)	25.0	4.7
(ぬ)	(と)を2組	30.0	5.6

注)　告示第1460号による。参考欄の数値は国交省『2015年版建築物の構造関係技術基準解説書』による。

許容 N 値以下となるように接合部仕様を決定する方法である。その具体的な運用は技術基準解説書等で紹介されているので割愛する。

7.7　仕様規定から保有水平耐力を推定する方法

(1) 耐力壁のせん断耐力

　水平力を受ける耐力壁のせん断耐力は，さまざまな仕様に応じて，指定性能評価機関(省令第59条11号)が面内せん断試験に基づいて定めている。耐力壁に作用する水平力(せん断力)と水平変形(せん断変形)の関係をグラフで表すと図-7.10の実線で示す実験曲線が得られる。これを基に耐力壁の短期許容せん断耐力 Q_a が次式で定められている。

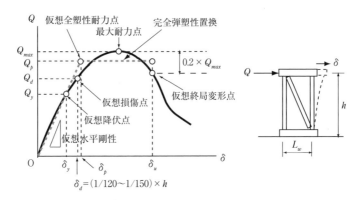

図-7.10 耐力壁の荷重－変形曲線

$$Q_a = \alpha \times \min\left\{\frac{2}{3}Q_{max},\ Q_y,\ Q_d,\ 0.2\sqrt{2\mu-1}Q_p\right\} \quad (\mathrm{kN}) \tag{7.3}$$

ここで，Q_{max}：最大耐力，Q_y：降伏耐力，Q_d：損傷耐力，Q_p：全塑性耐力，μ：塑性率 (δ_u/δ_p)，α：低減係数（使用環境，耐久性，施工性を考慮して 0.75～1.0）。

上式は，荷重－変形曲線から決まる四つの特性値の最小値に低減係数を掛けたものを短期許容せん断耐力とするものである。第 1 項は最大耐力の 2/3 で，木材の基準強度 F の 2/3 を短期許容応力度とすることに対応するものである。第 2 項は，本来，木造部材では降伏点がないので，便宜上，荷重－変形曲線の弾性から非弾性とみなせる部分に 2 直線を引いてその交点を仮想の降伏点として定めた降伏耐力である（直線の引き方は学会規準に記載されている）。第 3 項は損傷点と考えられる特定変形（試験の方法により変形角が 1/120 または 1/150）における耐力である。第 4 項の Q_p は荷重－変形曲線（最大耐力から耐力が 20％低下したところまで）をエネルギー的に等価な完全弾塑性モデルに置換したときの全塑性耐力である。

全塑性耐力に掛かる係数は図-7.11 を参照して次のように導かれる。終局地震（標準せん断力係数 $C_o=1.0$）に対して塑性変形能力のない弾性構造体 ($\mu=1$) が Q_e のせん断耐力で安全であるとすると，短期許容せん断耐力 Q_a は $C_o=0.2$ の地震力に対して要求されるものであるから，$Q_a=0.2Q_e$ となる。完全弾

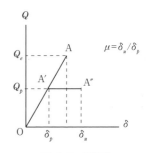

図-7.11 塑性率

塑性構造体が終局地震に対して安全であるには，エネルギー的に図の OA′A″ の下の面積が完全弾性体の OA の下の面積と同じであればよいとすれば，簡単な式展開により，$Q_e = \sqrt{2\mu-1}Q_p$ となる。この二つの式から $Q_a = 0.2\sqrt{2\mu-1}Q_p$ が導かれる。

(2) 壁倍率とせん断耐力の関係

壁倍率 1.0 は壁の長さ 1 m あたりの短期許容せん断耐力が 1.96 kN（従来からの 200 kgf を SI 単位に換算したもの）で設定されている。せん断試験から短期許容せん断耐力 Q_a が得られると，それに対応する壁倍率 k は，試験体の長さを L_w とすると，$k = \dfrac{Q_a/L_w}{1.96}$ で与えられることになる。逆にいえば，壁倍率と壁の長さから短期許容せん断耐力が次式で計算できる。

$$Q_a = 1.96 k L_w \tag{7.4}$$

ここで，Q_a の単位は kN，L_w の単位は m である（壁量を計算するときは k に壁の長さを cm 単位で掛けるので注意を要する）。法令で仕様が規定された壁（令第 46 条 4，告示第 1100 号）については，**表 -7.1，7.2** でみたように壁倍率が与えられているので，これに $1.96L_w$ を乗ずれば Q_a が得られる。法令の仕様規定以外で認定されたものは指定性能評価機関が壁倍率と短期許容せん断耐力を公開している。

(3) 各階の保有水平耐力

木造建築物の張間あるいは桁行方向の鉛直構面には通常，複数の壁が配置され，壁の仕様が同じとは限らない。そのような場合，個々の壁の最大耐力を加算して，その構面の最大耐力を計算すると過大評価となる危険があるので，変形能力を加味した全塑性耐力を加算するほうが理にかなっている。例えば，**図 -7.12** に示すように，仕様の異なる壁 1 と壁 2 が同じ変形で最大耐力を迎えない場合，壁 1 と壁 2 を有する階の最大耐力は両者の最大耐力を足し合わせたものより小さい。

したがって，壁の全塑性耐力 Q_p を用いて，それを加算するのがよいが，Q_p の値が公開されていない場合は，便法として次の方法によることができる。短期許容せん断耐力の評価方法を示した**図 -7.10** と (7.3) 式から，$Q_p \geq 0.8 Q_{max}$，$Q_a \leq (2/3) Q_{max}$ の関係があるので，$Q_p \geq 1.2 Q_a$ が成り立つ。このことから，壁の全塑性耐力として安全側に，$Q_p = 1.2 Q_a$ を用いることができる。これに，(7.4) 式を代入すれば，

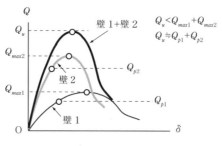

図 -7.12 壁の耐力加算

$$Q_p = 2.35 k L_w \tag{7.5}$$

となる。複数の耐力壁をもつ階の最大水平耐力（保有水平耐力）は，耐力壁の全塑性耐力を足し合わせる次式で計算することができる。

$$Q_u = \sum_{i=1}^{n} Q_{pi} = \sum_{i=1}^{n} 2.35 k_i L_{wi} \tag{7.6}$$

7.8 氾濫流に対する木造の構造安全性

壁倍率から壁の水平耐力を推定する方法を用いて，木造の氾濫流に対する構造耐力を計算してみよう。壁量規定の例題として用いた**図 -7.8** の木造住宅を例として取り上げる。

まず，浸水深 $h_o = 5$ m，流速 $v_o = 5$ m/s の氾濫流が桁行方向に襲来したとき，この木造家屋の安全性を調べてみる。桁行方向の保有水平耐力は，

1 階：$Q_u = \sum 2.35 k_i L_{wi} = 2.35 \times [3.0 \times (0.91 \times 5 + 1.82) + 1.8 \times (0.91 \times 2 + 1.82)] = 60.3$ kN

2 階：$Q_u = \sum 2.35 k_i L_{wi} = 2.35 \times [3.0 \times (0.91 \times 3 + 1.82) + 1.8 \times (0.91 + 1.82)] = 43.6$ kN

となる。桁行方向の流体力（抗力）は，風と同様に張間面の見付面積を受圧面とし，抗力係数 1.2，泥流密度 1 200 kg/m³ とすれば，

1 階：$P_D = C_D \frac{1}{2} \rho v_o^2 A = 1.2 \times \frac{1}{2} \times 1\,200 \times 5.0^2 \times [(5 - 0.45 - 1.35) \times 5.46] \times 10^{-3} = 314$ kN

2 階：$P_D = C_D \frac{1}{2} \rho v_o^2 A = 1.2 \times \frac{1}{2} \times 1\,200 \times 5.0^2 \times [(5 - 0.45 - 2.8 - 1.35) \times 5.46] \times 10^{-3} = 39.3$ kN

となる。よって，$Q_u < P_D$ となる 1 階が崩壊すると判定される。

次に，浸水深 $h_o = 5$ m の氾濫流が桁行方向に襲来したとき，この木造家屋は流

速がいくらまで安全であるかを調べてみる．1階で決まることが明らかであるから，抗力が 60.3 kN 以下でなければならないので，

$$P_D = C_D \frac{1}{2}\rho v_o^2 A = 1.2 \times \frac{1}{2} \times 1\,200 \times v_o^2 \times [(5-0.45-1.35) \times 5.46] \times 10^{-3} \leq 60.3 \text{ kN}$$

より，$v_o=2.2$ m/s となる．よって，流速が 2.2 m/s 以下なら崩壊しないと判定される．

　以上のように，耐力壁に関する仕様規定から保有水平耐力 Q_u を計算し，氾濫流による抗力 P_D と比較することによって，氾濫流に対する木造の安全性を判定することができる．仕様規定が支配的な木造は，鉄骨造や RC 造と比べると，やや特殊な事情にはあるが，一般に，氾濫流に抵抗する構造耐力と氾濫流が及ぼす作用荷重を算定することを耐水計算といい，それに基づいて構造の安全性を確認することを耐水構造設計（または単に，耐水設計）という．構造の終局耐力と氾濫流荷重が一致するとき，すなわち $Q_u=P_D$ となるときの浸水深と流速の関係を表したものが安全限界曲線となる．浸水深と流速の組合せが安全限界曲線より下にあるときは安全，上にあるときは崩壊と判定される．この安全限界曲線は耐水計算から導かれるので，第 6 章で地震荷重・風荷重との比較から間接的に推算された耐水曲線よりずっと正確な耐水曲線ということになる．耐水計算から得られる耐水曲線がどのようなものとなるかを演習問題で確かめてみてほしい．

演習問題

1. 図 -7.8 の木造住宅について，氾濫流に対する桁行方向と張間方向の安全限界曲線（保有水平耐力 Q_u が流体力 P_D と等しくなるときの浸水深 h_o と流速 v_o の関係を表す耐水曲線）を求め図示しなさい．氾濫流の密度 ρ は土砂の混入を考慮して $\rho=1\,200$ kg/m^3，抗力係数は $C_D=1.2$，受圧面の取り方は風圧力と同じとし，浸水深 h_o(m) の範囲は $2 \leq h_o \leq 6$ としなさい（この場合，1 階で決まることに注意）．

第8章 鉄骨造の耐水構造設計

8.1 鉄骨造の構法と構造設計の特徴

　鉄骨造は低層から超高層まで広く用いられており，図-8.1に例示するように，中低層に限ってもさまざまな構造形式がある。このうち，柱と梁を剛接合したラーメン構造がもっとも一般的で，事務所，学校，集合住宅，ショッピングセンターなどに多くみられる。この構造形式の柱には1980年頃までH形鋼が多用され，柱断面の弱軸方向（通常，桁行方向）に筋かいが配置されていたが，最近では角形鋼管

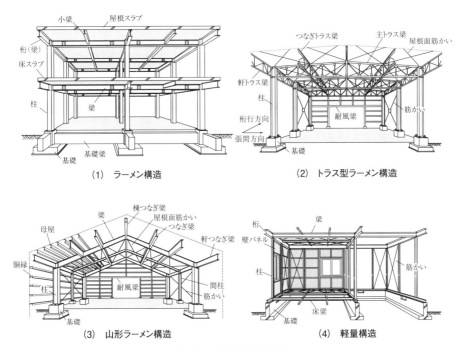

図-8.1　鉄骨造の構造形式

が普及した関係で2方向ラーメン，あるいは筋かいを部分的に配置した筋かい付きラーメン構造が圧倒的に多くなった。梁にトラスを用いたトラス型ラーメン構造は，柱間隔を大きくとる必要のある大規模な工場や倉庫，展示場などに用いられる。この場合，桁行方向は筋かい構造となり，柱もトラスとすることがある。山形ラーメン構造は学校の体育館や工場，倉庫などにみられる。この場合も，桁行方向は筋かい構造になるのが一般的である。鉄骨系プレハブ住宅や小規模倉庫などには軽量形鋼を用いたラーメンまたは筋かい付きラーメン形式の軽量構造が多い。

　鉄骨造の設計では，部材の座屈と接合部の破断に注意が払われる。座屈と破断は，強靭な鋼材が生み出す構造の耐力と靭性を阻害する要因となるからである。構造の靭性は塑性変形能力とも呼ばれ，構造のねばり強さのことである。鉄骨造の耐力と靭性を確保するために，施行令第63条〜第70条に鉄骨造の仕様規定がある。鉄骨造は木造とちがって建築物の規模が大きいため，仕様規定だけで構造設計が済むことは少なく，多くの場合，構造計算によって安全性を確認しなければならない（第2章図-2.11参照）。

　部材の座屈には，圧縮筋かいの曲げ座屈（オイラー座屈），梁の横座屈，柱の曲げねじり座屈，フランジやウェブなど板要素の局部座屈（板座屈）があり，それぞれ理論解を基にして部材の長期および短期許容耐力の計算式を定め，座屈を防いでいる。部材の終局耐力には，座屈が発生したあとの耐力劣化が過度に進行しないように細長比や幅厚比の制限を設けることによって，降伏したあとの全塑性耐力（全断面降伏耐力ともいう）が用いられる。

　接合部には，溶接，ボルト，高力ボルトが用いられ，これら接合要素にも部材と同様，長期および短期許容耐力が与えられている。接合部の設計でもっとも重要なことは，ほかの構造にはない鉄骨造固有の「保有耐力接合」という概念である。これは，部材の塑性変形を利用して構造全体の終局耐力（法令用語では保有水平耐力）を確保するには「部材が全塑性耐力に至るまで接合部を破断させてはいけない」という考えに基づいている。このことから，筋かい端部，梁端部，柱端部，柱脚などの接合部の設計において，その最大耐力（一般に破断耐力といわれる）の計算が必要となる。

　鉄骨造の使用性と安全性は，ほかの構造と同様，それぞれ許容応力度設計と終局耐力設計で担保される。許容応力度設計では，材料の降伏やき裂，部材の座屈，接合部の滑りや離間を許容しない。これらは使用性を損なう損傷とみなされるからで

ある．一方，終局耐力設計ではこれらの損傷を小さな範囲で許容しつつ，接合部の破断を防止することによって，構造の崩壊を防ぎ安全性を確保する立場をとる．これらの設計技術全般については専門書に譲ることとし，本章では氾濫流に対する鉄骨造の安全性の問題に焦点を絞り，骨組の終局耐力（保有水平耐力）について重点的に解説する．

8.2 鉄骨造の力学的形態と崩壊形式

鉄骨造の構造形式で最も多く採用されるラーメン構造，筋かい付きラーメン構造，筋かい構造（ブレース構造）は図-8.2 のような構造力学モデルで表される．ラーメン構造と筋かい付きラーメン構造は柱と梁の接合が剛接合となり，曲げモーメントを伝達できるので，水平荷重によって柱と梁に曲げモーメントが生じ，これが常時荷重（固定荷重と積載荷重）による曲げモーメントに加算される．筋かい構造では柱と梁は通常，ピン接合となり，曲げモーメントを伝達しないので，常時荷重は梁に曲げモーメント，柱に軸力をもたらし，水平力はすべて筋かいが負担することになる．筋かい構造は在来軸組構法の木造と同じ力学的形態であるが，接合部が保有耐力接合となっていることが木造と異なる点である．

水平力による鉄骨造の崩壊は図-8.3 に示すような形態となることが多く，地震のみならず津波によってもその被害が報告されている．図中の写真は 2011 年に東北地方を襲った大津波による崩壊で，ラーメン構造の柱に塑性ヒンジが形成されて崩壊機構に至った様子が観察される．このとき，図 (1) のように 1 階の柱に塑性ヒンジが形成されて第 1 層のみが層崩壊する場合と図 (2) のように上層の柱や梁にも塑性ヒンジが拡散して全層崩壊となる場合が考えられるが，地震とちがって，氾濫流は下層階に大きな力が作用するので，上層階が崩壊する可能性は相対的に小さく，

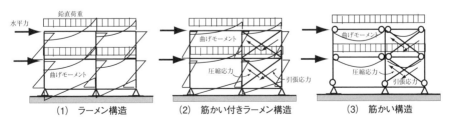

図-8.2　鉄骨造の構造モデルと応力分布

第8章 鉄骨造の耐水構造設計

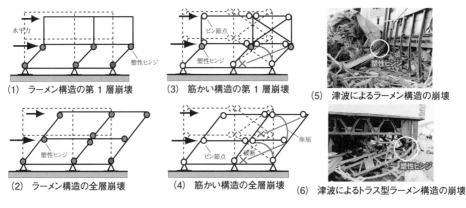

図-8.3 鉄骨造の水平力による崩壊形式

たいてい第1層が崩壊する。筋かい構造の場合は，図(3)，(4)のように筋かいの座屈あるいは破断によって骨組が水平耐力を失い崩壊することが多い。したがって，柱，梁，筋かいの終局耐力がわかれば，鉄骨造の保有水平耐力を知ることができる。

8.3 鉄骨造に用いられる材料

(1) 鋼 材

鉄骨造建築物の柱や梁などの構造部材に用いられる鋼材を構造用鋼材という。構

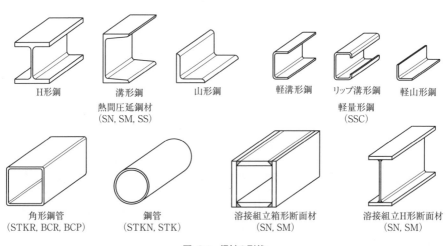

図-8.4 鋼材の形状

造用鋼材は，断面の形状と寸法，強さ・伸び・破壊靱性などの力学的性質，溶接性・耐候性などにかかわる化学成分の3項目で性能が決まり，これらは熱間圧延，冷間成形などの製造方法に左右される。構造用鋼材の品質は日本工業規格 JIS に規定されており，一部，国土交通大臣認定品がある。

　鉄骨部材に用いられる鋼材の断面形状は非常に豊富で図-8.4 に示すようなものがある。鋼板および種々の形鋼からなる熱間圧延鋼材は鉄骨造の柱や梁，筋かいなど主要な構造部材に用いられ，SN，SM，SS などの記号ごとに力学的性質と化学成分が JIS で規定されている。厚さ 6 mm 以下の薄い鋼板を冷間成形したもの，あるいは溶接で組み立てたものを軽量形鋼といい，これらは二次構造部材やプレハブ住宅の骨組に用いられる。角形鋼管と円形鋼管はラーメン骨組の柱やトラス部材に用いられることが多い。形鋼や鋼管類は標準寸法が定められており，JIS 規格ハンドブック，建材メーカーのカタログ，鉄骨構造・鋼構造の書籍等に寸法のほか構造計算に必要な断面積や断面2次モーメント，断面係数などの数値が一覧表で準備されている。これらの標準サイズで足りないときは，鋼板を溶接で組み立てることによって H 形や箱形の大断面部材がつくられる。

　設計で用いる鋼材の強度は表-8.1 のように定められている。基準強度 F は鋼材の降伏強さの下限値に対応するもので，許容応力度および材料強度と表-8.2 のような関係になっている。許容応力度と材料強度は，それぞれ部材や骨組の長期・短期許容耐力，終局耐力の計算に用いられる。表-8.1 の最大強度 F_u は鋼材の引張強さの下限に対応するもので，接合部の破断耐力の計算に用いられる。

　一般に用いられる鋼材は高張力鋼も含めて表-8.3 に示す共通の性質をもっている。鉄以外にニッケルやクロムなどの合金を大量に含むステンレス鋼などの特殊鋼ではこれらの材料定数の値が異なる。弾性係数は骨組解析の際に必要となるが，座屈耐力にも関係し，座屈で決まる許容圧縮応力度や許容曲げ応力度の設計式に含まれる。線膨張係数はスパンの大きい構造物などの温度変化による変形計算，密度は鉄骨の重量算定に用いられる。

(2) 溶接材料

　鉄骨造における溶接の方法はほとんどアーク溶接で，その中でもとくに，手溶接といわれる被覆アーク溶接，半自動溶接といわれるガスシールドアーク溶接（とくに，炭酸ガス半自動溶接），および自動溶接を代表するサブマージアーク溶接が用いら

表-8.1　鉄骨造に用いられる主な鋼材の基準強度と最大強度

鋼材の種類	鋼材の厚さ t (mm)	基準強度 F (N/mm^2)	最大強度 F_u (N/mm^2)	備考
SN400A, B, C SM400A, B, C SS400 SSC400	$t \leqq 40$	235	400	SN: 建築構造用圧延鋼材 　　(JIS G 3136) SM: 溶接構造用圧延鋼材 　　(JIS G 3106) SS: 一般構造用圧延鋼材 　　(JIS G 3101) SSC: 一般構造用軽量形鋼 　　(JIS G 3350) SWH: 一般構造用溶接軽量H形鋼 　　(JIS G 3353) STK: 一般構造用炭素鋼鋼管 　　(JIS G 3444) STKR: 一般構造用角形鋼管 　　(JIS G 3466) STKN: 建築構造用炭素鋼鋼管 　　(JIS G 3475) BCR: 建築構造用冷間ロール成形 　　角形鋼管(大臣認定品) BCP: 建築構造用冷間プレス成形 　　角形鋼管(大臣認定品)
SWH400 STK400 STKR400 STKN400W,B	$40 < t \leqq 100$	215	400	
SN490B, C SM490A, B, C	$t \leqq 40$	325	490	
STK490 STKR490 STKN490B	$40 < t \leqq 100$	295	490	
SM520B, C	$t \leqq 40$	355	520	
	$40 < t \leqq 75$	335	520	
	$75 < t \leqq 100$	325	520	
BCR295	$6 \leqq t \leqq 22$	295	400	
BCP235	$6 \leqq t \leqq 40$	235	400	
BCP325		325	490	

注）　基準強度 F の値は BCR, BCP を除き告示第 2464 号による．

表-8.2　鋼材の許容応力度と材料強度

長期許容応力度　(N/mm^2)						短期許容応力度　(N/mm^2)						材料強度　(N/mm^2)					
				支圧						支圧						支圧	
圧縮	引張	曲げ	せん断	支承部	ボルト孔	その他	圧縮	引張	曲げ	せん断	支承部	ボルト孔	その他	圧縮	引張	曲げ	せん断	支承部	ボルト孔	その他
$F/1.5$	$F/1.5\sqrt{3}$	1.9F	1.25F	$F/1.1$			それぞれ長期の1.5倍							F			$F/\sqrt{3}$	2.9F	1.9F	1.4F

注）　長期および短期許容応力度は令第 90 条，材料強度は令第 96 条，支圧の許容応力度と材料強度は告示第 1024 号による．

表-8.3　普通鋼（炭素鋼）の材料定数

弾性係数		ポアソン比 ν	常温での線膨張係数 (1/℃)	密度 (kg/m^3)
ヤング係数 E (N/mm^2)	せん断弾性係数 G (N/mm^2)			
205 000	79 000	0.3	1.2×10^{-5}	7 850

れる。このほか，高層建築の箱形断面柱の内部にダイアフラムを溶接するときにエレクトロスラグ溶接，鉄骨梁とコンクリートスラブを緊結するための頭付きスタッドを梁のフランジ上に溶接するときに圧接法の一つであるスタッド溶接が用いられる。図-8.5 に示すように，手溶接では被覆アーク溶接棒が使われる。これは単に溶接棒とも呼ばれ，心線とそのまわりの被覆材からなる。半自動および自動溶接ではコイル状に巻かれたワイヤが用いられ，アークを大気から保護するためにシールドガスまたはフラックスが併用される。

　溶接棒やワイヤなどの溶接材料は，溶接される鋼材の種類や溶接継目に要求される性能に適合するように選定されるとともに，溶接施工管理（溶接棒の乾燥，風防など）のほかに，溶接条件（溶接姿勢，予熱，溶接電流，入熱量など）が定められる。重要な溶接継目については，溶接後，非破壊検査（建築鉄骨では主に超音波探傷検査）を行って，構造耐力上，有害な欠陥がないことを確認している。

　このような品質管理のもとで，溶接継目の強度は溶接される鋼材（母材や被接合材ともいう）の強度より高いことが保証されている。それを前提として，設計では溶接継目の基準強度 F と最大強度 F_u を母材と同じ値としている（溶接される二つの鋼材の強度が異なるときは小さいほうとする）。したがって，次に述べる溶接継目の'のど断面'に与えられる許容応力度と材料強度の算定においても，表-8.1 に示した鋼材の F と同じ値を用いる。

　溶接による接合部は「継手の形状」と「継目の種類」の組合わせで表される。継手の形状とは，二つまたは二つ以上の被接合材が会合する幾何学的形態をいい，突合せ継手，T継手，十字継手，角継手などがある。継目の種類とは被接合材の間に投

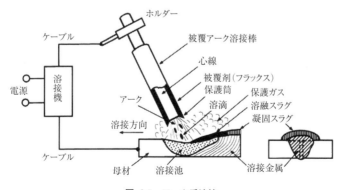

図-8.5　アーク手溶接

入される溶接金属の置かれ方をいい，開先溶接（グルーブ溶接）と隅肉溶接（フィレット溶接）に代表される。開先溶接はさらに，完全溶込み溶接と部分溶込み溶接に分けられる。図-8.6 に代表的なものを例示しておいた。上段には溶接記号を描いてある。

　溶接継目において応力を伝える断面を'のど断面'といい，継目の'のど厚×長さ'で形づくられる細長い長方形の断面を指す。完全溶込み溶接では'のど断面'が被接合材の断面より小さくなることはないので，被接合材の応力を完全に伝えることができ，継目の強度計算を必要としないが，部分溶込み溶接ではそうならない。隅肉溶接では'のど厚'がサイズの $1/\sqrt{2}$ となること，隅肉溶接と部分溶込み溶接では'のど断面'のせん断応力度で力を伝達するため，耐力計算ではせん断応力度に関する許容応力度と材料強度を用いる点に注意を要する。溶接継目の許容応力度と材料強度は法令で規定されている（令第 92 条・98 条，告示第 2464 号）。

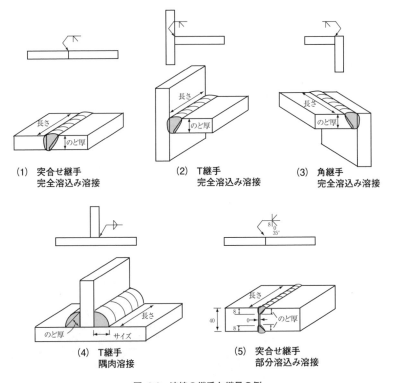

図-8.6　溶接の継手と継目の例

(3) ボルトと高力ボルト

部材と部材を接合するとき，両方の部材に孔を明けてピンを通せば，ピンを介して力を伝達することができる。ピンは抜け落ちるおそれがあるので，片方に頭を設け，もう片方にねじを付けてナットを回転させながら取り付ければ抜け落ちを防げ，締付けることも可能となる。このような機械的接合材（ファスナ）として鉄骨造ではボルトと高力ボルトが用いられている（リベットは騒音と熟練工不足により 1970 年頃から使われなくなった）。ただし，ボルトによる接合は緩みや滑りを起こすので使用制限がある（令第 67 条）。そのため，主要な構造部材（1 次構造部材）の接合には，もっぱら高力ボルトが使われる。高力ボルトには図-8.7 のように，高力六角ボルト（JIS 規格）とトルシア形高力ボルト（日本鋼構造協会規格）があり，締付け力の管理がしやすい後者がよく用いられる。トルシア形高力ボルトは専用の電動トルクレンチを用いて先端のピンテールをねじ切るまで締付けることによって所定の標準ボルト張力を安定して導入できるように工夫されたものである（ただし，トルシア形高力ボルトは F10T のみ）。

ボルトと高力ボルトはねじが付いているのでサイズを M20 のように表示する。M は万国共通のメートルねじであることを表し，20 は直径（呼び径，mm）である。ボルトと高力ボルトは強度区分に応じて基準強度 F が与えられており（告示第 2464 号・第 2466 号），それに対応して許容応力度と材料強度が定められている（令第 90 条・第 96 条，告示第 1451 号）。高力ボルトは 1 種の F8T と 2 種の F10T が主に用いられ，3 種の F11T は遅れ破壊の危険が指摘されており，ほとんど使用されない。

機械的接合は，図-8.8 に示すように，力の伝達機構により，せん断接合と引張接合に大別され，せん断接合はさらに支圧接合と摩擦接合に分けられる。せん断接合ではボルトの軸線が荷重の方向に垂直となり，引張接合では平行となる。せん断接合ではせん断面の数が 1 と 2 の場合があり，それぞれ 1 面せん断，2 面せん断と呼んでいる（図は 2 面せん断）。1 面せん断では荷重の作用線が偏心することによる

(1) JIS 高力ボルト　　　(2) トルシア型高力ボルト

図-8.7　高力ボルト

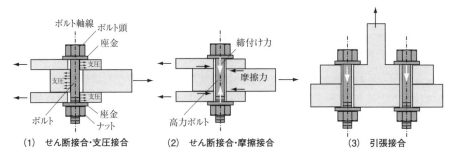

図-8.8 ボルト・高力ボルトによる接合形式

付加曲げがボルトに加わるので、重要な接合部では避けたほうがよい。支圧接合ではボルトが被接合材の孔壁を押す（支圧する）ことによって力を伝え、ボルトにはせん断応力が生じる。これに対して、摩擦接合ではナットを回転させて締付けることによってボルトに高い張力を与え、その反力として生じる被接合材間の圧力に摩擦係数を乗じて得られる摩擦力を利用するものである。このとき、圧力とボルトの締付け力は等しいので、締付け力が大きいほど有利である。そのため摩擦接合には強度の高い高力ボルトを用い、高力ボルト摩擦接合と呼ばれている。このときも、摩擦面の数が1と2の場合があるので、それぞれ1面摩擦、2面摩擦という（図は2面摩擦）。

高力ボルト摩擦接合では作用力が摩擦力を超えなければ滑りが起こらず、非常に剛な接合部となるので主要な構造部材の接合に用いられる。設計においても、滑り耐力を短期許容耐力としているので、許容応力度設計においては滑りを許容していない。これに対して、ボルトのせん断接合では被接合材がボルトと孔のクリアランス分だけ滑ってから支圧状態となって荷重を伝えることになるので、剛性があまり問題とならない2次構造部材や非構造部材の接合に用いられる。ただし、高力ボルト摩擦接合においても滑りが起きたあとは、ボルトと同様、支圧状態となる。

高力ボルト摩擦接合の滑り耐力は、設計ボルト張力 T_o と呼ばれる締付け力に滑り係数と呼ばれる摩擦係数を乗じたものが1本・1摩擦面あたりの値となる。設計ボルト張力 T_o は強度区分に応じて、軸断面に導入される引張応力度が高力ボルトの引張強さの半分になるように定められている。施工では締付け力を T_o の1割増しとし、これを標準ボルト張力と呼んでいる。滑り係数は所定の摩擦面処理により0.45としている。この滑り耐力を短期許容せん断耐力（1本・1摩擦面あたり

$0.45T_o$)とし,それを安全率1.5で除したものを長期許容せん断耐力としている。

引張接合が用いられるケースは少ないが,ボルトの場合は,軸部より断面積が小さいねじ部の有効断面積の引張応力度が許容引張応力度あるいは最大強度に達するときをもって,許容引張耐力,最大引張耐力が決まる。高力ボルト摩擦接合の引張耐力については,導入軸力の約90%で被接合材が離間し始めることに基づき,離間耐力を短期許容引張耐力,その2/3を長期許容引張耐力としている。すなわち,許容応力度設計では離間を許容しない立場をとっている。離間耐力を超える引張力が作用すると,高力ボルトが引張力をすべて負担することになるので,最大引張耐力(引張破断耐力)はボルトと同じ扱いになる。高力ボルト摩擦接合のせん断耐力と引張耐力は法令で定められている(令第92条2,告示第2466号)。

ボルトおよび高力ボルトの孔径や配置等については法令や各種技術基準で定められている。例えば,呼び径をdとすると,孔中心間距離は2.5d以上,孔径はボルトで$d+1$ mm以下(緩和規定として+1.5 mmまで),高力ボルトで$d+2$ mm(緩和規定として+3 mmまで),縁端距離は,応力方向の端距離,応力直交方向の縁距離のいずれも,縁端の仕上げ状況に応じて呼び径dごとに定められている(令第68条,告示第1464号)。

8.4 鉄骨部材の耐力

(1) 耐力算定の考え方

鉄骨造は多くの場合,仕様規定に加え,構造計算による安全性の検証が行われるので,個々の部材の耐力が数値で表される。鉄骨部材の耐力には,長期許容耐力,短期許容耐力,終局耐力があり,それぞれ長期許容応力度,短期許容応力度,材料強度から算定される。鉄骨造では伝統的に安全率を1.5としており,特殊なケースを除いて長期許容応力度は短期許容応力度の1/1.5である。鋼材の短期許容応力度は降伏応力度の規格下限値を採用しているので,長期,短期とも材料の降伏を許容しない立場をとっている。圧縮筋かい,梁,柱では座屈といわれる不安定現象が降伏応力度以下で生じることがあるので,座屈が発生するときの座屈応力度を短期許容応力度に採用している。すなわち,許容応力度設計では材料の降伏のみならず座屈の発生を許容しない立場をとっている。

一方,部材の終局耐力には全塑性耐力が採用される。全塑性耐力は全断面が降伏

するとき，すなわち全断面の応力度が材料強度に達したときの耐力をいう．断面の最外縁のみが降伏するときの耐力は弾性限耐力あるいは降伏耐力といわれ，これは短期許容耐力に相当するもので，全塑性耐力とは区別して用いられる．全塑性耐力は鋼材の降伏や座屈が発生したあとも塑性変形の進行を伴いながら維持される耐力という意味合いをもつ．部材の終局耐力（全塑性耐力）は，骨組の終局耐力（保有水平耐力）を塑性解析に基づいて算定する際に用いられる．以下では，部材の終局耐力を中心に説明する．

（2）引張筋かい

引張力を受ける部材（引張材）には種々のものがあるが，ここでは地震，風，氾濫流がもたらす水平力に対して重要な役割を果たす軸組筋かいを対象とする．水平力の向きが反転すると，筋かいに働く軸力も引張力から圧縮力へ，またはその逆に転じるので，引張と圧縮の両方について検討する必要がある．圧縮については次の項で述べる．

図-8.9 に示すように，筋かいは柱と梁で形成されるフレームの中に斜め材として設けられ，引張力の増大とともに伸び変形が進行する．筋かいの端部は高力ボル

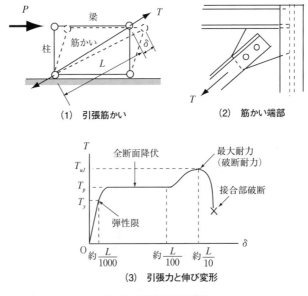

図-8.9 引張筋かいの挙動

トで現場接合されるのが一般的である。すると，筋かいの端部には孔があいていることになるので，孔欠損分だけ断面積が減る。全断面積から孔欠損断面積を除いた断面積を有効断面積と呼んでいる。有効断面積 A_e に働く応力度が降伏応力度（設計上は基準強度 F）に達したときの有効断面降伏耐力 $T_y = FA_e$ を短期許容引張耐力とし，それを1.5で除したものが長期許容引張耐力となる。

引張筋かいは保有耐力接合の条件が課せられているので，孔のあいている接合部が破断する前に孔のあいていない一般部（軸部）が降伏して非常に大きな伸び能力を発揮する。このときの耐力すなわち全断面降伏耐力 T_p を引張筋かいの終局耐力としており，骨組の保有水平耐力を算定するときに用いる。

$$T_p = FA_g \tag{8.1}$$

ここで，A_g：全断面積。なお，接合部が破断に至るまでの引張力の最大値を破断耐力といい，これは保有耐力接合の検定に用い，骨組の終局耐力の算定には使用しない。

（3）圧縮筋かい

ここでも筋かいを対象にして圧縮材について述べることにする。圧縮材はオイラー座屈あるいは曲げ座屈と呼ばれる不安定現象によって最大耐力が決まる。両端がピン支持された圧縮材の弾性座屈耐力は $N_{cr} = \pi^2 EI/l^2$ で表される（E はヤング係数，I は断面2次モーメント，l は支点間長さ）。しかし，実際の圧縮材は残留応力や初期不整（圧縮力の偏心や部材の元たわみ）によって座屈耐力が低下するので，それを考慮して短期許容圧縮応力度を定め，それに全断面積を掛けて短期許容圧縮耐力が計算できるようになっている。長期許容圧縮耐力はそれを1.5で除したものとなる（告示第1024号第1）。

圧縮材は座屈したあと，耐力が急激に低下するが，図-8.10 に示すように，あるレベルに落ち着く傾向を示す。これを座屈後安定耐力と呼んでおり，かなり変形が進行したあとの耐力を表しているので骨組の保有水平耐力を計算するために用いられる。座屈後安定耐力については学会限界状態設計指針の式を細長比で表示した式に換算して係数を丸めた次式を用いることができる。

$$N_p = FA_g \quad : \frac{\lambda}{\Lambda} \leq 0.1 \tag{8.2a}$$

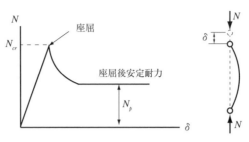

図-8.10 圧縮筋かいの挙動

$$N_p = \frac{1}{14(\lambda/\Lambda)-0.4} F A_g \quad : 0.1 < \frac{\lambda}{\Lambda} \leq 0.2 \tag{8.2b}$$

$$N_p = \frac{1}{8(\lambda/\Lambda)+0.8} F A_g \quad : 0.2 < \frac{\lambda}{\Lambda} \tag{8.2c}$$

ここで，$\Lambda = \pi\sqrt{\dfrac{E}{0.6F}} = \dfrac{1\,840}{\sqrt{F}}$：限界細長比（$F=235$ N/mm^2 のとき $\Lambda=120$），$\lambda = \dfrac{l}{i}$

：有効細長比（l：有効座屈長さ，i：断面2次半径），F：基準強度，A_g：全断面積．

　有効座屈長さは両端ピン支持のときピン支点間の実長と等しいが，材端の支持条件によって座屈長さの有効長（両端ピン支持に換算したときの座屈長さ）を採用する．理論上は，両端固定のとき実長の 1/2，一端固定・他端ピンのとき実長の 0.7 倍，横移動のある両端固定では実長と等しいというようになるが，実際の支持条件は不明瞭なことが多い．簡易なガセットプレートで骨組に接合される山形鋼筋かいは，両端ピン支持，すなわち座屈長さを実長とするのが一般的である．H 形鋼筋かいのようにフレームに剛接合されているときの座屈長さは実長の 0.65 倍が推奨されている．なお，圧縮筋かいは有効細長比を 250 以下とする規定（令第 65 条）があるので，これを超える圧縮筋かいは無効となる．

　告示第 1024 号第 2 には特殊な材料強度として圧縮材の強度式が与えられているが，これは座屈応力度の安全率を 1.0 とした式（図-8.10 の N_{cr} に対応する式）であって変形能力を考慮していない．したがって，これをそのまま骨組の終局耐力計算に用いると，保有水平耐力を過大に評価する可能性があるので注意が必要である．例えば，たすき掛け筋かいの場合に，引張筋かいの全断面降伏耐力 T_p と加算する圧縮筋かいの耐力は，座屈後安定耐力 N_p とする必要がある．

(4) 梁

軸力が小さく，主として曲げモーメントが作用する部材を曲げ材という．通常，曲げモーメントが材軸に沿って変化するので曲げ材はせん断力を伴うが，曲げとせん断は相互作用が無視できるので，設計において両者は個別に扱ってよい．曲げ材の代表がラーメン骨組を構成する梁で，梁の断面はほぼすべてH形（H形鋼梁または溶接組立H形断面梁）である．2次構造部材の根太，胴縁なども曲げ材であるが，これらには溝形鋼や軽量溝形鋼が一般に使われる．

曲げ材は横座屈と呼ばれる不安定現象が生じるので，そのときの横座屈モーメントを許容曲げ耐力としている．法令ではこの横座屈モーメントを短期許容曲げ応力度に変換し，それに断面の弾性断面係数を掛けて短期許容曲げ耐力が計算できるようになっている．長期許容曲げ耐力はその1/1.5である（告示第1024号第1）．

梁は通常，図-8.11のように，小梁や床スラブなどによって横変位が断続的あるいは連続的に拘束されているので，弾性範囲で横座屈が起きることは稀で，全断面が降伏する全塑性状態に達する．全断面が降伏するときの曲げモーメントを全塑性モーメントといい，M_pで表す．M_pは次式で計算され，これを梁の終局耐力として骨組の保有水平耐力の計算に用いる．

$$M_p = FZ_p \tag{8.3}$$

ここで，Z_p：塑性断面係数．

梁の耐力がせん断で決まることはほとんどないが，長期および短期許容せん断耐力はウェブの断面積にそれぞれ長期および短期許容せん断応力度を掛けて求める．終局せん断耐力はウェブの断面積にせん断の材料強度を掛けて求める．

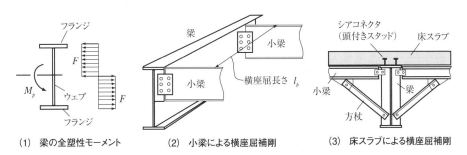

図-8.11 梁の全塑性モーメントを確保するための横座屈補剛

(5) 柱

　曲げモーメントと圧縮軸力を同時に受ける部材を曲げ圧縮材といい，それを代表するのがラーメン骨組を構成する柱である．曲げ圧縮材には曲げねじり座屈と呼ばれる不安定現象が生じる．許容応力度設計では，圧縮応力度と曲げ応力度をそれぞれ許容圧縮応力度と許容曲げ応力度で除したものの和を 1.0 以下にすることによって曲げねじり座屈を防止する．なお，柱の有効座屈長さは 200 以下とする制限がある（令第 65 条）．

　わが国ではかなり大きな地震力を想定して耐震設計を行っているので，結果的に，ラーメン構造の柱の剛性が高くなり，柱が曲げねじり座屈を起こすことはないと考えてよい．したがって，柱は図 -8.12 のように，全断面降伏状態（全塑性状態）に至る．このときの全塑性モーメント M_{pc} は軸力の影響を受け，次式で表される．この M_{pc} は骨組の保有水平耐力を計算するときに用いられる．

H 形断面，角形中空断面： $M_{pc} = 1.14\left(1 - \dfrac{N}{N_y}\right) M_p$，ただし $M_{pc} \leq M_p$ 　　(8.4)

円形中空断面： $M_{pc} = \cos\left(\dfrac{\pi}{2} \cdot \dfrac{N}{N_y}\right) M_p$ 　　(8.5)

ここで，N_y：軸力のみによる全断面降伏軸力（$N_y = FA_g$），M_p：曲げのみによる

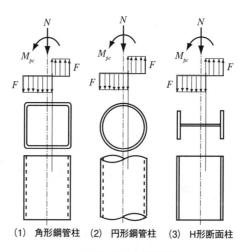

(1) 角形鋼管柱　(2) 円形鋼管柱　(3) H形断面柱

図 -8.12　柱の全塑性状態

全塑性モーメント（$M_p = FZ_p$），M_{pc}：軸力を伴う全塑性モーメント。上式で N/N_y を軸力比と呼んでいる。軸力比は中低層建築物の柱で 0.2〜0.3 程度，超高層建築物では 0.5 程度に達する。

（6）板要素

H 形鋼や角形鋼管のフランジおよびウェブのように帯状の平らな板や円形鋼管を形づくる曲面状の板を総称して板要素という。部材が板要素でつくられていることが，RC 造や木造と異なる鉄骨造の特徴である。

鉄骨の梁や柱は横座屈や曲げねじり座屈が発生したあとも，それ自体では急激な耐力の低下は起こらず，局部座屈と呼ばれる板要素の座屈で終局挙動が決まることが多い。このとき，フランジやウェブなどの板要素の幅厚比（幅を厚さで除したもの）が関係し，幅厚比が小さいほど局部座屈が起きにくくなる。円形鋼管では外径を厚さで割った径厚比が同じように関係する。

板要素は，図-8.13 のように，幅厚比または径厚比の小さいほうから FA，FB，FC，FD のランク付けがされている（告示第 1792 号第 3）。部材が降伏して全塑性耐力（梁では M_p，柱では M_{pc}）に到達したあと，最大耐力に至るまでの塑性変形量を全塑性耐力時の弾性変形で除したものを塑性変形倍率と呼んでいるが，幅厚比ランクに対応する塑性変形倍率は，概略，FA が 4 以上，FB が 2〜4，FC が 0〜2，FD が 0 である。つまり，局部座屈に対して最もねばり強いのが FA ランクで，それに次ぐのが FB ということである。耐震上重要な梁や柱は FA ランクとなるように断面を

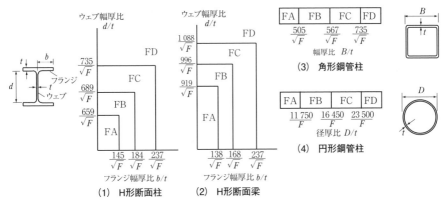

図-8.13　板要素の幅厚比・径厚比ランク

選定することが多い。FDランクは塑性変形能力が期待できないので，塑性設計（塑性ヒンジの全塑性耐力を用いて骨組の終局耐力を計算する設計方法）には使えない。

8.5 鉄骨接合部の耐力

（1）保有耐力接合

接合部についても，部材と同様，長期および短期許容耐力があり，それぞれ接合部各要素の長期および短期許容応力度に基づいて算定される。しかしながら，接合部の終局耐力は部材の終局耐力とはまったく異なる意味をもっており，耐力算定の方法も異なっている。すなわち，接合部の終局耐力は部材における全塑性耐力ではなく，破断に至るまでの最大耐力を指し，一般に破断耐力と呼ばれる。

鉄骨造の終局状態は，塑性変形による応力再配分が生じたあと，最終的に塑性崩壊に至ることを想定している。そのときの塑性変形は部材の塑性ひずみによって供給されるので，接合部は破断しないように，耐力を担保させるという考え方をとっている。これを保有耐力接合と呼んでおり，次の不等式で表される。

　　　接合部の破断耐力 ≧ 接合部係数 × 部材の全塑性耐力

保有耐力接合は，筋かい端部（**図 -8.9 (2)**）のほか，梁端，柱端（柱脚含む）に適用される。接合部係数は材料のひずみ硬化や降伏応力度のばらつきなどを考慮した安全率の意味合いをもっており，筋かいでは 1.2，梁端接合部では梁の変形能力に応じて 1.2～1.3 が推奨されている。接合部の破断耐力の算定に用いる接合部各要素の強度は，基準強度 F ではなく最大強度 F_u である。法令では F_u の値が与えられていないが，JISなどの材料規格における引張強さの下限値を採用すればよい。**図 -8.14**

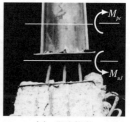

(1) 梁端接合部　　(2) 柱端接合部　　(3) 根巻き柱脚　　(4) 露出柱脚

図 -8.14　保有耐力接合の条件を満たしていないときの破断例

は，保有耐力接合になっていなかったため，梁や柱が塑性変形しないで接合部が地震力で破断したものである。

（2）筋かい接合部

引張力を受ける筋かい接合部の許容耐力は一般に全強接合，終局耐力は耐震設計上の要求により必ず保有耐力接合となっている。全強接合とは，接合部の長期および短期許容引張耐力がそれぞれ部材の長期および短期許容引張耐力を下回らない接合をいい，接合部の標準化を意図したものである。保有耐力接合とは，上で述べたように，接合部の破断耐力 T_{uJ} が係数倍された部材の全断面降伏耐力 T_p を下回らない接合 ($T_{uJ} \geq 1.2 T_p$) をいう。T_{uJ} はすべての可能な破断形式について検討し，その最小値をとる。筋かい接合部の破断形式には，有効断面破断，端抜け破断，ちぎれ破断，ファスナ破断，溶接継目破断があり，それぞれの破断耐力の計算法は鋼構造の専門書に解説されている。

（3）柱梁接合部

柱と梁の接合部は柱梁接合部と称され，骨組の中でもっとも大きな応力が発生する重要な部位である。柱梁接合部は剛接合とピン接合に大別される。柱が箱形断面や円形断面の場合は図 -8.15(1) のように，両方向ともラーメン構造となるので剛接合とするのが一般的であるが，ダイアフラムを省略して半剛接合とする構法もある。柱がH形断面の場合は，同図(2)のように，強軸方向（通常，張間方向）はラー

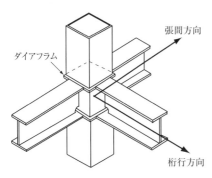
（1）角形鋼管柱－H形鋼梁（2方向ラーメン）

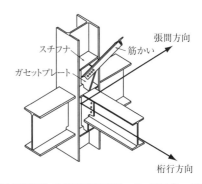
（2）H形鋼柱－H形鋼梁（張間ラーメン・桁行ブレース）

図 -8.15　柱梁接合部の例

メン構造となるので剛接合，弱軸方向（通常，桁行方向）はブレース構造となるのでピン接合とすることが多い。

柱梁接合部は筋かいと同様，接合の標準化により全強接合，耐震設計上の要求により保有耐力接合となっている。

(4) 柱　脚

鉄骨柱脚には，図-8.16のように，露出柱脚，根巻き柱脚，埋込み柱脚の3形式があり（告示1456号），後者ほど大きな耐力と剛性が期待できるが，逆に工事費は高くなる。中低層の鉄骨造では露出柱脚がもっとも多く使用される。柱脚を構造解析でモデル化する際，ピン柱脚，固定柱脚，あるいは回転ばねを入れた半固定柱脚などが柱脚の形式に応じて使用されるが，もっとも一般的に採用されるのは固定柱脚である。

柱脚は，鉄骨接合部の一つとして位置づけられており，柱から伝わる応力を完全に基礎へ伝達するために全強接合（柱脚の許容耐力が柱の許容耐力より大きい接合）となるように設計するのが一般的である。また，柱の下端に塑性ヒンジが形成されるような終局状態が想定される場合には，柱脚は保有耐力接合（柱脚の破断耐力が柱の全塑性耐力より大きい接合）として設計される。このとき，柱脚の破壊形式として，例えば露出柱脚では，アンカーボルトの破断や抜出し，ベースプレートの面外曲げ破壊，柱とベースプレートの溶接継目の破断，コンクリートの支圧破壊やパンチングシア破壊または割裂破壊があり，それぞれについて検討する必要がある。

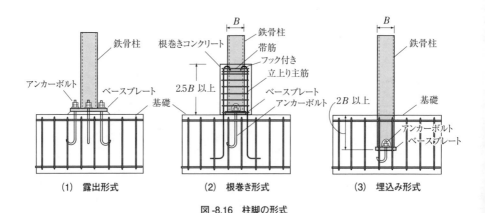

図-8.16　柱脚の形式

なお，アンカーボルトを意図的に降伏させることによって，柱脚自体に塑性ヒンジを仮定することもある．この場合は，ねじ部の破断よりも軸部の降伏が先行するように製作されたアンカーボルトを用いなければならない．

8.6　鉄骨造の保有水平耐力

(1) 塑性ヒンジと崩壊機構

　鉄骨造の骨組は，柱，梁，筋かいなど細長い部材で構成されているので，構造解析ではそれらを線材でモデル化することができる．部材と部材の接合部，柱と基礎の接合部はそれぞれ節点，支点として扱われ，接合形式に応じてピン節点，剛節点，あるいはピン支点，固定支点のようにモデル化される．許容応力度設計では，長期・短期荷重に対して骨組の弾性解析を行い，部材と接合部の断面に生じる力（断面力）が当該部材と接合部の長期・短期許容耐力を超えないことを確認する．終局耐力設計では，終局荷重（巨大地震の揺れや巨大津波の流体力など）に対して骨組の塑性解析を行って，崩壊するときの終局耐力，いわゆる保有水平耐力を求め，これが終局荷重を上回ることを確認することによって安全性を確保する．

　骨組の弾性解析と塑性解析には計算機を使った数値解析が行われ，種々の解析プログラムが普及している．ごく小規模の建築物であっても構造の不静定次数が高いので，骨組の弾性解析を手計算で行うことは難儀であるため，計算機に頼らざるを得ない．しかし，塑性解析は変形計算を行わなくても崩壊荷重を求めることができるため，不規則な形態をした構造物でなければ手計算が可能である．ここでは，塑性ヒンジの概念を導入して崩壊機構を想定し，崩壊荷重を手計算で求める方法をラーメン構造について説明する．

　ラーメン構造が水平力を受けると，柱の端部と梁の端部には大きな曲げモーメントが発生し，そこが局部的に全塑性状態に至り，塑性回転を起こす．これをモデル化したものが塑性ヒンジと呼ばれるもので，全塑性モーメントを維持しながら回転する関節である．塑性ヒンジが次々に骨組内に形成されていくと，ついには，水平抵抗が増えることなく，横方向に崩壊する最終状態に至る．これを崩壊機構あるいは崩壊メカニズムと呼んでいる．塑性ヒンジの発生場所によって種々の崩壊機構が考えられ，それを崩壊モードあるいは崩壊形と呼んでいる．

　骨組は弾性，塑性にかかわりなく，外力と内部応力が釣り合っていなければなら

ない。これは，骨組内の節点についても同様で，**図-8.17** のような状態のとき，節点 a と b でそれぞれ柱側と梁側の曲げモーメントが逆向きになっており，両者がちょうど打ち消しあっている。これを節点モーメントの釣合いという。

　崩壊機構に達したときにも，節点モーメントが釣り合っているので，柱と梁の弱いほうに塑性ヒンジが形成されることになる。**図-8.18**(1) に示した津波による第1層崩壊では，1階の柱が相対的に弱かったために同図(2)のように柱に塑性ヒンジが形成されたわけである。ところが，柱が梁よりも強いと同図(3)のように2層にわたる崩壊機構となる。このとき，節点での釣り合い条件から，節点 a，b，c では図中のような全塑性モーメントの関係がある。すなわち，柱と梁の全塑性モーメントの大小関係から水平力に対する崩壊機構をある程度限定することができる。図のような2階建の場合には，第2層のみが層崩壊する崩壊機構もありうるが，下層に大きな水平力が作用する氾濫流では，よほど第2層が弱くない限り考えなくてよい。

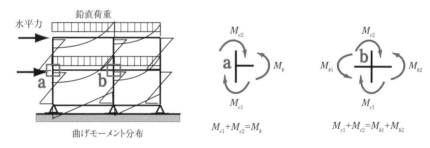

図-8.17　節点モーメントの釣合い

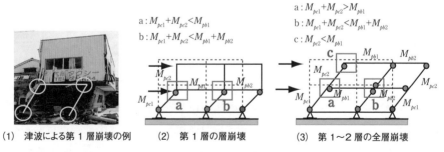

(1) 津波による第1層崩壊の例　　(2) 第1層の層崩壊　　(3) 第1〜2層の全層崩壊

図-8.18　塑性ヒンジの形成場所

（2）仮想仕事法による保有水平耐力の算定

仮定した崩壊機構に微小な仮想変位または仮想回転角を与えたときの外力仕事を W、内力仕事を U とすると、仮想仕事の原理から、$W=U$ が崩壊条件となる。よって、$W>U$ なら崩壊し、$W<U$ なら崩壊しないと判定することができる。

例えば、図-8.19のような横方向から氾濫流荷重を受ける一つの骨組を考えてみる。建物の前面と後面に作用する水圧を合わせたものが深さ方向に一様分布するものとし（第5章 5.2(8)参照）、この骨組に作用する単位深さあたりの流体力を p とする。

まず、崩壊モード1では、図のように仮想回転角を θ とすると、

$$W = ph_1 \frac{h_1}{2}\theta + p(h_o - h_1)h_1\theta = ph_1\left(h_o - \frac{h_1}{2}\right)\theta, \quad U = M_{pc1}\theta \times 6$$

であるから、崩壊条件 $W=U$ より、崩壊するときの流体力 p_u は次式で表される。

$$p_{u(mode1)} = \frac{6M_{pc1}}{h_1\left(h_o - \frac{h_1}{2}\right)}$$

次に、崩壊モード2では、次のようになる。

$$W = ph_o \frac{h_o}{2}\theta, \quad U = M_{pc1}\theta \times 4 + M_{pc2}\theta \times 4 + M_{pb1}\theta + M_{pb2}\theta$$

$$p_{u(mode2)} = \frac{4M_{pc1} + 4M_{pc2} + M_{pb1} + M_{pb2}}{h_o^2/2}$$

この二つのモードのうち、p_u の小さいほうで崩壊することになる。

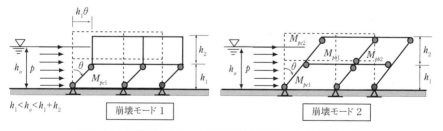

図-8.19　氾濫流による骨組の崩壊機構と仮想仕事法による耐水計算

8.7 氾濫流に対する鉄骨造の構造安全性

上で述べた塑性解析の方法を用いて，鉄骨造の氾濫流に対する安全性の検証方法について説明する．例題として，図-8.20 に示す5階建の鉄骨造を取り上げる．簡単のため，柱が平面的に等間隔で配置され，階高は一定 ($h_s = 3.5$ m) とし，柱と梁の部材断面は下層と上層でそれぞれ2種類とする．部材の断面は次のように設定する．

柱 C1：□-350 × 12（STKR400）……FA ランク
　$A = 158.5$ cm^2, $Z_p = 1\,990$ cm^3, $F = 235$ N/mm^2, $M_p = 468$ kN·m

柱 C2：□-300 × 9（STKR400）……FB ランク
　$A = 102.7$ cm^2, $Z_p = 1\,110$ cm^3, $F = 235$ N/mm^2, $M_p = 261$ kN·m

梁 B1：H-488 × 300 × 11 × 18（SN400）……FA ランク
　$Z_p = 3\,130$ cm^3, $F = 235$ N/mm^2, $M_p = 736$ kN·m

梁 B2：H-500 × 200 × 10 × 16（SN400）……FA ランク
　$Z_p = 2\,130$ cm^3, $F = 235$ N/mm^2, $M_p = 501$ kN·m

単位床面積あたりの建物重量 $= 7$ kN/m^2 とすると，柱の軸力比と全塑性モーメントは，

1階柱（平均）：$N/N_y = (7\,000 \times 18 \times 18 \times 5/16)/(235 \times 15\,850) = 0.19$
　　　　　　　（8.4）式より，$M_{pc} = 1.14 \times (1 - 0.19) \times 468 = 432$ kN·m

4階柱（平均）：$N/N_y = (7\,000 \times 18 \times 18 \times 2/16)/(235 \times 10\,270) = 0.12$
　　　　　　　（8.4）式より，$M_{pc} = 1.14 \times (1 - 0.12) \times 261 = 261$ kN·m

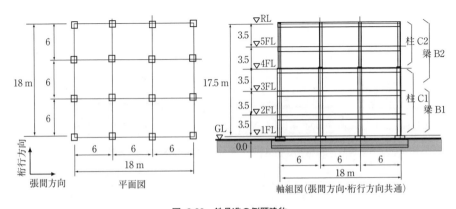

図-8.20　鉄骨造の例題建物

ここでは，簡単のため，2階と3階の柱の M_{pc} は1階と同じ，5階の柱の M_{pc} は4階と同じとする．また，JIS鋼材を用いているので F の値を1.1倍できるがそのままとする．いずれも安全側の措置である．

氾濫流として図-8.21の状態を考え，次のように仮定する：氾濫流荷重は高さ方向に一様分布するものとする，抗力係数は1.2とする，流体の密度は土砂の混入を考慮して1 200 kg/m³ とする，せき上げを無視し越流しないとする（$0<h_o<17.5$ m）．すると，ある高さの区間 Δh に作用する流体力 ΔP_D（前面と後面に作用する水圧を合わせたもの）は，建築物の全幅 B につき次式で与えられる．柱の見付幅と外壁の厚さを考慮して，$B=18.6$ m とする．

$$\Delta P_D = C_D \frac{1}{2} \rho v_o^2 \Delta h B = 1.2 \times \frac{1}{2} \times 1\,200 \times v_o^2 \Delta h 18.6 / 1000 = 13.4 v_o^2 \Delta h \quad (\text{kN})$$

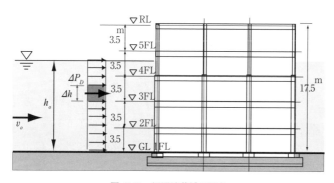

図-8.21 氾濫流荷重の設定

浸水深が2階床高以下の場合は，図-8.22(1)のように1階が崩壊する崩壊機構（崩壊モード1）が考えられ，そのときの氾濫流の条件が浸水深 h_o と流速 v_o の組合わせとして次のように計算される．

$$W = 13.4 v_o^2 h_o \frac{h_o}{2} \theta = 6.7 v_o^2 h_o^2 \theta \tag{8.6}$$

$$U = M_{pc1} \times 8\theta \times 4 = 432 \times 8\theta \times 4 = 13\,800\theta \tag{8.7}$$

$W=U$ より，$v_o h_o = 45.4$ m²/s

浸水深が2階床高を越え3階床高以下のときは図-8.22(2)，(3)のように，第1層が崩壊する場合と第1層から第2層までが崩壊する場合が考えられ，それぞれ，次のように崩壊を起こす氾濫流の条件が求められる．

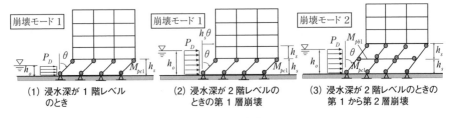

図-8.22 浸水深と崩壊モード

第1層が崩壊する場合（崩壊モード1）：

$$W = 13.4 v_o^2 h_s \frac{h_s}{2} \theta + 13.4 v_o^2 (h_o - h_s) h_s \theta = 13.4 v_o^2 3.5 (h_o - 1.75) \theta \tag{8.8}$$

U は (8.7) 式と同じであるから，$W = U$ より，$v_o^2 (h_o - 1.75) = 295 \text{ m}^3/\text{s}^2$

第1層から第2層が崩壊する場合（崩壊モード2）：

$$U = (M_{pc1} \cdot 12\theta + M_{pb1} \cdot 2\theta) \times 4 = (432 \times 12 + 736 \times 2) \theta \times 4 = 26\,600 \theta \tag{8.9}$$

W は (8.6) 式と同じであるから，$W = U$ より，$v_o h_o = 63.0 \text{ m}^2/\text{s}$

　浸水深に応じて，順次，この耐水計算を行っていくと，結局，**表-8.4**の一覧表が得られる．それを図示したのが**図-8.23**である．各曲線はそのモードで崩壊するときの浸水深と流速の関係を表すので，その曲線の下側ではそのモードの崩壊が起きず，上側ではそのモードの崩壊が起きる．したがって，一番下に位置する曲線が安全限界曲線となり，これを耐水曲線と呼ぶ．この場合は，すべての浸水深にわたって，モード1（第1層の層崩壊）で決まることがわかる．例えば，浸水深が10 m のとき，流速が6 m/s を超えると，この鉄骨造は崩壊・流出の危険に陥る．

　ここで用いた仮想仕事法による耐水曲線の求め方は，崩壊モードを仮定しているので，塑性解析における上界定理により，すべての可能な崩壊モードを列挙して，その中で最小の崩壊荷重を与えるものを探し出さなければならない．この表の中では，第2層以上で部分的な崩壊が起きるモードを省略しているが，氾濫流荷重は地震荷重とちがって下層に集中するので，このような上層階の部分崩壊は通常，起きないと考えてよい．ただし，上層階がとくに弱い場合，例えば，下層階と上層階で用途が異なり下層部分が重量構造で上層部分が軽量構造となっているような場合には注意が必要である．

8.7 氾濫流に対する鉄骨造の構造安全性

表-8.4 氾濫流に対する例題鉄骨造の安全限界

浸水深 h_o(m)	崩壊モード1	崩壊モード2	崩壊モード3	崩壊モード4	崩壊モード5
$0 \leq h_o \leq 3.5$	$v_o h_o = 45.4$ (m²/s)				
$3.5 \leq h_o \leq 7$		$v_o h_o = 63.0$			
$7 \leq h_o \leq 10.5$	$v_o^2(h_o - 1.75)$ $= 295$ (m³/s²)		$v_o h_o = 76.7$		
$10.5 \leq h_o \leq 14$		$v_o^2(h_o - 3.5) = 284$		$v_o h_o = 83.1$	
$14 \leq h_o \leq 17.5$			$v_o^2(h_o - 5.25)$ $= 280$	$v_o^2(h_o - 7) = 246$	$v_o h_o = 90.1$

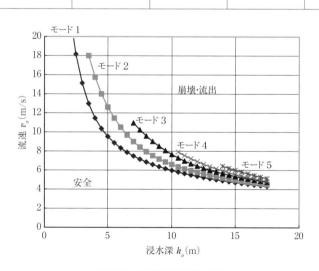

図-8.23 例題鉄骨造の耐水曲線

演習問題

1. 鉄骨造の例題建物（**図**-8.20）で1階がピロティになっている場合の耐水曲線を求めてみよう。GL から GL＋3.5 m の高さの部分を氾濫流が通過する開放空間とし，その部分には流体力が作用しないものとする。簡単のため，1階に露出している柱や階段室等の見付面積は小さいとし，それに作用する流体力を無視してよい。

2. 鉄骨造の例題建物（**図**-8.20）では，第4層から柱のサイズが小さくなっている。第4層が崩壊する機構について耐水曲線を求めてみよう。

第9章 鉄筋コンクリート造の耐水構造設計

9.1 鉄筋コンクリート造の構法と構造設計の特徴

　鉄筋コンクリート造（以下，RC造と略す）の構造形式は，図-9.1(1)に示すように，柱と梁で構成されたラーメン構造がもっとも多く，学校，事務所，高層集合住宅などに用いられる。ラーメン構造は，通常，要所に耐力壁または耐震壁と呼ばれる壁を配置して，水平方向の耐力を増強する。もう一つの代表構法として同図(2)に示す壁式構造があり，これは柱と梁のかわりに壁で鉛直荷重と水平荷重を支持する構造形式である。柱と梁の出っ張りが室内に現れないので空間の利用効率が高くなり，階数が5以下の比較的小規模な共同住宅に用いられることが多い。いずれの場合も，柱，梁，壁，床，基礎など，構造全体に行きわたるように鉄筋を組み，それを型枠で囲んでコンクリートを打設することによって一体化した構造体となる。

　鉄筋コンクリートは，鉄筋とコンクリートの複合体である。この二つの異種材

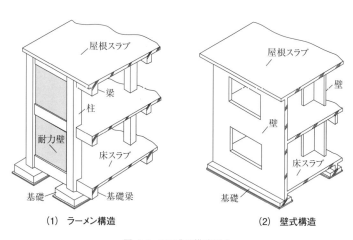

(1) ラーメン構造　　　　　　　　(2) 壁式構造

図-9.1　RC造の構造形式

料は力学的性質がまったく異なる。鉄筋は鋼材の一つであり，ひずみ度が 0.001～0.002 の降伏点まで明瞭な線形弾性を示し，降伏後の塑性ひずみ能力が非常に大きく，ひずみ度が 0.2 程度まで破断しない。しかも，引張，圧縮とも有効に働く。これに対して，コンクリートは引張にはほとんど抵抗能力がなく，もっぱら圧縮にのみ有効に働く。コンクリートを圧縮すると，鉄筋のような降伏点や線形弾性領域は観察されず，圧縮破壊するときのひずみ度は 0.003 程度で，鉄筋に比べると非常に脆い。設計における材料の基準強度は，鉄筋では降伏応力度を用いるのに対して，コンクリートでは圧縮最大強度（材齢 4 週強度）を用いる。

　コンクリートに引張応力が作用すると，かなり低い応力でひび割れが生じる。曲げが作用する梁や柱では，引張側コンクリートのひび割れを長期荷重に対してはおさえることができても，それを超える短期荷重や終局荷重に対してはひび割れを許容せざるを得ない。耐力壁にせん断力が働く場合も同様で，斜め方向に引張応力が作用するので，やはりひび割れが避けられない。したがって，引張応力が作用する部分には鉄筋を配置し，鉄筋の強度と延性を利用して，ひび割れの増長を抑制しつつ，耐力と変形能力を確保しなければならない。このように，鉄筋コンクリートは鉄筋によって補強されたコンクリートであり，これが Reinforced Concrete (RC) といわれる所以である。

　RC 造の梁と柱は，図 -9.2 のように，曲げモーメントと軸力という主要な断面力を支持するために主筋と呼ばれる材軸方向の鉄筋を入れるが，それだけではふじゅ

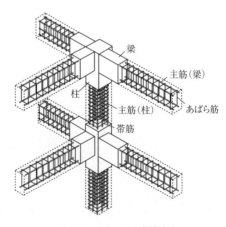

図 -9.2　主筋とせん断補強筋

うぶんで，主筋の束をせん断補強筋で取り囲まなければならない。このせん断補強筋は，梁ではあばら筋（スターラップ），柱では帯筋（フープ）という。せん断補強筋はせん断力に対する抵抗要素だけでなく，コンクリートがひび割れたあとにコンクリート塊となって分散しないように閉じ込めておく役目をし，それによって部材の靱性（塑性変形能力）を生み出す。

RC造の安全性を確保するために，建築基準法施行令第71条〜第79条に構造の技術的基準を定めた仕様規定があり，材料の選択範囲や配筋の仕方などが規定されている。RC造は，木造とちがって，一般に，規模の大きい建築物となるので，この仕様規定に加えて，構造計算によって安全性を数値で検証している。このことは鉄骨造と同様であるが，耐力の計算式が鉄骨造では理論がベースになっているのに対して，RC造では実験を基に定められたものが多い。

9.2 鉄筋コンクリート造の力学的形態と崩壊形式

RC造の柱や梁は，木造や鉄骨造に比べてかなり断面が大きいとはいえ，材の長さに比べて断面の幅がじゅうぶん小さいので，木造や鉄骨造と同様，これらを線材に置換して構造解析を行っている。柱と梁は一体化されているので，その接合は剛接合となる。耐力壁は柱と梁のラーメン骨組に組み込まれた面要素でモデル化される。これは木造における面材壁と類似している。ただし，木造では面材壁自体が相対的に強いため周辺部材の接合部の破壊が先行するのに対して，RC耐力壁はその4辺がラーメン骨組と一体化しているため，耐力壁自体がせん断破壊するという異なった終局状態を呈することが多い。

東北地方太平洋岸を襲った2011年大津波によって，RC造は壁や床などの部分的損傷はあったものの，上部構造躯体が大破・崩壊するという被害はほとんどなかった。小規模RC造の滑動や転倒はみられたが，これは基礎構造の問題として別に扱うことができる。もし津波等でRC造躯体の崩壊が生じるとするならば，流体力と同じような水平力をもたらす地震動による被害からその崩壊形式を類推することができる。図-9.3は1995年兵庫県南部地震が引き起こした阪神淡路大震災で報告されたRC造の被害事例である。(1)は第1層のせん断崩壊（1階ピロティ柱のせん断破壊），(2)は第1層の曲げ崩壊（1階柱に塑性ヒンジが形成されて崩壊機構に到達），(3)は中間層のせん断崩壊，(4)は全層の曲げ崩壊，(5)は耐力壁付きラー

第9章　鉄筋コンクリート造の耐水構造設計

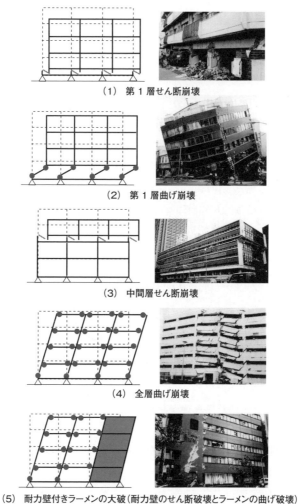

(1) 第1層せん断崩壊

(2) 第1層曲げ崩壊

(3) 中間層せん断崩壊

(4) 全層曲げ崩壊

(5) 耐力壁付きラーメンの大破（耐力壁のせん断破壊とラーメンの曲げ破壊）

図-9.3　RC造の崩壊形式

メン構造の大破で，耐力壁のせん断破壊とラーメン部分の曲げ破壊が複合している。津波や洪水による氾濫流荷重は地震荷重とちがって，地盤面に近い低層部分に大きな水平力が作用するので，図(3)のような中間層の部分崩壊は考えにくい。それ以外はすべて起こりうる崩壊形式である。1971年の施行令改正前に建てられたRC造は，柱のせん断補強筋が少ないので，せん断破壊が起こりやすいが，それ以降のものは塑性ヒンジを伴う曲げ破壊が支配的になると考えられている。

9.3 鉄筋コンクリート造に用いられる材料

(1) コンクリート

　コンクリートはセメント，骨材(粗骨材と細骨材)，および水を練り混ぜたもので，必要に応じて混和剤が加えられる。コンクリートは骨材の種類によって普通コンクリートと軽量コンクリート1種および2種に分けられる。セメントにはポルトランドセメント，高炉セメント，フライアッシュセメント，エコセメントがあり，それぞれJISで品質が規定されている(シリカセメントは現在ほとんど製造されていない)。骨材には，天然の砂利，砂が入手困難になってきた関係で，岩石を破砕した砕石や砕砂，製鉄工場で副産されるスラグ骨材が用いられるようになっている。

　コンクリートはコンクリート製造工場(通称，生コン工場)で練り混ぜたレディーミクストコンクリート(通称，生コン，レミコン)をアジテータトラックと呼ばれる運搬車(通称，ミキサー車，生コン車)で建設現場に搬入し，現場での打込みと養生によってコンクリート硬化体となる(図-9.4)。レディーミクストコンクリート(JIS A 5308)は「普通 21 8 20 N」のように製品が表示され，順に，コンクリートの種類(「普通」は普通コンクリート)，呼び強度($21 N/mm^2$)，スランプ(8 cm)，粗骨材の最大寸法(20 mm)，セメントの種類(「N」は普通ポルトランドセメント)を表す。呼び強度は打込んでから4週後に保証される圧縮強度(4週圧縮強度または材齢28日強度という)を指しており，これがコンクリートの設計基準強度となる(コンクリートは設計基準強度と称しているが，木材や鋼材の基準強度と同じ意味である)。コンクリートは配合(調合ともいう)により強度を種々変化させることができるが，通常は学会RC規準に準拠して表-9.1のF_c値が使われる。

　法令ではRC造に使用するコンクリートの強度は4週圧縮強度が$12 N/mm^2$以上(軽量骨材を使用するときは$9 N/mm^2$以上)となっており，4週圧縮強度を設計基準強度Fと定めている(法令では記号Fを用いているが，ここでは設計の慣例にならってF_cで表示する)。このF_cを基準にして表-9.2のように圧縮，引張，せん断，付着の長期許容応力度，短期許容応力度，材料強度を定めており，その比は1：2：3になっている。

　気乾状態のコンクリートの密度(単位体積あたり

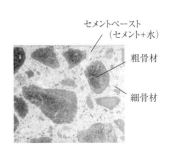

図-9.4　コンクリート硬化体

第9章 鉄筋コンクリート造の耐水構造設計

表 -9.1 コンクリートの設計基準強度

コンクリートの種類	設計基準強度 F_c (N/mm²)
普通コンクリート	18, 21, 24, 27, 30, 33, 36, 39, 42, 45（48, 51, 54, 57, 60）
軽量コンクリート1種	18, 21, 24, 27, 30, 33, 36
軽量コンクリート2種	18, 21, 24, 27

注） F_c の値は日本建築学会RC規準による。（ ）内はJIS A 5308$_{-2009}$で規定されていないもの。F_c が36 N/mm² を超えるものは高強度コンクリートと呼ばれ，材料や調合等に特に注意を要するものとされている。

表 -9.2 コンクリートの許容応力度と材料強度

設計基準強度 (N/mm²)	長期許容応力度 (N/mm²)					短期許容応力度 (N/mm²)					材料強度 (N/mm²)				
	圧縮	引張	せん断	付着		圧縮	引張	せん断	付着		圧縮	引張	せん断	付着	
				異形鉄筋	丸鋼				異形鉄筋	丸鋼				異形鉄筋	丸鋼
$F_c \leq 21$	$F_c/3$	$F_c/30$		$F_c/15^{1)}$	0.7 (軽量コンクリートは0.6)	それぞれ長期許容応力度の2倍					それぞれ長期許容応力度の3倍				
				$F_c/10^{2)}$											
$F_c > 21$		$0.49 + F_c/100$		$0.9 + 2F_c/75^{1)}$											
				$1.35 + F_c/25^{2)}$											

注）法令におけるコンクリートの設計基準強度 F は表 -9.1 に示した学会RC規準の設計基準強度 F_c と同じものであるので，従来からの慣習に従って F_c で表記する。長期および短期許容応力度は令第91条，異形鉄筋の付着の許容応力度は告示第1450号，材料強度は令第97条および告示第1450号による。異形鉄筋の付着許容応力度の上段1)は梁の上端筋，下段2)はその他の鉄筋に適用する。日本建築学会RC規準は，引張の規定がないこと（コンクリートは引張応力を負担しないとしていること），せん断と付着の短期許容応力度をそれぞれ長期の1.5倍としていること等，法令とやや異なる部分がある。

表 -9.3 コンクリートの密度および鉄筋コンクリートの単位体積重量

コンクリートの種類	コンクリートの密度 (t/m³)	設計に用いる数値		
		設計基準強度 (N/mm²)	コンクリートの単位体積重量 γ (kN/m³)	鉄筋コンクリートの単位体積重量 (kN/m³)
普通コンクリート	2.1〜2.5	$F_c \leq 36$	23	24
		$36 < F_c \leq 48$	23.5	24.5
		$48 < F_c \leq 60$	24	25
軽量コンクリート1種	1.8〜2.1	$F_c \leq 27$	19	20
		$27 < F_c \leq 36$	21	22
軽量コンクリート2種	1.4〜1.8	$F_c \leq 27$	17	18

注） 数値は日本建築学会RC規準による気乾コンクリートの値。

の質量）はコンクリートの種類や調合によって変化するが，設計では表 -9.3 の数値が用いられる。表中の鉄筋コンクリートの単位体積重量は鉄筋を含んだもので，固

定荷重の算定に用いられる（鉄筋重量を平均的に 1 kN/m³ と想定したものである）。コンクリートのヤング係数 E_c はコンクリートの単位体積重量や強度に左右され**表-9.4** に示すとおりであるが，設計では通常，E_c を用いないで，鉄筋のヤング係数 E_s = 205 000 N/mm² と**表-9.5** の $n = E_s/E_c$ で定義されるヤング係数比 n を用いる。

表-9.4　コンクリートおよび鉄筋の材料定数

材料	弾性係数			常温での線膨張係数 α(1/℃)
	ヤング係数 E (N/mm²)	せん断弾性係数 G (N/mm²)	ポアソン比 ν	
コンクリート	$E_c = 33\,500(\gamma/24)^2(F_c/60)^{1/3}$	$E_c/[2(1+\nu)]$	0.2	1×10^{-5}
鉄筋	$E_s = 205\,000$		0.3	1×10^{-5}

注）日本建築学会 RC 規準による。γ は表 -9.3 のコンクリートの単位体積重量 (kN/m³)，F_c はコンクリートの設計基準強度 (N/mm²)。

表-9.5　ヤング係数比

コンクリートの設計基準強度 F_c (N/mm²)	ヤング係数比 n
$F_c \leq 27$	15
$27 < F_c \leq 36$	13
$36 < F_c \leq 48$	11
$48 < F_c \leq 60$	9

注）日本建築学会 RC 規準による。

（2）鉄　筋

　鉄筋には鉄筋コンクリート用棒鋼（JIS G 3112）と鉄筋コンクリート用再生棒鋼（JIS G 3117）があり，前者は熱間圧延により製造され，後者はスクラップ材を再圧延して製造されるものである。それぞれ円形断面をしているが，表面が滑らかな丸鋼と突起の付いた異形棒鋼（鉄筋として使うときは異形鉄筋という）があり，コンクリートとの付着性能の高い異形鉄筋（**図 -9.5**）が通常，使用されている。床スラブには溶接金網や鉄筋格子（JIS G 3551）が使われることがある。

　現行法令では，**表 -9.6** のように鉄筋の基準強度 F の値を JIS 規格の降伏点の下限値に合わせて定めている。例えば，SD345 は降伏点の下限値が 345 N/mm² を表しており，これがそのまま F 値と

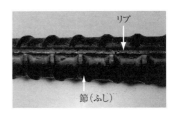

図-9.5　異形鉄筋

第9章 鉄筋コンクリート造の耐水構造設計

表-9.6 鉄筋の基準強度

鉄筋の種類	区分		種類の記号	基準強度 F (N/mm²)	降伏強さ σ_y (N/mm²)	引張強さ σ_u (N/mm²)	標準径 (mm)
鉄筋コンクリート用棒鋼 (JIS G 3112)	丸鋼		SR235	235	235 以上	380～520	6, 7, 8, 9, 12, 13, 16, 19, 22, 25, 28, 32
			SR295	295	295 以上	440～600	
	異形棒鋼		SD295A	295	295 以上	440～600	D4, D5, D6, D8, D10, D13, D16, D19, D22, D25, D29, D32, D35, D38, D41, D51
			SD295B	295	295～390	440 以上	
			SD345	345	345～440	490 以上	
			SD390	390	390～510	560 以上	
鉄筋コンクリート用再生棒鋼 (JIS G 3117)	再生丸鋼		SRR235	235	235 以上	380～590	6, 9, 13
	再生異形棒鋼		SDR235	235	235 以上	380～590	D6, D8, D10, D13
溶接金網 (JIS G 3551)	線径 ≧4 mm		WFR 等	295	400 以上	490 以上	4～16

注) Fの値は告示第2464号による。降伏強さおよび引張強さは JIS G 3112₋₂₀₁₀, JIS G 3117₋₁₉₈₇, JIS G 3551₋₂₀₀₅ による。JIS に規定されている SD490, SRR295, SDR295, SDR345 は現行法令で F の値が与えられていない。異形棒鋼, 再生異形棒鋼は鉄筋に使用されるとき, それぞれ異形鉄筋, 再生異形鉄筋という。

なっている。同表には,JIS 規格における降伏強さ,引張強さ,標準径を併記しておいた。丸鋼のサイズは φ9 のように表示し,このときの9は直径 (mm) である。異形鉄筋のサイズは D19 のように表示し,このときの19は呼び径 (mm) である。

鉄筋の許容応力度および材料強度は**表-9.7**のように定められている。長期許容

表-9.7 鉄筋の許容応力度と材料強度

鉄筋の種類			長期許容応力度 (N/mm²)			短期許容応力度 (N/mm²)			材料強度 (N/mm²)		
			圧縮	引張		圧縮	引張		圧縮	引張	
				せん断補強筋以外	せん断補強筋		せん断補強筋以外	せん断補強筋		せん断補強筋以外	せん断補強筋
丸鋼			$F/1.5$ ($\leqq 155$)	$F/1.5$ ($\leqq 195$)		F	F ($\leqq 295$)		F	F ($\leqq 295$)	
異形鉄筋	D28 以下		$F/1.5$ ($\leqq 215$)	$F/1.5$ ($\leqq 195$)		F	F ($\leqq 390$)		F	F ($\leqq 390$)	
	D29 以上		$F/1.5$ ($\leqq 345$)				F				
溶接金網	線径 ≧4 mm		—	$F/1.5$	$F/1.5$	—	F (床版用)	F	—	F (床版用)	F

注) 長期および短期許容応力度は令第90条,材料強度は令第96条および告示第2464号による。丸鋼と異形鉄筋は材料強度の算定において F の値 (表-9.6) を1.1倍してよい。

応力度：短期許容応力度：材料強度 ＝2：3：3 となっており，この比率は鉄骨造における鋼材と同じである．

設計で用いられる異形鉄筋の公称の直径，周長，断面積を表-9.8 に示す．これらの公称値は単位長さあたりの質量が等しい丸鋼に換算した値で，呼び名は公称直径（mm）を四捨五入して整数に丸めたものである．鉄筋は，鉄骨造における鋼材と同じ材料定数をもっているが，直応力度のみ負担するものとしているので，表-9.4 のヤング係数と線膨張係数が設計で用いられる．

表-9.8 異形鉄筋の設計用公称値

呼び名	公称直径 (mm)	公称周長 ψ (mm)	公称断面積 a (mm^2)
D4	4.23	13	14.1
D5	5.29	17	22.0
D6	6.35	20	31.7
D8	7.94	25	49.5
D10	9.53	30	71.3
D13	12.7	40	127
D16	15.9	50	199
D19	19.1	60	287
D22	22.2	70	387
D25	25.4	80	507
D29	28.6	90	642
D32	31.8	100	794
D35	34.9	110	957
D38	38.1	120	1 140
D41	41.3	130	1 340
D51	50.8	160	2 027

注）　数値は JIS G 3112$_{-2010}$ による．

9.4　鉄筋コンクリート部材の耐力

（1）耐力算定の考え方と配筋の仕様規定

部材の耐力は，圧縮力や曲げモーメント，せん断力などの断面力に応じて，長期許容耐力，短期許容耐力，終局耐力があり，これらはそれぞれ材料の長期許容応力度，短期許容応力度，材料強度に基づいて計算される．いずれの耐力計算においても，コンクリートは引張応力を負担できないと考える．

長期許容耐力，短期許容耐力，終局耐力は，それぞれ長期荷重，短期荷重，終局荷重によって部材に生じる断面力を上回っていなければならない。長期許容耐力による検定は長期にわたって作用する荷重に対して構造物が日常的機能を維持すること，短期許容耐力による検定は中小規模の自然災害に対して構造物の損傷を防止し被災後の継続使用を可能とすること，終局耐力による検定は大規模な自然災害に対して構造物の崩壊を防止し人命の安全を確保することを目的としている。ここでは，長期および短期許容耐力については簡単に紹介するにとどめ，終局耐力を中心に解説することとする。

長期および短期許容耐力は，構造損傷を生じさせないことを前提としているので材料が弾性範囲にとどまることを仮定するが，終局耐力は材料が弾性限を超えて塑性の範囲に入ることを仮定して計算される。ただし，コンクリートは靱性が乏しいので圧縮応力度は4週圧縮強度すなわち設計基準強度F_cを上限とするとともに，圧縮ひずみ度は圧壊するときのひずみ度$\varepsilon_{cu}=0.003$を限界とする。一方，鉄筋は靱性が大きいのでひずみ度の限界を設けず，降伏強さ，すなわち基準強度Fが保持されると考える。

鉄筋コンクリート造では鉄筋とコンクリートの付着面に滑りが起こらず両者が一体で振舞うものとして許容耐力と終局耐力が計算され，いずれもひずみの平面保持仮定が使われる。この前提が崩れないように，付着応力度の検定が必要となる。

耐力の算定は，配筋に関する種々の条件（鉄筋間隔，定着長さ，重ね継手長さ，かぶり厚さなど）が前提となっており，建築基準法施行令のほか，学会RC規準やJASS 5などにある仕様規定を満たしておかなければならない。とくに，柱梁接合部は図-9.6のような損傷を受けることがあるので，その部分の配筋は重要である。

図-9.7に示す鉄筋のかぶり厚さ（コンクリート表面から鉄筋表面までの最短距離）は構造耐力のみならず耐久性にもかかわるので，かぶり厚さの

図-9.6　RC柱梁接合部の地震被害例

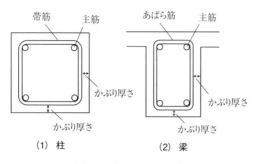

図-9.7 鉄筋のかぶり厚さ

最小規定がある。法令では，柱，梁，耐力壁のかぶり厚さは 3 cm 以上，床は 2 cm 以上となっている（直接土に接する部分はいずれも 4 cm 以上で，基礎は 6 cm 以上）。なお，法令よりも学会 RC 規準のほうが，かぶり厚さをやや大きく安全側に規定している。

（2）梁の曲げ耐力

鉄筋コンクリート梁に働く断面力は曲げモーメントとせん断力であり，通常，軸力は小さいので無視する。せん断耐力については，あとで柱と合わせて述べる。曲げに抵抗するために梁の材軸方向に通す鉄筋を主筋という。小梁などで引張側だけを主筋で補強した単筋梁もあるが，ラーメン構造を形成する梁では水平力の作用方向が逆向きになると曲げモーメントの正負が入れかわり引張側と圧縮側が反転するので，梁の上下に上端筋と下端筋の両方を配筋した複筋梁が採用される。圧縮側の配筋はコンクリートのクリープ変形を抑制する上でも有効とされている。引張側と圧縮側の主筋をそれぞれ引張主筋，圧縮主筋という。RC 造の梁は通常，その上にある床スラブと一体になっており，梁の曲げ耐力に床スラブが協力する。このような場合には T 形梁として扱うことができるが，ここではスラブの協力を無視した長方形梁で設計する場合について解説する。

長方形の断面をした鉄筋コンクリート梁の許容曲げモーメントの算定では，コンクリートと鉄筋がともに弾性範囲にあるとし，ひずみの平面保持仮定を用いて計算される引張主筋，圧縮主筋，圧縮コンクリートの応力度がそれぞれの長期および短期許容応力度にもっとも早く到達するときの曲げモーメントをもって長期および短期許容曲げ耐力とする。

一方，梁の終局曲げ耐力は，コンクリートの圧縮破壊よりも引張主筋の降伏を先行させることによって靭性を確保することを前提として計算される。そのため，引張鉄筋比 p_t を釣合い鉄筋比 p_{tb} 以下とする条件が課せられる。

$$p_t \leq p_{tb} \tag{9.1}$$

引張鉄筋比と釣合い鉄筋比はそれぞれ次式により計算される。(9.3)式の釣合い鉄筋比は圧縮コンクリートと引張主筋が同時に短期許容応力度に達するときの引張鉄筋比であるが，この式を用いれば，終局状態においても引張主筋の先行降伏が保証される。

$$p_t = \frac{a_t}{bd} \tag{9.2}$$

$$p_{tb} = \frac{1}{2\left(1 + \dfrac{f_t}{nf_c}\right)\left[\dfrac{f_t}{f_c}\left(1 + \dfrac{a_c}{a_t} \cdot \dfrac{d_c}{d}\right) - n\dfrac{a_c}{a_t}\left(1 - \dfrac{d_c}{d}\right)\right]} \tag{9.3}$$

ここで，a_t：引張主筋の全断面積，a_c：圧縮主筋の全断面積，b：梁の幅，d：有効せい（圧縮最外縁から引張主筋の中心までの距離），d_c：圧縮最外縁から圧縮主筋の中心までの距離，n：ヤング係数比，f_t：引張主筋の短期許容引張応力度，f_c：コンクリートの短期許容圧縮応力度。式中の a_c/a_t は複筋比と呼ばれる。

終局曲げ状態においても，ひずみの平面保持が成り立つとして図-9.8のようなひずみ度と応力度の分布を考える。このとき，圧縮縁のコンクリートのひずみ度は終局ひずみ度 $\varepsilon_{cu} = 0.003$ に達している。圧縮コンクリートの応力度分布は F_c をピークとする曲線になるが，それを $0.85F_c$ の等価な一様分布に置換し，その分布幅を圧縮縁から中立軸までの距離 x_n に係数 k_1 を掛けたものとする。係数 k_1 は，強度の高いコンクリートほど靭性が低いことを考慮し，F_c に応じて 0.65〜0.85 の数

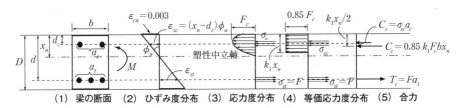

図-9.8 梁の曲げ終局状態

値を用いる。引張主筋は$p_t \leq p_{tb}$の条件により降伏しており，その応力度は基準強度Fである。圧縮主筋が降伏していない場合と，降伏している場合に分けて，合力の釣合い（$C_s + C_c = T_s$）から中立軸位置が定まり，終局曲げモーメントがそれぞれの場合について求められる。ただ，この計算は少々面倒なので，設計では梁の終局曲げモーメントM_uの計算に次の略算式がよく用いられる。

$$M_u = 0.9 F a_t d \tag{9.4}$$

（3）柱の圧縮曲げ耐力

柱には圧縮軸力，曲げモーメント，せん断力が同時に作用する。せん断力については分離して議論できるので，あとで梁と合わせて解説する。高層建物の連層耐力壁の側柱には引張軸力が作用することがあるが，これについては耐力壁のところで扱う。圧縮軸力Nと曲げモーメントMを受ける柱の設計では，骨組解析から得られるNとMのうちNが与えられたものとしてMの許容値M_aを計算し，$M \leq M_a$を確認するという手順が一般的である。柱の長期および短期許容曲げ耐力M_aは，梁と同様，平面保持を仮定して断面の弾性応力解析を行い，引張主筋，圧縮主筋，圧縮コンクリートの応力度がもっとも先にそれぞれの長期および短期許容応力度に達するときの曲げモーメントとして導かれる。

柱の終局状態は，梁と同様，靱性を確保するために引張主筋の降伏が先行するように，圧縮軸力Nが釣合い軸力N_b以下となる条件（$N \leq N_b$）を前提とすることが推奨されているが，梁降伏型耐震構造の柱や耐水構造の柱では，変形能力よりも耐力のほうが重要であるので，この条件は必ずしも必須条件ではない。釣合い軸力とは，圧縮最外縁のコンクリートと引張主筋が同時に短期許容応力度に達するときの軸力をいい，断面の弾性応力解析から次式で与えられる。なお，終局状態での釣合い軸力は，およそ$N_b = 0.4bDF_c$となることが知られている。

$$N_b = \frac{1}{2} f_c b x_{nb} + \frac{x_{nb} - d_c}{D - d_t - x_{nb}} a_c f_t - a_t f_t \tag{9.5}$$

$$\text{ただし，} x_{nb} = \frac{D - d_t}{1 + [f_t / (n f_c)]} \tag{9.6}$$

ここで，b：曲げに対する柱の幅，D：曲げに対する柱のせい，d_c：圧縮側最外縁から圧縮主筋の中心までの距離，d_t：引張側最外縁から引張主筋の中心までの距離，

a_c：圧縮主筋の全断面積，a_t：引張主筋の全断面積，f_c：圧縮主筋の短期許容圧縮応力度，f_t：引張主筋の短期許容引張応力度，n：ヤング係数比．

柱の終局曲げモーメントは，梁と同様，図-9.9 に示すひずみ度と応力度の分布を用いて，求めることができる．梁とのちがいは圧縮軸力 N の作用だけである．圧縮主筋と引張主筋が降伏する場合としない場合の 4 ケースの組合わせについて，それぞれ合力の釣合い（$C_s+C_c-T_s=N$）から中立軸位置 x_n が定まり，終局曲げモーメント M_u が導かれる．しかし，この手順はいささ

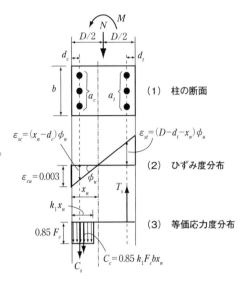

図-9.9　柱の圧縮曲げ終局状態

か手間がかかるので，略算式として次式がよく用いられる．圧縮軸力が釣合い軸力を超えるときは (9.7a) 式，超えないときは (9.7b) 式，引張軸力のときは (9.7c) 式が適用される．

$$M_u=\left(0.8a_tDF+0.12bD^2F_c\right)\frac{N_u-N}{N_u-0.4bDF_c} \quad : 0.4bDF_c<N\leq N_u \quad (9.7\text{a})$$

$$M_u=0.8a_tDF+0.5ND\left(1-\frac{N}{bDF_c}\right) \quad : 0<N\leq 0.4bDF_c \quad (9.7\text{b})$$

$$M_u=0.8a_tDF+0.4ND \quad : -(a_c+a_t)F\leq N\leq 0 \quad (9.7\text{c})$$

ただし，

$$N_u=bDF_c+(a_c+a_t)F \quad (9.7\text{d})$$

上式は，曲げに最も有効に働く外側の主筋のみを考慮した安全側の式であるが，内側の主筋を加算する方法もある．

（4）梁および柱のせん断耐力

梁および柱にはせん断力が曲げや軸力と同時に作用する．せん断力は斜め方向に

引張応力を生み，これがコンクリートに斜めひび割れ（せん断ひび割れ）を引き起こし，せん断破壊につながる。図-9.10 の写真で観察されるように，コンクリートのせん断破壊は非常に脆性的であるので，これを防止し，ねばり強い曲げ破壊型の終局挙動となるようにするのが設計の基本的考え方である。そのため，梁ではあばら筋，柱では帯筋と呼ばれるせん断補強筋で斜めひび割れを起こす引張応力に抵抗させる。せん断抵抗のメカニズムは未解明な点が多く，現在用いられている許容せん断耐力および終局せん断耐力の設計式は実験に基づいて導かれたものである。

梁および柱の終局せん断耐力 Q_u の算定式として次式がよく用いられる（告示第594号）。

$$Q_u = \left[\frac{0.196 p_t^{0.23}(F_c+18)}{\frac{M}{Qd}+0.12} + 0.85\sqrt{p_s F} + 0.1\frac{N}{bD} \right] bj \tag{9.8}$$

ここで，図-9.10(2)，(3)を参照しながら記号を説明すると次のとおりである。M：作用する最大曲げモーメント，Q：作用する最大せん断力，N：作用する最大軸力（梁の場合は0），d：梁または柱の有効せい（$d=D-d_t$)，p_t：引張鉄筋比（梁，柱とも $p_t=a_t/(bd)$，％値ではなく小数値），a_t：引張主筋の全断面積，b：梁または柱の幅，p_s：せん断補強筋比（$p_s=a_s/(bs)$，梁ではあばら筋比，柱では帯筋比といい，0.002を最小規定とし，$p_s>0.012$ のときは0.012とする），a_s：1組のせん断補強筋の断面積（せん断補強筋は主筋の外を一周するように配筋するので1本の断面積の2倍となる），s：せん断補強筋の間隔，F：せん断補強筋の材料強度，F_c：

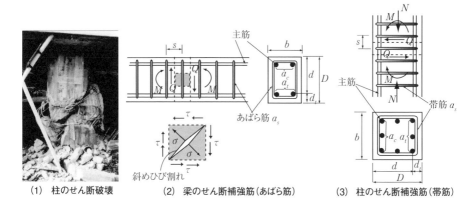

(1) 柱のせん断破壊　　(2) 梁のせん断補強筋（あばら筋）　　(3) 柱のせん断補強筋（帯筋）

図-9.10　せん断破壊とせん断補強筋

コンクリートの設計基準強度，j：応力中心距離（$j=7d/8$）である。$M/(Qd)$ はせん断スパン比と呼ばれ，1未満のときは1，3を超えるときは3とする。なお，第3項の $N/(bD)$ はその値が $0.4F_c$ を超えるときは $0.4F_c$ とする。

(5) 梁および柱の引張主筋の付着耐力

梁および柱の引張主筋はコンクリートとずれが生じないように，すなわち付着が切れないようにしておかないと，両者の合成効果が失われる。そのため，引張主筋の付着応力度の検定が必要になる（圧縮主筋やせん断補強筋では省略することができる）。

部材の材軸方向に x 軸をとると，曲げモーメント M とせん断力 Q には図-9.11 に示すように力の釣合いより $Q=\dfrac{dM}{dx}$ の関係がある（d は微分記号）。断面に曲げモーメントを生む圧縮合力を C，引張合力を T として，その間の距離を j とすると，梁の場合には $M=Tj$ となるので，これを x で微分し，j の変化を無視すれば（$\dfrac{dj}{dx}=0$ とすれば），$\dfrac{dM}{dx}=\dfrac{dT}{dx}j$ となる。よって，$Q=\dfrac{dT}{dx}j$ である。柱の場合は，圧縮合力 C と引張合力 T の作用位置が中心からそれぞれ j_c，j_t 離れているとすると，$M=Cj_c+Tj_t=(N+T)j_c+Tj_t=Nj_c+Tj$ となるので（圧縮軸力 $N=C-T$），Nj_c の dx 内での変化を無視すれば同じ結果を得る。以上の式展開は弾性，塑性に関係なく成立する。dT は主筋表面の付着応力度 τ_a が担わなければならないので，1本の主筋断面の周長を ψ とすると，$dT=\sum\tau_a\psi dx$ となり（$\sum$ は引張主筋の和），$dT=\dfrac{Q}{j}dx$ の関係から，結局，$Q=\sum\tau_a\psi j$ となる。よって，付着で決まる終局せん断耐力は，応力中心距離を $j=\dfrac{7}{8}d$ と置くことによって次式で表される。

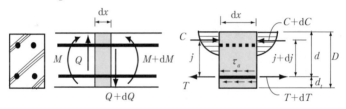

図-9.11　付着応力度

$$Q_u = \sum f_s \psi \cdot \left(\frac{7}{8}d\right) \tag{9.9}$$

ここで，f_s は付着の材料強度である（**表-9.2** 参照）。なお，f_s に付着の長期または短期許容応力度を代入すれば，長期または短期許容せん断耐力が求められる。以上は付着応力度の最大値で検定するものであるが，学会 RC 規準では平均値で検定する方法が提示されている。

(6) 耐力壁のせん断耐力

耐力壁は通常，水平力に抵抗する構造要素で，とくに，耐震要素として重要であるので耐震壁とも呼ばれる。壁板が左右の柱および上下の梁と一体となるとき，水平力に対して最も有効に働くので，**図-9.12** のようにこれらをすべて合わせて一つの部材として扱い，壁部材と呼んでいる。壁板に小さな開口があっても補強筋を適切に配筋すればよい。しかし，**図-9.13** のように，壁板が柱と梁の枠から離れた形式のそで壁，方立て壁，腰壁，垂れ壁，あるいは大きな開口のあいた壁となることもある。これらは非構造壁あるいは雑壁として耐力に算入しない考え方や，柱あるいは梁の一部（例えば，そで壁付き柱）とする考え方があり，骨組解析における構造モデルに反映される。

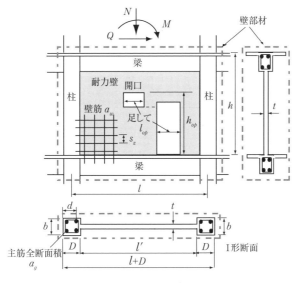

図-9.12　耐力壁

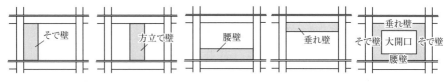

図-9.13 非構造壁

壁部材に働く曲げモーメント M は，左右の柱型と壁板からなる水平断面（以下，I形断面）が抵抗する。壁部材の曲げ耐力は低層 RC 造ではあまり問題とならないが，高層 RC 造の連層耐震壁では支配的となることがある。終局曲げモーメント M_u を求める方法として，壁部材全体に作用する圧縮軸力 N を考慮した種々の提案式がある。その一つに，N がそれほど大きくないことを前提に，柱の曲げ耐力式を少し修正し，壁板の寄与を加えた次の計算式がある。

$$M_u = \left\{ 0.9 a_g F + 0.5 N \left[1 - \frac{N}{b(l+D)F_c} \right] + 0.4 a_w' F' \right\} \cdot (l+D) \tag{9.10}$$

ここで，a_g：引張側の柱の主筋全断面積，F：柱主筋の材料強度，N：壁部材に働く圧縮軸力，b：柱の断面幅，D：柱の断面せい，l：左右の柱の中心間距離，F_c：コンクリートの設計基準強度，a_w'：壁縦筋の全断面積，F'：壁縦筋の材料強度。

耐力壁の終局せん断耐力は短期許容せん断耐力をそのまま適用するなど，種々の算定方法があるが，連層耐震壁を含めて適用可能な次式がよく用いられる（告示第594号）。これは柱の終局せん断耐力式を修正したものである。せん断耐力は開口のない完全な耐力壁を基準にし，開口がある場合は低減率 r を乗じて求める方法が採用されている。

$$Q_u = \left[\frac{0.196 p_{te}^{0.23}(F_c+18)}{\sqrt{\frac{M}{Q(l+D)}+0.12}} + 0.85\sqrt{p_{we}F} + 0.1\frac{N}{A_I} \right] b_e j_e \cdot r \tag{9.11}$$

ここで，b_e：I 形断面と断面積が等しい長さ $(l+D)$ の等価長方形断面の厚さ（壁の厚さ t の 1.5 倍を上限とする），j_e：等価長方形断面の応力中心距離（$j_e = 7d_e/8$，$d_e = l + D/2$），l：左右の柱の中心間距離，D：柱の断面せい，p_{te}：等価引張主筋比（引張側の柱の主筋全断面積を a_g とすると $p_{te} = \dfrac{a_g}{b_e d_e}$，％値ではなく小数値），$F_c$：コンクリートの設計基準強度，$F$：壁横筋の材料強度，$p_{we}$：壁板の等価水平せん断補強

筋比（$p_{we}=\dfrac{a_w}{b_e s_z}$, 0.012 を上限とする）, a_w：壁板の1組の水平せん断補強筋（壁横筋）の断面積, s_z：壁横筋の高さ方向の間隔, A_I：I 形断面の全断面積, N：I 形断面に作用する全圧縮軸力, シアスパン比 $\dfrac{M}{Q(l+D)}$ は 1 未満のとき 1, 3 を超えるとき 3 とする（M と Q は耐力壁の高さ方向に分布する曲げモーメントとせん断力の最大値）, r：開口低減率。

開口低減率 r は適切な開口補強（隅角部に斜め筋を配置するなど）がされていることを前提として算定する。開口低減率は実験データに基づいているが, やや形式的に次式で算定される（告示第 594 号）。

$$r = \min\{r_1, r_2, r_3\} \tag{9.12a}$$

ここで, r_1, r_2, r_3 は, 順に, 開口面積の平方根（開口周）による低減率, 開口幅による低減率, 開口高さによる低減率で, 次式で算定される。

$$r_1 = 1 - \sqrt{\dfrac{h_{op} l_{op}}{hl}} \quad (ただし, r_1 \geq 0.6) \tag{9.12b}$$

$$r_2 = 1 - \dfrac{l_{op}}{l} \tag{9.12c}$$

$$r_3 = 1 - \dfrac{h_{op}}{h} \tag{9.12d}$$

開口の幅 l_{op}, 高さ h_{op} は, 適宜グループ化して 図-9.12 のように算定する。幅の狭いそで壁や高さの小さい垂れ壁・腰壁では, $r_1 \geq 0.6$ を満たすことができないのでせん断耐力を期待できない。そのときは, 耐力を期待しない非構造壁として扱うか, 柱または梁の一部として扱う。

(7) 耐力壁の面外曲げ耐力

本来, 耐力壁は水平力に対して面内の曲げとせん断で抵抗するものであるが, 建物が氾濫流に囲まれると, 外壁面に垂直に働く水圧によって面外の曲げとせん断が生じる。これは床スラブが床上の積載荷重を支える状況と同じであるので, 床スラブの設計法を参照することができる。RC 造の耐力壁は厚さと配筋の必要最小値が規定されている関係で, 面外力に対しても剛強であり, かなりの水圧に耐えること

ができる。このことが，木造や鉄骨造の外壁と大いに異なる点である。

壁板に生じる応力は板の弾性解析で求められるが，交差梁置換法と呼ばれる略算法によって，図-9.14 のように水圧を縦と横の 2 方向に分けて曲げモーメントとせん断力を計算してもよい。交差梁置換法で計算される壁の応力は，実際に生じる応力より大き目すなわち安全側になる。水圧は深さ方向に増大するが，その平均水圧が一様に作用するとしてもさほど危険側の評価にはならない。同図 (1) には，一様水圧 p に対して単位幅の交差梁に生じる曲げモーメントとせん断力を記入しておいた。水平方向および鉛直方向の帯状の板をそれぞれ梁とみなして終局曲げ耐力と終局せん断耐力を計算して安全性を確認する。このとき，ひび割れによる内部への水の浸入を防止する場合は短期許容耐力を用いるのが無難である。

外壁に建具がはめ込まれた開口がある場合，建具に耐水能力があれば建具に作用する水圧も耐力壁が支持する必要があるので，同図 (2) のように開口周辺をピンとした交差梁が両側柱または上下梁で支持されているとみなして交差梁の応力を計算すればよい。

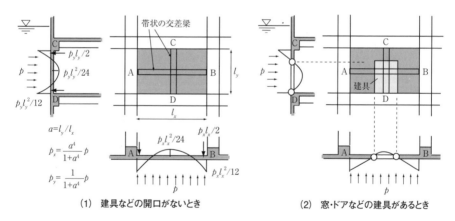

(1) 建具などの開口がないとき　　(2) 窓・ドアなどの建具があるとき

図-9.14　水圧による壁の面外曲げ

9.5　氾濫流に対する鉄筋コンクリート造の構造安全性

RC 造の氾濫流に対する保有水平耐力を算定し，その安全性を評価する方法について，例題を用いて解説する。構造物は図-9.15 に示す 6 階建の整形なラーメンとし，4 隅に耐力壁が張間方向と桁行方向に配置されているものとする。階高 h_s は

9.5 氾濫流に対する鉄筋コンクリート造の構造安全性

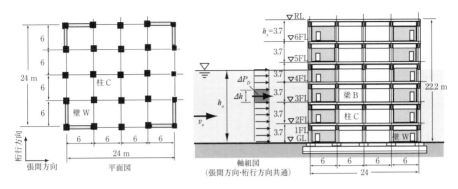

図-9.15　RC 造の耐水設計例

一様とし，柱，梁，耐力壁はそれぞれ，同一断面，同一配筋のものが平面的にも高さ方向にも同一仕様で配置されているものとする．氾濫流荷重は，鉄骨造の例題と同様，次のように仮定する：水圧（前面と後面の和）は高さ方向に一様分布するものとする，抗力係数は 1.2 とする，流体の密度は土砂の混入を考慮して 1 200 kg/m^3 とする，せき上げを無視し越流しないとする（$h_o \leq 22.2$ m）．すると，ある高さの区間 Δh に作用する流体力 ΔP_D は，建築物の全幅 B につき次式で与えられる．柱幅を考慮して，$B=24.8$ m とする．

$$\Delta P_D = C_D \cdot \frac{1}{2} \rho v_o^2 \cdot \Delta h \cdot B = 1.2 \times \frac{1}{2} \times 1\,200 \times v_o^2 \cdot \Delta h \times 24.8/1\,000 = 17.9 v_o^2 \cdot \Delta h \text{ (kN)}$$

梁の断面を図-9.16 に示す．床スラブの協力幅を無視して，終局曲げ耐力と終局せん断耐力を計算すると，次のようになる．鉄筋の材料強度は F の値を 1.1 倍できるが，ここではそのままとした（柱，壁も同様）．

まず，梁の終局曲げ耐力は次のように計算される．

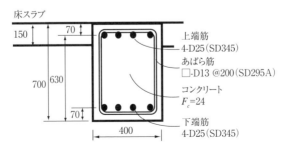

図-9.16　梁の断面と配筋

$b=400$ mm, $d=630$ mm, $d_c=70$ mm, $a_t=a_c=507\times4=2\,028$ mm^2, $F=345$ N/mm^2（主筋）, $F_c=24$ N/mm^2, $n=15$, $f_t=345$ N/mm^2（短期）, $f_c=\dfrac{2}{3}F_c=16$ N/mm^2（短期）

(9.2)，(9.3) 式より，$p_t=0.00805$，$p_{tb}=0.0193$ となり，引張鉄筋比 p_t が釣合い鉄筋比 p_{tb} より小さいので，梁の靱性が確保されている。すなわち，梁の塑性変形能力が期待でき，梁に塑性ヒンジを仮定することができる。梁の終局曲げ耐力は (9.4) 式より，$M_u=396$ kN·m となる。梁の終局曲げ耐力を便宜上，記号 M_b で表記し，$M_b=396$ kN·m をあとで用いる。

次に，梁の終局せん断耐力を計算し，脆性的なせん断破壊が起きないことを確認する。梁スパン中央に変曲点を仮定してせん断スパン比を計算すると，

$$\dfrac{M}{Qd}=\dfrac{Q\times l/2}{Qd}=\dfrac{l}{2d}=\dfrac{6\,000}{2\times630}=4.76\to3,\ \text{せん断補強筋比は}\ p_s=\dfrac{a_s}{bs}=\dfrac{127\times2}{400\times200}$$

$=0.00318$，その他の設計変数として $F=295$ N/mm^2（せん断補強筋），$j=\dfrac{7}{8}d=551$ mm，$N=0$ kN を用いると，(9.8) 式より，$Q_u=373$ kN となる。せん断で決まる終局曲げモーメントを計算すると，

$$M_{u(shear)}=Q_u\cdot\dfrac{l}{2}=373\times\dfrac{6.0}{2}=1\,120\ \text{kN}\cdot\text{m}\gg M_b$$

となり，床荷重による梁のせん断力（この場合 80 kN 程度）を Q_u から差し引いたとしても，梁はせん断破壊せず，靱性のある曲げ破壊で決まることがわかる。

柱の断面を図-9.17 に示す。終局曲げ耐力と終局せん断耐力を計算すると，次のようになる。建物の重さは単位床面積あたり，13 kN/m^2 とする。

まず，終局曲げ耐力は次のように計算される。

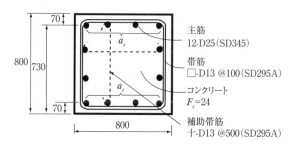

図-9.17　柱の断面と配筋

$W_o = 13 \times 24 \times 24 \times 6 = 44\,900$ kN（1階柱が支持する全重量）
$N = 44\,900/25 = 1\,800$ kN（1階柱の平均軸力）
$b = 800$ mm, $D = 800$ mm, $d = 730$ mm, $d_t = 70$ mm, $d_c = 70$ mm
$a_t = a_c = 507 \times 4 = 2\,028$ mm^2,
$F = 345$ N/mm^2（主筋）, $F_c = 24$ N/mm^2, $n = 15$
$f_t = 345$ N/mm^2（短期）, $f_c = \dfrac{2}{3} F_c = 16$ N/mm^2（短期）
(9.5), (9.6) 式より, $x_{nb} = 299$ mm, $N_b = 1\,590$ kN

この場合, 圧縮軸力 N が釣合い軸力 N_b よりやや大きく, コンクリートが短期許容応力度に達したとき引張主筋が降伏しないと判定されるが, 終局状態での釣合い軸力の概算値 $N_b = 0.4bDF_c = 6\,140$ kN よりずっと小さいので, 柱にも塑性変形能力が期待できると考えてよい。

軸力が, $0 < N \leq 0.4bDF_c$ の範囲にあるので, (9.7b) 式より $M_u = 1\,080$ kN·m となる。柱の終局曲げ耐力を便宜上, M_c で表し, $M_c = 1\,080$ kN·m をあとで用いる。

次に, 柱の終局せん断耐力を計算し, 脆性的なせん断破壊が起きないことを確認する。階高の中央に変曲点を仮定してせん断スパン比を計算すると, $\dfrac{M}{Qd} = \dfrac{Q \times h_s/2}{Qd}$
$= \dfrac{h_s}{2d} = \dfrac{3\,700}{2 \times 730} = 2.53$, 引張鉄筋比は $p_t = \dfrac{a_t}{bd} = \dfrac{2\,028}{800 \times 730} = 0.00347$, せん断補強筋比は $p_s = \dfrac{a_s}{bs} = \dfrac{127 \times 2}{800 \times 100} = 0.00318$, その他の設計変数として $F = 295$ N/mm^2（せん断補強筋）, $j = \dfrac{7}{8}d = 639$ mm, を用いると, (9.8) 式より, $Q_u = 996$ kN となる。せん断で決まる終局曲げモーメントを計算すると,

$$M_{u(shear)} = Q_u \cdot \dfrac{h_s}{2} = 996 \times \dfrac{3.7}{2} = 1\,840 \text{ kN·m} > M_c$$

となり, 柱はせん断破壊せず, 靱性のある曲げ破壊で決まることがわかる。

最後に耐力壁の終局耐力を求める。その配筋と開口を図-9.18 に示す。開口低減率は, $h = 3.7$ m, $l = 6.0$ m, $h_{op} = 2.0$ m, $l_{op} = 1.0$ m を用いて, (9.12) 式から, $r_1 = 0.70 \geq 0.6$ OK, $r_2 = 0.83$, $r_3 = 0.46$, よって, $r = 0.46$ となる。一般には, このような耐力低減をもたらす開口は避けるべきである。

両側にある柱を含めて等価な壁に置換し, 終局せん断耐力を計算すると, 次のようになる。$D = 800$ mm, $l = 6\,000$ mm, $t = 200$ mm, $a_g = 507 \times 12 = 6\,084$ mm^2,

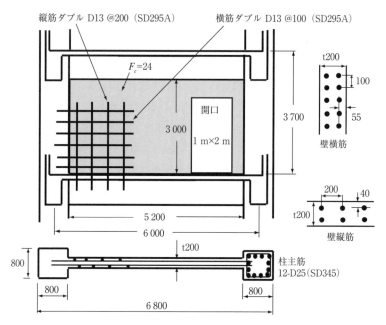

図-9.18 耐力壁の断面と配筋および開口

$a_w = 127 \times 2 = 254 \text{ mm}^2$ を用いて,

$$A_I = 2D^2 + (l-D)t = 2\,320\,000 \text{ mm}^2, \quad b_e = \frac{A_I}{l+D} = 341 \to 300 \text{ mm},$$

$$d_e = l + \frac{D}{2} = 6\,400 \text{ mm}, \quad j_e = \frac{7}{8} d_e = 5\,600 \text{ mm}, \quad p_{te} = \frac{a_g}{b_e d_e} = 0.00317,$$

$$N = 1800 \times 2 = 3\,600 \text{ kN},$$

流体力によって連層壁全体が曲げとせん断を受け,その水平合力の作用位置を $h_o/2$, h_o として建物の高さ 22.2 m とし,せん断スパン比を大き目(すなわち安全側)に見積もると,

$$\frac{M}{Q(l+D)} = \frac{Q \cdot h_o/2}{Q(l+D)} = \frac{h_o}{2(l+D)} = 1.63$$

$F = 295 \text{ N/mm}^2$ (壁筋),$F_c = 24 \text{ N/mm}^2$

$$p_{we} = \frac{a_w}{b_e s_z} = 0.00847$$

(9.11)式より,$Q_u = 2\,440$ kN が得られる.壁のせん断耐力を記号 Q_w で表し,

$Q_w = 2\,440$ kN をあとで用いる。なお，(9.10) 式で耐力壁の曲げ耐力を開口部の縦筋を除いて計算すると，$M_u = 28\,200$ kN·m となり，これをせん断力に換算すると $2\,540$ kN となる。よって，終局耐力はせん断で決まるとみてよい。

この耐力壁付きラーメン構造は梁と柱に塑性変形能力が期待できるので，柱と梁には塑性ヒンジを導入し，壁は塑性的にせん断変形するとして，崩壊機構を仮定し，鉄骨造で述べたと同じ仮想仕事法を用いて崩壊荷重を導くことにする。

浸水深が 2 階床高以下の場合は，図-9.19(1) のように 1 階が崩壊する崩壊機構（崩壊モード 1）が考えられ，そのときの氾濫流の条件が浸水深 h_o と流速 v_o の組合わせとして次のように計算される。

$$W = 17.9 v_o^2 h_o \cdot \frac{h_o}{2} \theta = 8.95 \times (v_o h_o)^2 \theta$$
$$U = M_c \times 2\theta \times 17 + Q_w \times h_s \theta \times 4 = (1\,080 \times 2 \times 17 + 2\,440 \times 3.7 \times 4)\theta = 72\,800\theta$$
$$W = U \text{ より,} \quad v_o h_o = 90 \text{ m}^2/\text{s}$$

浸水深が 2 階床高を越え 3 階床高以下のときは図-9.19(2)，(3) のように，第 1 層が崩壊する場合と第 1 層から第 2 層までが崩壊する場合が考えられ，それぞれ，次のように崩壊を起こす氾濫流の条件が求められる。

第 1 層が崩壊する場合（崩壊モード 1）：

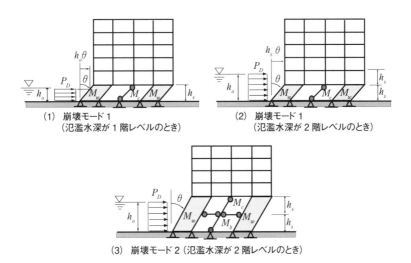

(1) 崩壊モード 1
（氾濫水深が 1 階レベルのとき）

(2) 崩壊モード 1
（氾濫水深が 2 階レベルのとき）

(3) 崩壊モード 2（氾濫水深が 2 階レベルのとき）

図-9.19　例題 RC 造の崩壊機構

$$W = 17.9v_o^2 h_s \cdot \frac{h_s}{2}\theta + 17.9v_o^2(h_o - h_s)\cdot h_s\theta = 66.2v_o^2(h_o - 1.85)\theta$$

$$U = 72\,800\theta$$

$W = U$ より，　　$v_o^2(h_o - 1.85) = 1100\,\mathrm{m^3/s^2}$

第1層から第2層が崩壊する場合（崩壊モード2）：

$$W = 8.95 \times (v_o h_o)^2 \theta$$

$$U = M_c \times 2\theta \times 17 + M_b \times 2\theta \times 16 + Q_w \times 2h_s\theta \times 4 = 122\,000\theta$$

$W = U$ より，　　$v_o h_o = 117\,\mathrm{m^2/s}$

浸水深に応じて，順次，この耐水計算を行っていくと，表-9.9 の一覧表が得ら

表-9.9　氾濫流に対する例題 RC 造の安全限界

浸水深 h_o(m)	崩壊モード1	崩壊モード2	崩壊モード3	崩壊モード4	崩壊モード5	崩壊モード6
$0 \leq h_o \leq 3.7$	$v_o h_o = 90$ (m²/s)					
$3.7 \leq h_o \leq 7.4$		$v_o h_o = 117$				
$7.4 \leq h_o \leq 11.1$			$v_o h_o = 138$			
$11.1 \leq h_o \leq 14.8$	$v_o^2(h_o - 1.85)$ $= 1\,100$ (m³/s²)		$v_o^2(h_o - 3.7)$ $= 918$	$v_o h_o = 157$		
$14.8 \leq h_o \leq 18.5$				$v_o^2(h_o - 5.55)$ $= 858$	$v_o h_o = 173$	
$18.5 \leq h_o \leq 22.2$				$v_o^2(h_o - 7.4)$ $= 828$	$v_o^2(h_o - 9.25)$ $= 809$	$v_o h_o = 186$

れる。これをグラフで示したのが図-9.20である。各曲線はそのモードで崩壊するときの浸水深と流速の関係を表すので，その曲線の下側ではそのモードの崩壊が起きず，上側ではそのモードの崩壊が起きる。したがって，一番下に位置する曲線が安全限界を表す耐水曲線となる。この場合は，浸水深が13 m以下ではモード1（第1層の単層崩壊モード）で崩壊し，13 mを超えるとモード2（第1から第2の2層崩壊モード）で崩壊することがわかる。この例題では，柱，梁，耐力壁が低層部から上層部まで同じとしているが，通常のRC造では上層部ほど断面サイズと配筋量を減らしているので，浸水深が増えるとモード2やモード3が起こりやすくなると考えられる。ちなみに，この例題RC造の地震に対する保有水平耐力を地震せん断力係数に換算すると$C_E=0.44$となり，現行耐震基準での標準的なRC造である。予想通り，例題RC造は流体力に強く，例えば，浸水深15 m・流速9 m/sの氾濫流に耐えることができる。

　鉄骨造の例題のところでも述べたとおり，仮想仕事法で耐水曲線を求めるときは，あらゆる可能な崩壊モードを列挙して，その中で最小の崩壊荷重を与えるものを探し出さなければならない。この表の中では，第2層以上で部分的な崩壊が起きるモードを省略しているが，氾濫流荷重は地震荷重とちがって下層に集中するので，このような上層階の部分崩壊は通常，起きないと考えてよい。ただ，計算機を使った塑性解析が今日では普及しているので，それを用いれば，このような心配をしなくても，浸水深の設定値ごとに崩壊するときの限界流速が得られる。

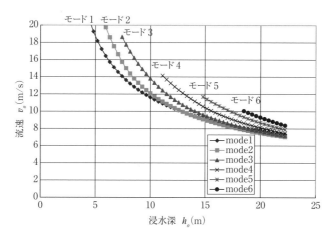

図-9.20　例題RC造の耐水曲線

第9章 鉄筋コンクリート造の耐水構造設計

演習問題

1. RC造の例題建物（**図-9.15**）で1階が耐力壁のない完全なピロティになっている場合の耐水曲線を求めてみよう。GLからGL＋3.7 mの高さの部分を氾濫流が通過する開放空間とし，その部分には流体力が作用しないものとする。簡単のため，1階に露出している柱や階段室等の見付面積は小さいとし，それに作用する流体力を無視してよい。

2. RC造の例題建物の1階にある耐力壁（**図-9.18**）はどの程度の浸水深の静水圧に耐えられるであろうか。開口はないとして計算してみよう。

第10章 基礎の耐水構造設計

10.1 基礎の構法と構造設計の特徴

　木造，鉄骨造，鉄筋コンクリート造など上部構造の種別にかかわりなく，建築物は基礎を有しており，基礎の設計技術は全構造に共通であり，施行令第38条に仕様規定がある。基礎は，上部構造および基礎自体に働く荷重・外力を地盤に伝える役目をするので，基礎の構造設計は地盤との相互関係の上に成り立っている。そのため，基礎を構造設計する際は，地盤をあたかも構造材料のように扱い，地盤に許容応力度や終局強度を設定する。また，外乱によって地盤が変状を起こし上部構造の損壊を招くこともあるので，地盤そのものを設計対象とする必要がある。地震の揺れによる液状化・沈下・地滑り，氾濫流による洗掘などがその代表例である。

　建築物の基礎は，**図-10.1** のように，杭をもたない直接基礎と杭をもつ杭基礎に大別される。直接基礎はさらに，独立フーチング基礎，連続基礎（布基礎ともいう），べた基礎の3種類の形態に分類され，地盤に接して力を伝える構造体部分を基礎スラブと呼んでいる。独立フーチング基礎は通常，基礎梁によって相互に連結される。これら地下に築造される基礎構造体はほとんどすべて鉄筋コンクリートとなるので，RC造の構造設計が適用される。

　杭基礎は，基礎スラブ下の地盤の支持力が不足する場合に，基礎スラブを下から杭で支持したものである。力学的支持機構によって支持杭（先端支持杭）と摩擦杭（周面摩擦杭）に大別されるが，支持層（硬い地層）がよほど深いところにない限り，支持杭が一般的である。杭自体の構造設計では，コンクリート製の杭にはRC造，鋼製の杭には鉄骨造の設計技術が援用される。

　基礎の耐力は，直接基礎の場合は基礎スラブと地盤の耐力の小さいほう，杭基礎では基礎スラブと杭体と地盤の三者のもっとも小さい耐力で決まる。現行法令における基礎の構造計算は許容応力度計算のみで，終局耐力の概念がない。そのため，

第10章 基礎の耐水構造設計

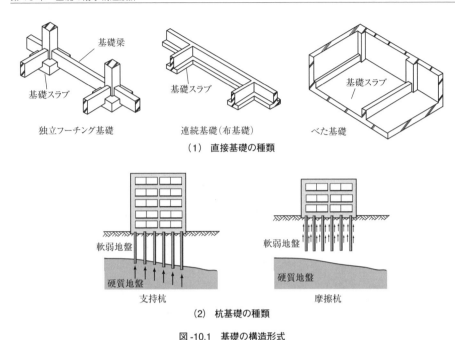

図-10.1 基礎の構造形式

上部構造とちがって，コンクリート系の杭材料には終局強度（法令でいう材料強度）が規定されておらず，また地盤や杭の支持力についても終局耐力（基礎構造の分野では極限支持力や極限耐力という）が規定されていない。しかしながら，地盤や杭の許容支持力は極限支持力を基準に古くから定められており，極限支持力に安全率（長期許容支持力は 1/3，短期許容支持力は 2/3）を乗じたものとなっている。

2011年東日本大震災における津波被害の調査において，津波の流体力による基礎の滑動や杭の引抜き，それに起因する建物の転倒など，今までほとんど想定されなかった基礎の被害が多数報告された。この津波災害を契機に，基礎の終局耐力に関する知見の重要性が改めて認識されることとなった。ここでは，現行法令ではカバーされていない基礎の終局耐力を学会指針に準拠して解説し，直接基礎の滑動と転倒に対する安全性の評価方法について例を挙げて説明する。

10.2 基礎の力学的形態と崩壊形式

基礎は上部構造に作用する全荷重を地盤に伝える役目をする。そのため，基礎

スラブは鉄筋コンクリートの巨大な塊となるので，剛体とみなされ，実際，基礎スラブ自体が地震や津波などで破壊するという被害事例は皆無といってよい。基礎スラブよりもむしろ地盤のほうが弱いために，滑動や傾斜，転倒などの被害が生じる。ただし，杭基礎の場合は，杭が細長い部材であるため，杭自体あるいは杭と基礎スラブの接合部が，せん断破壊や引張破壊，曲げ破壊を起こして，基礎の滑動や転倒の原因となることがある。2011年東北地方太平洋沖地震による大津波で生じた基礎の被害事例を図-10.2に示す。

(1) 直接基礎の滑動（RC造）　　　　(2) 直接基礎の転倒（RC造）

(3) 杭基礎の転倒（鉄骨造）

図-10.2　津波による基礎の被害事例

10.3　基礎に用いられる材料

（1）基礎スラブ

RC造に限らず木造や鉄骨造においても，上部構造を支える基礎スラブは鉄筋コンクリートとなり，図-10.3に示すように鉄筋とコンクリートが使われる。鉄筋とコンクリートを適切に選定し，その基準強度，許容応力度，材料強度を用いて構造計算を行う。その方法は第9章の鉄筋コンクリート造と同じである。

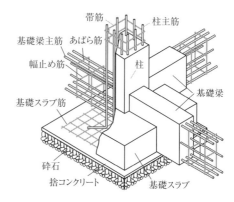

図-10.3　鉄筋とコンクリートの基礎

(2) 杭 体

杭の支持力は地盤との関係で決まるので次節で述べることとし，ここでは杭そのもの(杭体という)の材料について整理しておく．杭には種々の分類の仕方があるが，工法上は場所打ちコンクリート杭と既製杭に分けられ，材料別にはコンクリート杭と鋼杭に分けられる．既製杭としては，図-10.4 に示す PHC 杭 (遠心力プレストレストコンクリート杭，JIS A 5373) と鋼管杭 (JIS A 5525) が多用され，RC 杭 (遠心力鉄筋コンクリート杭) とプレストレストコンクリート杭 (PC 杭) は現在，ほとんど製造されていない．PHC 杭は，強度は高いが靱性が乏しいので，それを補うために外周を鋼管で巻いた外殻鋼管付きコンクリート杭や鋼管巻きコンクリート杭 (SC 杭) があるが，高価なため重要な部分に限定して使用される．

場所打ちコンクリート杭は鉄筋とコンクリートから成り，建設現場で築造される柱状の構造体である．鉄筋は RC 造と同じ扱いである．コンクリートの設計基準強度 F_c は第 9 章で述べたものと同じであるが，地中でのコンクリート打設の品質管理が上部構造ほどではないことを考慮し，F_c にあらかじめ 3/4 または 3/4.5 を乗じて基準強度を低減し，それに対して長期および短期許容応力度をそれぞれ 1/3，2/3 の比率で与えている．学会指針による終局強度は，圧縮は $3F_c/4$ であるが，曲げとせん断に対しては，杭体を鉄筋コンクリートの柱状体と考え，部材としての耐力算定式が別途，与えられている．

既製コンクリート杭のうちよく使われる PHC 杭は，高強度コンクリート (一般に $F_c \geq 85\,\mathrm{N/mm^2}$) に，緊張材と呼ばれる PC 鋼材 (JIS G 3109 PC 鋼棒，JIS G 3137 細径異形 PC 鋼棒) を使ってプレストレスを導入したものである．コンクリートについては許容応力度のみが告示で与えられており，終局強度は学会指針にある．PC

(1) PHC杭(ジャパンパイル提供)

(2) 鋼管杭(回転圧入式)(積水化学工業提供)

図-10.4 既製杭の例

鋼材についてはJIS規格の引張強さと降伏強さに基づいて許容応力度が定められており，材料強度は降伏強さと等しく設定されている。PHC杭の耐力は製造会社の製品カタログで一覧できる。

鋼杭の設計値は第8章の鉄骨造の鋼材と同様で，基準強度Fをベースに，長期許容応力度は圧縮・引張・曲げに対して$F/1.5$，せん断に対して$F/(1.5\sqrt{3})$，短期許容応力度と材料強度は長期許容応力度の1.5倍と定められている。地中に設置される鋼杭は腐食を考慮する必要があるので，有効な防食措置を施さない場合には，あらかじめ腐食しろと呼ばれる腐食による厚さの減少を初期厚さから差し引いて耐力を計算する。通常，腐食しろは1 mmとし，鋼管杭では土と接する外面から1 mm，H形鋼杭では両面からそれぞれ1 mmをとる。鋼管杭は径厚比が大きいので，局部座屈に対する配慮が必要である（告示第1113号）。

10.4　地盤および杭の耐力

(1) 地盤の支持力

地盤は，自然が生み出したものなので材料とはいいがたいが，鋼材・コンクリート・木材などと同様に圧縮の許容応力度が与えられている。図-10.5に東京でみられる地層の例を示しているが，地盤の性状は建設場所によってさまざまであることから，地盤の許容応力度は現地での地盤調査の結果に基づいて個々に定めることを原則としている。施行令では表-10.1のように地盤をおおまかに分類して許容応力度が与えられているが，参考値と考えたほうがよい。現行法令では基礎の終局耐力

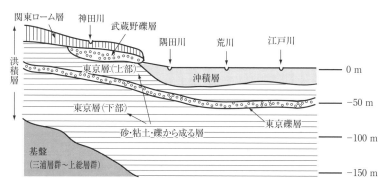

図-10.5　東京の地層の様子

表-10.1 地盤の支持力

地盤	長期許容応力度 (kN/m²)	短期許容応力度 (kN/m²)	終局強度 (kN/m²)
岩盤	1 000	それぞれ長期の2倍	それぞれ長期の3倍
固結した砂	500		
土丹盤	300		
密実な礫層	300		
密実な砂質地盤	200		
砂質地盤（地震時に液状化のおそれのないものに限る）	50		
堅い粘土質地盤	100		
粘土質地盤	20		
堅いローム層	100		
ローム層	50		

注） 長期および短期許容応力度は令第93条による。終局強度は長期：短期：終局＝1：2：3に基づく。

設計のスキームがないため，地盤には許容応力度のみが定められており，終局強度の規定がない．しかし，実際には地盤の許容応力度は終局強度を基準にして定められており，長期：短期：終局＝1：2：3の比率になっている．したがって，**表-10.1**に分類されている地盤の終局強度は，それぞれの長期許容応力度の3倍であることが合理的に推定される．

地盤調査に基づいて地盤の許容応力度を定めるときは，地震時の液状化や軟弱層の沈下などを考慮した上で三つの計算式（テルツァーギの支持力公式に基づく式，平板載荷試験に基づく式，スウェーデン式サウンディング試験に基づく式）のいずれかを用いることとなっている（告示第1113号）．

地盤の極限支持力については現行法令では規定がなく，学会指針により，テルツァーギの支持力式によるものと平板載荷試験によるものが示されている．まず，テルツァーギの式による地盤の終局強度 q_u は次式で表される（告示第1113号では $\eta=1$ として計算される q_u の 1/3，2/3 をそれぞれ地盤の長期，短期許容応力度としている）．

$$q_u = i_c \alpha c N_c + i_\gamma \beta \gamma_1 B \eta N_\gamma + i_q \gamma_2 D_f N_q \tag{10.1}$$

ただし，$i_c = i_q = (1-\theta/90)^2$
$i_\gamma = (1-\theta/\phi)^2$，$\theta>\phi$ のときは $i_\gamma=0$

(10.1)式右辺の第1項を粘着抵抗，第2項を重力抵抗，第3項を根入れ抵抗と呼んでいる．γ_1，γ_2 はそれぞれ基礎底面の下にある地盤（支持地盤という）と上にあ

る地盤（根入れ地盤という）の単位体積重量（kN/m^3）で，地下水位より下にある地盤では $9.8\ kN/m^3$ を差し引いた水中単位体積重量とする。c, ϕ はそれぞれ支持地盤の粘着力（kN/m^2）と内部摩擦角（°）である。以上の4変数が地盤の特性値である。i_c, i_γ, i_q は荷重傾斜の補正係数で，θ は図-10.6 に示すように，基礎底面に作用する鉛直荷重 V と水平荷重 H の合力が鉛直方向となす角（°）である。荷重の水平成分がゼロのときはすべて1となる。α, β は基礎底面の形で決まる形状係数で，円形では $\alpha=1.2$, $\beta=0.3$，長方形では短辺を B，長辺を L とすると，$\alpha=1.0+0.2B/L$, $\beta=0.5-0.2B/L$ となる。布基礎では $L\gg B$ となるので $\alpha=1.0$, $\beta=0.5$ としてよい。

D_f は根入れ深さ（m）で，基礎周辺のもっとも低い地表面から基礎底面までの鉛直距離である。N_c, N_γ, N_q は支持力係数と呼ばれ，表-10.2 のように内部摩擦角 ϕ に依存する。η は寸法効果（基礎の短辺幅 B が大きくなると N_γ が低下する傾向）を考慮した補正係数で，$\eta=(B/B_o)^{-1/3}$ が推奨されている（B_o は基準幅で $B_o=1\ m$ とする）。

上式を用いるに当たって必要な地盤定数 γ_1, γ_2, ϕ, c は現地でサンプリングした土を実験室で土質試験により求める。このう

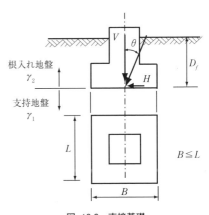

図-10.6 直接基礎

表-10.2 地盤の支持力係数

内部摩擦角 ϕ	N_c	N_γ	N_q
0°	5.1	0.0	1.0
5°	6.5	0.1	1.6
10°	8.3	0.4	2.5
15°	11.0	1.1	3.9
20°	14.8	2.9	6.4
25°	20.7	6.8	10.7
28°	25.8	11.2	14.7
32°	35.5	22.0	23.2
36°	50.6	44.4	37.8
40°以上	75.3	93.7	64.2

注）数値は告示第1113号による。表にない内部摩擦角に対しては直線補間により係数の値を求める。

ち，ϕ は三軸圧縮試験による値が適切とされているが，砂質土は乱さない試料を採取するのが困難なので現地で行う標準貫入試験の N 値を使って，$\phi \cong \sqrt{20N} + 15°$ で推定することが一般に行われている（このとき $c=0$ とする）．

粘性土は一軸圧縮試験による一軸圧縮強さ q_{u1} から $c=q_{u1}/2$ とする（このとき $\phi=0°$ とする）．N 値から推定するときは，$q_{u1}=10N(kN/m^2)$，$c=5N(kN/m^2)$ がよく用いられるが，ばらつきは大きい．

土の単位体積重量 γ_1，γ_2 も採取した試料の室内試験によって求めるが，表-10.3 の数値が参考になる．地表に露出した浸透性の高い砂質地盤では，津波や洪水による浸水時に，この値から $9.8\ kN/m^3$ を差し引いた水中単位体積重量を用いる必要がある．

基礎スラブに作用する荷重の作用線は基礎スラブ底面の図心を通るとは限らない．例えば，図-10.7 に示すように，上部構造の柱心と基礎スラブの中心が一致しない場合には荷重が偏心し，べた基礎あるいは基礎梁のない独立フーチング基礎では曲げモーメント（転倒モーメント）が作用する．曲げモーメントは偏心荷重に置換できるので前者の偏心がある場合で統一的に扱うことができる．学会指針では偏心量 e_f に応じて基礎幅を低減して鉛直支持力を算定する方法が示されている．すなわち，B を $B_e=B-2e_f$ に置換して q_u を計算し，それに有効接地面積 $A_e=LB_e$ を乗じて極限支持力 P_u を計算する（2方向に偏心するときは L も同様に低減する）．P_u が鉛直荷重 V 以上であれば地盤は崩壊しないと判定される．なお，荷重の傾斜が大きいときは水平成分 H によって基礎が横方向に滑るおそれがあるので，後述のように滑動抵抗について別途検討が必要である．

表-10.3　東京における地盤の単位体積重量

地層	土質	単位体積重量 (kN/m^3)
沖積層	砂質	16.7〜18.8
	シルト質	14.8〜17.0
	粘土質	13.7〜15.7
東京層	砂質	17.2〜19.2
	シルト質	15.5〜17.3
	粘土質	14.1〜16.2
関東ローム層		12.3〜14.1
渋谷粘土層		14.0〜16.3

注）学会基礎構造指針による．

10.4 地盤および杭の耐力

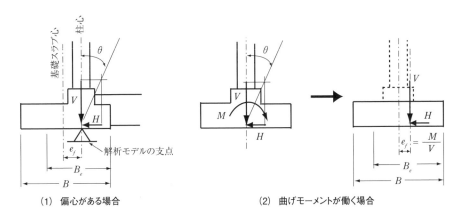

(1) 偏心がある場合　　　(2) 曲げモーメントが働く場合

図-10.7　直接基礎に作用する鉛直荷重の偏心

次に，平板載荷試験を行った場合には，得られた最大接地圧 q_{ut}（最大荷重を載荷平板の面積で除したもの）から，粘土地盤では $cN_c=q_{ut}/\alpha_t$，砂質地盤では $\gamma_1 N_\gamma = q_{ut}/(\beta_t B_t)$，および $\eta=(B/B_t)^{-1/3}$ として (10.1) 式から q_u を計算する方法が学会指針に示されている（告示第1113号の式とやや異なっている）。ここで，α_t, β_t は載荷板の形状係数で，B_t は載荷板の幅（標準は $B_t=0.3\,\mathrm{m}$）である。支持地盤の土質区分が判別できないときは粘土地盤としたほうが安全側の評価となる。(10.1) 式第3項の値を求めるために必要な内部摩擦角 ϕ と支持力係数 N_q は，密実な砂質土でそれぞれ 30°と15，通常の砂質土で20°と6，粘性土で0°と1が推奨値となっている。

(2) 杭の支持力

杭の支持力は押込み，引抜きいずれの場合も，杭体の耐力，杭頭（杭と基礎スラブの接合部）の耐力，杭と地盤の相互作用による地盤の耐力のうち一番小さいもので決まる。一つ目についてはすでに述べた。二つ目は杭頭のディテールで決まり多種多様である。三つ目は地盤の性状のみならず杭の施工法の影響を受け，次のように算定される。

杭の押込みに対する許容支持力は極限支持力 R_u を基準にして，長期許容支持力が $R_u/3$，短期許容支持力が $2R_u/3$ と定められている。極限支持力は杭の載荷試験によって求めることを基本とするが，打込み杭，埋込み杭（セメントミルク工法），場所打ちコンクリート杭（アースドリル工法等）では，豊富な実験データから導かれた次の支持力式を用いて計算することができる。これは告示第1113号の式を終

局耐力に換算したもので，学会式と若干異なる部分がある．

$$R_u = q_{pu}A_p + R_F \tag{10.2}$$

ただし，$q_{pu}=300\bar{N}$：打込み杭，$q_{pu}=200\bar{N}$：埋込み杭，$q_{pu}=150\bar{N}$：場所打ち杭

$$R_F = \left(\frac{10}{3}\bar{N}_s L_s + \frac{1}{2}\bar{q}_{u1}L_c\right)\psi$$

(10.2)式右辺第1項は先端支持力で，杭先端が砂質土層またはそれ以上の堅固な地盤で支持されていることを前提としている（摩擦杭では第1項はゼロとなる）．q_{pu}は杭先端の地盤の極限強度(kN/m^2)で，杭先端付近の地盤の標準貫入試験(JIS A 1219)による打撃回数(すなわちN値)の平均値$\bar{N}$(ただし，60を上限とする)を使って，杭の打設工法別に計算する．

式中のA_pは杭先端の有効断面積(m^2)である．先端が開放されている鋼管杭では閉塞効果を考慮することができ，支持層への根入れ深さをH，内径をd_i，外径をdとすると，$2 \leq H/d_i \leq 5$のとき$A_p = 0.04\pi dH$，$5 < H/d_i$のとき$A_p = 0.2\pi d^2$が用いられる．

(10.2)式右辺第2項R_Fは杭周面と地盤の摩擦抵抗で，式中の$\bar{N}_s$とL_sは杭が貫入する液状化の恐れのない砂質土層の平均N値と層厚(m)，$\bar{q}_{u1}$とL_cは杭が貫入する粘土質層の平均一軸圧縮強度と層厚(m)，ψは杭の周長(m)である．ただし，$\bar{N}_s$は30，$\bar{q}_{u1}$は200 kN/m^{2}を上限とする．

杭に引抜きが作用するときの抵抗力は，杭の引抜き試験，または上記の摩擦抵抗R_Fの式に基づいて次のように算定する．杭の引抜き試験によるときは，R_{ut}を試験で得られた極限引抜き抵抗力，w_pを杭の有効自重で水面下では浮力を減じたものとすると，終局引抜き耐力は$R_{ut}+w_p$，長期許容引抜き耐力は$R_{ut}/3+w_p$，短期許容引抜き耐力は$2R_{ut}/3+w_p$で与えられる．摩擦抵抗R_Fの式によるときは，R_Fにあらかじめ安全率4/5を掛けて，終局引抜き耐力は$4R_F/5+w_p$，長期許容引抜き耐力は$4R_F/15+w_p$，短期許容引抜き耐力は$8R_F/15+w_p$で与えられる．

以上述べた杭の押込み抵抗および引抜き抵抗は単杭の場合であって，複数本の杭が接近しているときは群杭効果を考慮する必要がある．一つのパイルキャップ(杭頭を支持する基礎スラブ)に複数本の杭が設けられることが多く，これを群杭という．群杭全体の極限支持力R_{gu}は個々の杭の極限支持力R_uを本数倍(n倍)したnR_uと必ずしも一致しない．これを群杭効果といい，両者の比R_{gu}/nR_uを群杭効率という．

群杭効率は1よりいつも小さいわけではなく，砂質土中に打込まれた杭の群杭効率は1より大きくなることが知られている。粘土質地盤では群杭効率が1より小さく，杭間隔が狭くなるにつれて低下する。学会指針では杭の施工性も考慮して，杭の最小間隔（中心間距離）を打込み杭では杭径の2.5倍以上かつ75 cm以上，埋込み杭では杭径の2倍以上，場所打ち杭では杭径の2倍以上かつ杭径に1 mを加えた値以上としている。この最小間隔を守っておれば，単杭の抵抗力の本数倍で設計してもさほど危険側にはならないようである。

10.5 直接基礎の滑動と転倒

(1) 滑動抵抗

　直接基礎に作用する水平力が地盤の水平抵抗を超えると基礎が横に滑る。これを滑動（sliding）という。基礎が滑動すると，たとえ上部構造の損傷がなくても建築物は元の位置から移動し，建物全体が傾斜することもある。すると，建物はもはや使用には耐えられず崩壊同然となる。直接基礎のうち布基礎やフーチング基礎は基礎梁によって相互に連結されているので，べた基礎と同様，一つの建築物に対して基礎全体が一体となって滑動する。

　基礎の滑動抵抗すなわち地盤の水平抵抗は，図-10.8のように主として，基礎底面と支持地盤の底面摩擦，基礎側面と根入れ地盤の側面摩擦，基礎背面にある根入れ地盤の受働土圧によって生み出される。根入れ地盤は根切り工事の際に乱されることや埋戻し土が締め固まっていないことから，受働土圧は基礎がかなり変位してから発現することになるので，受働土圧を期待することは好ましくない。そこで，

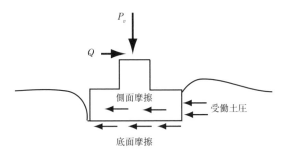

図-10.8　直接基礎の滑動抵抗

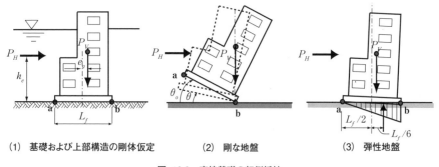

(1) 基礎および上部構造の剛体仮定　　(2) 剛な地盤　　(3) 弾性地盤

図-10.9　直接基礎の転倒抵抗

水平抵抗は底面摩擦を主とし，側面摩擦を補助的に加算するのが一般的である。底面摩擦による滑動抵抗は次式で表される。

$$Q_u = \mu P_V \tag{10.3}$$

ここで，μ は基礎底面と支持地盤の摩擦係数で 0.4〜0.6 程度とされている。P_V は基礎底面に働く鉛直力で，上部構造，基礎，およびフーチングの上に載っている土砂の重量となるが，地下水位以下の部分には浮力を差し引く必要がある。さらに，陸上を氾濫する洪水や津波の際に基礎下に水が浸透すると揚圧力が上向きに作用するので，揚圧力を差し引かなければならない。

摩擦力は地盤に対してはせん断力として作用するので，地盤のせん断強さ τ を超える摩擦力は生じない。τ は，基礎スラブ下にある地盤の粘着力 c と内部摩擦角 ϕ，および接地圧 σ を用いて，$\tau = c + \sigma \tan\phi$ で表される。有効接地面積を A_e とすると，滑動抵抗は，$Q_u \leq \tau A_e$，すなわち $Q_u \leq cA_e + P_V \tan\phi$ の制約を受けることになる。

（2）転倒抵抗

基礎が上部構造と一体となって剛体回転しながら横倒しになる現象を転倒（overturning）という。転倒は水平力の作用によるよりもむしろ，液状化や地滑りなど地盤の崩壊によるものとされていた。しかしながら，2011 年東日本大震災では津波の力によって基礎もろとも鉄筋コンクリート造建築物が転倒するという驚くべき被害が生じた（**図-10.2**）。津波の流体力によって上流側の基礎が浮き上がると，基礎底面も受圧面となって，著しく大きな転倒モーメントが働く。したがって，水平方向の流体力（抗力）に対して上流側の基礎が浮き上がらないようにしておく必要が

ある。

　氾濫流によって建築物が転倒する機構を図-10.9(1)の簡単なモデルで説明する。基礎スラブと上部構造は一体となった剛体とみなし，基礎スラブの底面は流れの方向に長さL_f，流れの直交方向に幅B_fの長方形とする。基礎を含む建築物全体の重量は基礎スラブ底面の中心から下流側にe_g偏心した鉛直力P_Vとして作用しているとし，流体力P_Hが基礎スラブ底面から高さh_eに水平合力として作用するものとする。仮に，図-10.9(2)のように支持地盤が剛とすると，下流側の基礎スラブ縁bを中心に構造物全体が流体力によって回転運動（ロッキング）を起こそうとする。このとき，回転をおさえようとする抵抗モーメント$P_V(L_f/2-e_g)$よりも，回転を引き起こそうとする転倒モーメント$P_H h_e$のほうが大きくなった瞬間，すなわちP_Hが$P_{H1}=P_V(L_f/2-e_g)/h_e$に達したとき上流側の基礎スラブ縁aが浮き上がり始め，そのあとは，P_Vの横座標位置が回転中心bに近づきながら抵抗モーメントが減退するので，より小さな水平力で回転角が増大する。P_Vの作用点がbの直上を通過すると転倒に至る。その様子は，図-10.10の曲線OACで表される。すなわち，構造物を転倒に至らしめるには，流体力がP_{H1}に達し，かつ曲線OACの下の面積に相当する仕事をもたらす持続力でなければならない。したがって，氾濫流の先頭（サージフロント）が構造物に衝突するときの衝撃力がP_{H1}に達するだけでは転倒せず，そのあとの流体力が曲線ACをうわまわるように持続したとき転倒することになる。

　次に，支持地盤が弾性体であるとすると，図-10.9(3)のような三角形状の地盤反力分布になったとき，基礎スラブの上流縁aが浮き上がり始める。縁aの地盤反力p_aは，

$$p_a = \frac{P_V}{B_f L_f} - \frac{M}{B_f L_f^2/6} = \frac{P_V}{B_f L_f} - \frac{P_H h_e + P_V e_g}{B_f L_f^2/6}$$

であるから，$p_a=0$とおくと，P_Hが$P_{H2}=P_V(L_f/6-e_g)/h_e$に達したとき上流縁aが浮き上がり始める。これは地盤を剛としたときよりも小さい値となり，図-10.10の曲線OBCに沿って転倒に至る。

　転倒モーメントの作用によって下流縁bの土圧が大きくなり地盤の非弾性的な性質が現れると，浮き上がり始めるときの流体力は弾性を仮定したときより小

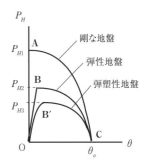

図-10.10　直接基礎の転倒曲線

さくなる可能性がある（図-10.10 の
OB′C）。しかし，浮き上がり開始時の
土圧は，P_V のみによる長期の土圧の
2倍を超えず短期許容支持力以下にお
さまるので，塑性の影響は小さく，B
と B′の差はそれほど大きくないと予
想される。ただし，浮き上がりが進行

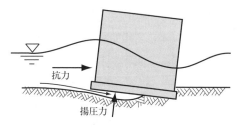

図-10.11　基礎スラブ下の浸水による揚圧力

し接地面積が減少していくと，地盤の塑性変形や崩壊が起き，より小さな持続流体
力で回転が増長するであろう。また，上流縁 a が浮き上がり始めると，図-10.11
のように，基礎底面下に浸透する水が上向きの揚圧力を生み，転倒を助長すると考
えられる。

以上のことから，流体力が上記の P_{H2} を超えれば転倒すると考えておいたほうが
無難である。すると，直接基礎の転倒抵抗 M_u は，モーメントで表すと次式で与え
られる。

$$M_u = P_{H2} h_e = P_V \left(\frac{L_f}{6} - e_g \right) \tag{10.4}$$

（3）基礎の滑動と転倒にかかわる氾濫流荷重

陸上構造物に襲いかかる氾濫流は時系列で図-10.12 のような水平力を構造物に
及ぼす。沿岸構造物では津波の先頭が衝突するときの衝撃力（サージフロント衝撃

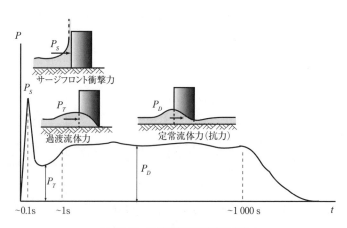

図-10.12　氾濫流荷重の時間的変化

力と呼ばれる）は非常に大きいと考えられているが，その直後の過渡流も含めて，その作用時間は瞬間的あるいはごく短時間であるので，建築物の滑動や転倒を起こすに必要なエネルギーを有しているとは限らないし，また，サージの衝突時には基礎スラブ下に水がまだ浸入していないので揚圧力は作用しないと考えてよい．しかし，構造物のまわりがすべて流れに囲まれた状態における定常流は作用時間が長いため，その水平力（抗力）は揚圧力と組み合わさって働くと考えられる．揚圧力が作用すると，地盤との接地圧が小さくなるので，滑動と転倒が起きやすくなる．以下では，この定常流での滑動と転倒について検討する．

（4）滑動と転倒のシナリオ

氾濫流に対する陸上構造物の滑動抵抗と転倒抵抗は，揚圧力の作用だけでなく，建物内部に浸入する水の重さによって大きく異なる．第5章で述べたように，揚圧力は流れの中にある物体の底面に働く上向きの力で，静止流体中の浮力とは異なるものである．図-10.13 に示す4ケースを考えてみよう．ただし，床下換気孔から水が浸入する木造家屋では状況が異なるので演習問題1で検討していただきたい．以下，揚圧力を P_{upl}，これに建物内部の浸水重量を加味した構造物をもち上げようとする力を F_{up} で表す．

ケース（1）：基礎スラブ下に氾濫流は浸透せず，また建物内部にも水が浸入しないケースである．この場合，揚圧力は作用せず，また，建物をもち上げる力はゼロである．

$$P_{upl}=0 \tag{10.5a}$$
$$F_{up}=0 \tag{10.5b}$$

ケース（2）：基礎スラブ下に氾濫流は浸透しないが，外壁や建具等が損傷して

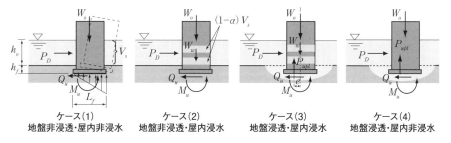

ケース(1)　　　　ケース(2)　　　　ケース(3)　　　　ケース(4)
地盤非浸透・屋内非浸水　地盤非浸透・屋内浸水　地盤浸透・屋内浸水　地盤浸透・屋内非浸水

図-10.13　氾濫流による滑動・転倒のシナリオ

建物内部が浸水するケースである。この場合，内部に浸入した水の動きがどうであれ，その重量が構造物に作用し，基礎に伝わる。天井下の空気溜りを除いた空間がすべて浸水すると仮定する。空気溜りは**図-10.14**のような状況が想定される。水面レベルの下において，空気溜りと構造体を合わせた体積が基礎を除いた建築物の容積V_sのα倍とすると，浸入した水の体積は$(1-\alpha)V_s$となる。通常のRC造におけるαの値は0.3程度である。ここでは，αを浸水空隙率という。このケースでは揚圧力はゼロであるので，もち上げる力は浸水重量W_wを負にしたものとなる。

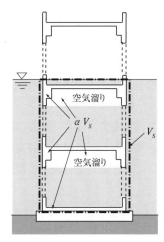

図-10.14 屋内浸水時の空気溜り

$$P_{upl}=0 \tag{10.6a}$$

$$F_{up}=-(1-\alpha)V_s\rho g \tag{10.6b}$$

ケース(3)：基礎スラブ下に氾濫流が浸透し，外壁や建具等が損傷して建物内部が浸水するケースである。地盤浸透は，建築物周辺の敷地が舗装されておらず，砂質または砂礫質地盤のときに想定される。このとき，基礎スラブ下に働く揚圧力は，静水を仮定したときの浮力の3/4である(**5.8節**)。基礎の根入れ深さをh_f，基礎スラブの底面積をA_f，氾濫流の浸水深をh_oとすると，

$$P_{upl}=\frac{3}{4}(h_o+h_f)A_f\rho g \tag{10.7a}$$

$$F_{up}=\frac{3}{4}(h_o+h_f)A_f\rho g-(1-\alpha)V_s\rho g \tag{10.7b}$$

ケース(4)：基礎スラブ下に氾濫流が浸透するが，外壁や建具等は頑丈かつ水密で建物内部が浸水しないケースである。このケースがもっともF_{up}が大きくなる。

$$P_{upl}=F_{up}=\frac{3}{4}(h_o+h_f)A_f\rho g \tag{10.8}$$

滑動しない条件は，流体力（この場合，抗力）をP_D，滑動抵抗をQ_uとすれば，次式で表される。

10.5 直接基礎の滑動と転倒

$$P_D \leq Q_u \tag{10.9}$$

抗力 P_D は，外壁面の損傷によって屋内が浸水する場合とそうでない場合で異なってくる。浸入した氾濫流が屋内を素通りすれば，受圧面が小さくなるので抗力も小さくなるが，停滞すると受圧面は減らない。通常，屋内には壁が幾重にも配置されており，浸入した流れがブロックされるので，ここでは，抗力を低減しないことにする。

$$P_D = C_D \frac{1}{2} \rho v_o^2 B h_o \tag{10.10}$$

ここで，C_D：抗力係数，ρ：氾濫流の密度，v_o：氾濫流の流速，h_o：氾濫流の浸水深，B：氾濫流に対面する建築物の幅。

建築物の全重量を W_o，滑動抵抗係数（摩擦係数）を μ とすれば，滑動抵抗は次式で表される。

$$Q_u = \mu(W_o - F_{up}) \tag{10.11}$$

次に，転倒についても，滑動シナリオと同様，図-10.13 に示すケース (1) ～ (4) を想定することにする。転倒しない条件は，基礎スラブ下面の中央に作用する転倒モーメントを M_D，抵抗モーメントを M_u とすれば，次式で表される。

$$M_D \leq M_u \tag{10.12}$$

転倒モーメント M_D は，基礎底面から上に離れた位置に作用する抗力と基礎スラブ中心から上流側に偏心して作用する揚圧力によってもたらされる。5.2 節 (7) の知見に基づいて抗力の作用点位置を浸水深 h_o の中央レベルとし，5.8 節の知見に基づいて，揚圧力の偏心 e を $e = 0.1 F_r L_f$ とする（F_r はフルード数で $F_r = v_o/\sqrt{gh_o}$，L_f は流れ方向の基礎の長さ）。建物総重量 W_o と屋内へ浸入した水の重量 W_s が基礎中心から偏心していないとすれば，M_D は次式で表される。

$$M_D = P_D(h_o/2 + h_f) + P_{upl} \cdot 0.1 \frac{v_o}{\sqrt{gh_o}} L_f \tag{10.13}$$

抵抗モーメント M_u は，弾性地盤反力分布を仮定して最外縁の土圧がゼロになったときを転倒限界とすれば，次式で表される。

$$M_u = (W_o - F_{up}) L_f / 6 \tag{10.14}$$

10.6　氾濫流に対する直接基礎の構造安全性

　第9章の鉄筋コンクリート造の例題建物について検討してみる（図-10.15）。基礎の根入れ深さを $h_f = 2$ m，基礎全体の幅は $L_f = 26$ m とする。全重量 W_o（上部建物重量 W_s と基礎重量 W_f の和）は次の概算値とし，基礎中心からの偏心はないものとする。

$$W_o = W_s + W_f = (13 \times 24 \times 24 \times 6) + (26 \times 24 \times 24) = 59\,900 \text{ kN}$$

　抗力と転倒モーメントは，(10.10)式，(10.13)式より，次のように計算される。抗力係数は $C_D = 1.2$，流体の密度は土砂の混入を考慮して $\rho = 1\,200$ kg/m^3，建築物の幅が $B = 24.8$ m，氾濫流の浸水深は建物の高さを越えないものとする。

$$P_D = 1.2 \cdot \frac{1}{2} \cdot \frac{1200}{1000} \cdot v_o^2 \cdot 24.8 \cdot h_o = 17.9 v_o^2 h_o \quad (\text{kN})$$

ケース(1), (2) : $M_D = 17.9 v_o^2 h_o \left(\dfrac{h_o}{2} + 2 \right) \quad (\text{kN} \cdot \text{m})$

ケース(3), (4) : $M_D = 17.9 v_o^2 h_o \left(\dfrac{h_o}{2} + 2 \right) + 4\,950 (h_o + 2) \dfrac{v_o}{\sqrt{h_o}} \quad (\text{kN} \cdot \text{m})$

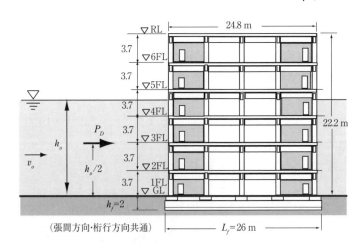

図-10.15　基礎の滑動・転倒の検討用 RC 造

揚圧力 P_{upl}，および屋内浸水を含んだ構造物をもち上げる力 F_{up} は，上で述べたシナリオのケースごとに次のように計算される。浸水空隙率を $α=1/3$ とする。

ケース（1）：$P_{upl}=0, \ F_{up}=0$

ケース（2）：$P_{upl}=0,$

$$F_{up} = -\left(1-\frac{1}{3}\right) \cdot (24.8 \cdot 24.8 \cdot h_o) \cdot \frac{1200}{1000} \cdot 9.8 = -4820 h_o \quad (\text{kN})$$

ケース（3）：$P_{upl} = \frac{3}{4}(h_o+2) \cdot 26 \cdot 26 \cdot \frac{1200}{1000} \cdot 9.8 = 5960(h_o+2) \quad (\text{kN})$

$$F_{up} = 5960(h_o+2) - 4820h_o = 1140h_o + 11900 \quad (\text{kN})$$

ケース（4）：$P_{upl} = F_{up} = 5960(h_o+2) \quad (\text{kN})$

まず，滑動について調べてみる。滑動抵抗は，摩擦係数を $μ=0.5$ とすると，(10.11) 式より次のようになる。

$$Q_u = 0.5 \cdot (59\,900 - F_{up}) \quad (\text{kN})$$

念のため，支持地盤のせん断耐力が滑動抵抗より大きいことを確認しておく。支持地盤の土質試験により，粘着力 $c=60\,\text{kN/m}^2$，内部摩擦角 $ϕ=15°$ が得られているとすると，支持地盤のせん断耐力が次のように計算され，摩擦係数に換算すると 0.5 より大きいことがわかる。ここで，支持地盤の鉛直荷重は $P_V = W_o - F_{up}$ で，$F_{up} \geq 0$ のケースを想定している。

$$τA_e = \left(\frac{cA_e}{P_V} + \tan ϕ\right) P_V \geq \left(\frac{60 \cdot 26 \cdot 26}{59\,900} + \tan 15°\right) P_V = 0.95 P_V \geq 0.5 P_V$$

滑動しない条件 $P_D \leq Q_u$ をケースごとに調べると，次のようになる。

滑動ケース（1）：$v_o \leq \sqrt{\dfrac{1670}{h_o}} \quad (\text{m/s})$

滑動ケース（2）：$v_o \leq \sqrt{\dfrac{1670}{h_o} + 135} \quad (\text{m/s})$

滑動ケース（3）：$v_o \leq \sqrt{\dfrac{1340}{h_o} - 31.8} \quad (\text{m/s})$

滑動ケース (4)：$v_o \leq \sqrt{\dfrac{1340}{h_o} - 166}$　(m/s)

この計算結果をグラフで表したのが図-10.16 で，それぞれのケースを図中で滑(1)，滑(2)，滑(3)，滑(4)で表示してある．それぞれの曲線の下側が滑動しない浸水深と流速の安全領域で，上側が滑動を起こす危険領域である．

次に，転倒に対する安全性を調べる．転倒抵抗モーメントは(10.14)式より次のようになる．

$$M_u = (W_o - F_{up}) \dfrac{L_f}{6} = (59\,900 - F_{up}) \times \dfrac{26}{6}　(\text{kN·m})$$

転倒しない条件 $M_D \leq M_u$ をケースごとに調べると，次のようになる．

転倒ケース (1)：$v_o \leq \sqrt{\dfrac{29\,000}{h_o(h_o+4)}}$　(m/s)

転倒ケース (2)：$v_o \leq \sqrt{\dfrac{29\,000 + 2\,330 h_o}{h_o(h_o+4)}}$　(m/s)

転倒ケース (3)：$v_o \leq \dfrac{-4\,950(h_o+2)/\sqrt{h_o} + \sqrt{D_3}}{17.9 h_o(h_o+4)}$　(m/s)

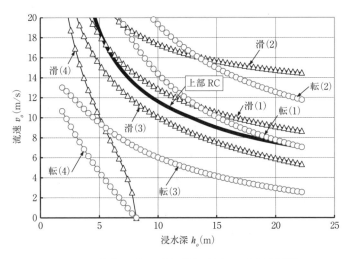

図-10.16　基礎の滑動・転倒に対する例題 RC 造の耐水曲線

ここで，$D_3 = 4950^2(h_o+2)^2/h_o + 35.8h_o(h_o+4)(208000-4940h_o)$

転倒ケース (4)：$v_o \leq \dfrac{-4950(h_o+2)/\sqrt{h_o} + \sqrt{D_4}}{17.9h_o(h_o+4)}$ （m/s）

ここで，$D_4 = 4950^2(h_o+2)^2/h_o + 35.8h_o(h_o+4)(208000-25800h_o)$

この計算結果を図-10.16に，転(1)，転(2)，転(3)，転(4)で表示してある。

以上の耐水計算によって得られた滑動と転倒に対する安全限界曲線，すなわち耐水曲線を描いた図-10.16から，次のことが読み取れるであろう。同図には，第9章で得られた上部構造の耐水曲線も入れてある。揚圧力と屋内浸水がどのような状況となるかのシナリオによって，滑動と転倒に対する安全性評価が大きく異なってくる。この例では，基礎スラブ下に水が浸透して揚圧力が働くと（ケース（3）と（4）），上部構造が崩壊する前に滑動または転倒が起きる。とくに，外壁や窓・ドアなど建具を頑丈にして建物内部への水の侵入を防いだ場合に基礎スラブの下に水が浸透すると，すなわちケース（4）では，転倒の危険が著しく増す。この場合，浸水深が8.05 mに達すると，$W_o \leq F_{up}$ となって建物全体が浮き上がってしまい，滑動抵抗，転倒抵抗とも完全に失う。滑動と転倒を防止するには，周辺地盤面を舗装したり基礎の根入れを深くして，基礎スラブ下への氾濫流の浸透を防ぐこと，引抜き抵抗の高い杭を用いた杭基礎にすることなどの対策が，水害避難ビルでは設計上重要となる。

10.7 氾濫流に対する杭基礎の構造安全性

杭基礎についても，直接基礎と同様，氾濫流によって滑動と転倒が起きないように，あらかじめ設計で対処しておく必要がある。杭基礎の滑動抵抗は，杭のせん断抵抗で決まるので，杭の終局せん断耐力を正しく評価する必要がある。このとき，杭体だけでなく，杭周辺にある地盤の水平剛性と水平耐力が関与する。杭基礎の転倒抵抗は，圧縮側にある杭の押込み抵抗と引張側にある杭の引抜き抵抗に支配される。このとき，地盤の先端支持力と周面摩擦抵抗のみならず，杭自体や杭と基礎スラブの接合部の耐力で決まることがある。また，せん断と押込みあるいは引抜きの組合わせ応力による破壊条件も考慮しなければならない。

杭基礎が採用される建築物は大規模な重い構造物であることが多いので，総じて上部構造は氾濫流に対して頑丈である．しかし，杭基礎では表層地盤が一般に密実でないため，基礎スラブ下に氾濫流が浸透し，揚圧力が作用するので，滑動抵抗や転倒抵抗がそれによって減じられることに注意しなければならない．前節の例題でみたように，抗力と揚圧力がもたらす転倒モーメントによる転倒リスクが高いので，杭に作用する引抜き力が 10.4 節 (2) で述べた終局引抜き耐力を超えないようにしておくことが肝要である．

10.8 地盤の変状

地盤が異常な大変形を起こし，上部構造に悪影響を及ぼすことがある．地震動が引き起こすがけ崩れ，地滑り，地盤沈下，液状化のほかに，水の流れが引き起こす洗掘がある．前者の地震動に起因する地盤の変状は，引き続いて襲来する津波の被害を増長する危険をもっている．2011 年の大津波災害では，地震によって 1 メートル余りの地盤沈下 (settlement) が東北地方太平洋岸の広域で発生し，津波の浸水被害を大きくした．地下水位の高い砂質地盤で起こる地震時の液状化 (liquefaction) は表層地盤の支持力を喪失させ，津波氾濫流に対する基礎の滑動抵抗や転倒抵抗を減じてしまう．

洗掘 (scour) は，水の流れが引き起こす地盤の浸食 (erosion) のうち，とくに，構造物周辺の表層土砂が局所的に流出して掘り下げられる現象をいう．地盤に水が浸透すると土のせん断強度が低下し，水流がもたらすせん断力がそれを超えると土は流される．構造物周辺の水の流れは複雑で，流れの速い部分で浸食が起こり始め，不規則な渦が表層土砂を巻き上げながら流出させる．洗掘が起きると，図-10.17 のように，基礎スラブ下へ水が浸入し，滑動や転倒の被害を増す要因となる．洗掘はきわめて不確定性の高い非定常現象であるので，それを予測することは現段階では事実上不可能といってよい．津波避難ビルや水害危険区域にある重要建築物の周辺地盤は，地震動に対して地盤改良するとともに洗掘を防ぐための舗装が必要であろう．

図-10.17 津波氾濫流による洗掘

演習問題

1. 2011年東北地方太平洋沖地震による大津波で多くの木造家屋が流失したが，その基礎は元の位置に残ったままで基礎の滑動や転倒は報告されていない。その理由を考えてみよう。

2. 鉄骨造の例題建物（第8章，図-8.20）の基礎の滑動と転倒に関する耐水曲線を求めてみよう。根入れ深さ2 m の直接基礎，基礎の幅 19 m × 19 m，単位面積あたりの基礎重量 21 kN/m^2，浸水空隙率 0.2 を仮定し，上部構造の重量は第6章の表-6.1を参照しよう。基礎の耐水曲線が上部構造の耐水曲線（第8章，図-8.23）とどのような関係にあるかを考察してみよう。

第11章 建築物の浸水

11.1 建築物の浸水対策

建築物は，雨水が建物内部に浸入しないようにつくられている。屋根や外壁には，水を通さない防水性（または水密性），水に濡れても劣化しない耐水性，すなわち防耐水性（water proof）のある材料を用いており，材料の継目や端部には，コーキング，水切り，止水などの雨仕舞を施している。これによって建築物は総体として耐雨性（rain proof）をもっているわけである。ところが，水の氾濫に対する耐浸水性（flood proof）は与えられておらず，床下浸水，床上浸水をやすやすと許してしまう。ここでいう耐浸水性は，屋内への水の浸入経路が遮断されているだけでなく，建物の外周が水圧に耐えられることの両方を兼ね備えたものである。しかし，この二つの要件を満たすことは難しい。建物外周には，給気口や排気口などの計画開口があり，外壁や建具の隙間など不可避の開口もある。これらが浸水口となって水が屋内に浸入する。鉄筋コンクリートの外壁は耐浸水性をもっていても，その外壁にはめ込まれている建具が水圧に耐えられないことがある。窓や扉は風圧に対して設計されている。例えば，風速 60 m/s の風圧力は，風力係数を 1.0 とすると 2160 N/m² である。この圧力は水深わずか 22 cm の静水圧に過ぎない。外壁や建具が水圧で破壊すると，たちまち泥まみれの水が屋内に浸入してしまう。

建築物の外周を水密化することが困難であるため，建築物の浸水対策として，図-11.1 に示す嵩上げ，高床，塀囲みの方法がとられてきた。嵩上げ（地上げともいう）は，建設地盤に盛土をして，敷地を高くする方法である。道路面から敷地まで階段や斜路を必要とし，日常生活に多少の不便が生じる。高床は，居住する床のレベルを地盤面から高くする方法である。この場合も，敷地から生活床まで階段や斜路を必要とするが，階下の吹放ち空間（ピロティ）に高さがあれば駐車場等に利用することができる。塀囲みは，建物の周囲を防水性のある堅固な塀で囲む方

第 11 章 建築物の浸水

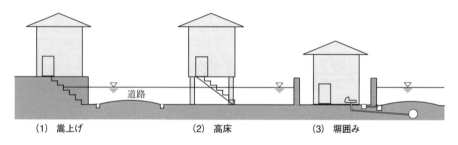

図 -11.1　家屋の浸水対策

法で，出入りに必要な門扉は水密で頑丈でなければならない。その大規模なものとして，かつて，集落全体を堤防で囲んだ輪中(わじゅう)と呼ばれる水防協同体が水害多発地域に形成されていた。ただ，現代の家屋は，排水管が外部とつながっているので，敷地の雨水桝や屋内の排水口から下水が逆流してこないように措置する必要がある。

このような嵩上げ，高床，塀囲みにも当然，限界があり，氾濫流が想定水位を越えると家屋は浸水する。そこで，この章では，浸水挙動をどのようにとらえればよいかについて解説することにする。建物が氾濫流に囲まれたとき，屋内にどのくらいの水が入ってきて屋内水位がどのくらいの速さで上昇するか。そのとき，からだの不自由な病人や高齢者が上の階に避難したり，大切なものを上の階に運び上げる猶予は時間にしてどの程度あるか。このような問いに数値で答えるための知見を整理しておくことにしよう。

11.2　建築物の浸水口と浸水経路

建築物には，屋内と屋外が通じている大小さまざまな経路があり，その多くは平時に通気経路となっている。しかし，洪水に襲われると，これが浸水経路となってしまい，その屋外に面する部分が水の入り口，すなわち浸水口となる。浸水口のうち，地面に近いものほど，また開口面積の大きいものほど，屋内浸水を誘引する。

建築物に潜在する浸水口と浸水経路について定性的にはある程度わかっていても，浸水計算に必要なデータはほとんどないのが現状である。著者が行った家屋の浸水実験によると，図 -11.2 の A1，A2，B，C の浸水口が確認されている。これは外壁に窯業系サイディングを用いた鉄骨系プレハブ住宅の浸水実験である。屋外浸水深が 2.9 m に達したとき，外壁材にき裂が生じたため，それ以下の浸水深で実験が

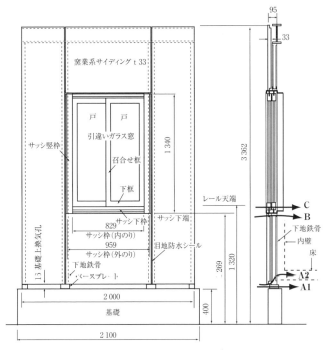

図-11.2 家屋の浸水実験で確認された浸水口

行われている。A1 は基礎と壁体の間に計画的に設けられた換気用の開口（基礎上換気孔），A2 は外壁下端における外壁材と下地鉄骨の隙間（外壁下端ジョイント隙間），B は窓サッシ枠と壁材の隙間（サッシ枠外隙間），C は窓サッシ下枠に設けられた結露排水口，施錠された引違い戸の戸車付き下枠とレールの隙間，引違い戸の戸当たりや召合わせの隙間（これらをまとめてサッシ枠内隙間という）である。開口の大きさは次のように測定されている。基礎上換気孔 A1 は外壁に沿って連続した隙間幅 16 mm の浸水口，外壁下端ジョイント隙間 A2 も同様に連続した隙間幅 0.63 mm の浸水口，サッシ枠外隙間 B はサッシ枠に沿って連続した隙間幅 0.013 mm の浸水口，サッシ枠内隙間 C は戸の下枠とサッシの下枠の隙間が支配的で下枠に沿って隙間幅 0.14 mm の浸水口であった。浸水口のサイズは，あとで述べるトリチェリの定理を適用したときの「流量係数×開口面積」を表す水理学的開口サイズであり，必ずしも実際の開口サイズではない。浸水口 A2, C からの浸水状況を屋内から観察すると図-11.3, 11.4 のようであった（水の浸入を観察するた

第11章 建築物の浸水

めに床材や内壁材を外してある)。

もちろん,これ以外にもさまざまな浸水口がある。地面から近い順に列挙すれば,布基礎の立上り部分を切欠いた床下換気孔,玄関扉の下枠と戸の隙間,シャッターの座板と土間コンクリートの隙間,掃出し窓の下枠と戸の隙間,外壁下部に設けられる給気口などが挙げられる。現時点では,これらの浸水口の水理学的開口サイズは調査されていない。

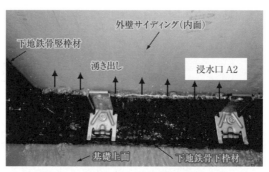

図-11.3 外壁下端ジョイント隙間からの浸水

図-11.4 窓サッシ枠内隙間からの浸水

11.3 浸水計算

(1) 氾濫水深-時間曲線

氾濫流の浸水深(以下,氾濫水深または屋外浸水深という)は,図-11.5に示すように,時間的に変化する。氾濫流が到達するまではゼロ,到達してから最大値に達し,ある時間それを保持して,そのあと,水が引いてゼロに戻る。それぞれの所要

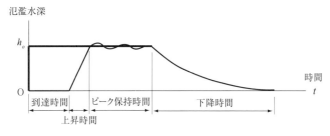

図-11.5　氾濫水深－時間曲線

時間が，到達時間，上昇時間，ピーク保持時間，下降時間ということになる。到達時間内に避難が完了するのが望ましいが，堤防が突然決壊したような場合には到達時間が短すぎて避難できないことがあり，あっという間に最大水深に達することもあることが，過去の水害調査からわかっている。そのような最悪の事態を考えて，図の太線で示した到達時間と上昇時間がともにゼロの氾濫水深－時間曲線を想定し，氾濫水深 h_o を定常値として浸水計算を行うことにする。

(2) 横開口からの浸水

建築物が氾濫流に囲まれたとき水が屋内に浸入する挙動，例えば，流入速度，流量，屋内水位の上昇速度を数値でとらえることを浸水計算という。そのもっとも簡単なモデルを**図-11.6**に示す。屋外浸水深（氾濫水深）を h_o，浸水口の高さを h，屋内浸水深（屋内水位）を H とし，これらはすべて地盤面からの高さとする。そのほかに，浸水口の面積を a，建物の浸水床面積を A，浸水口を通過する水の流速を v，流量係数を c とする。浸水口の高さ方向の幅は，h_o に比べてじゅうぶん小さいものとし，h は浸水口の高さ方向の中心位置でとる。床下換気孔のように，h が等しい複数個の浸水口がある場合は，その面積をすべて足したものを a としてよい。

まず，屋内水位が浸水口の位置より低いときは（$H \leq h$），開放空間への水の流出となるので，トリチェリの定理により，浸水口を通過する水の流速は，

$$v = \sqrt{2g(h_o - h)} \tag{11.1}$$

となる。実際の流速は，この理論値よりやや小さくなり（その比を流速係数という），また通過流束の断面積が開口面積より小さくなる（その比を縮流係数または収縮係数という）。これらは開口の形状に依存する。流速係数と収縮係数を掛け合わせた

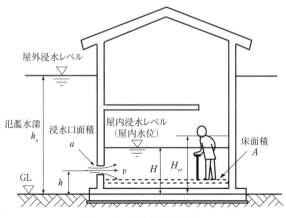

図-11.6　横開口からの浸水

ものを流量係数といい，c で表記すると，実際の浸入流量は $Q=cav$ で表される。屋内に入ってきた水が床面積 A に溜まり屋外に排出されないとすると，流量 Q と屋内水位の上昇速度 $\dfrac{dH}{dt}$ には，$Q=A\dfrac{dH}{dt}$ の関係があるので，

$$\frac{dH}{dt}=\frac{ca}{A}v \tag{11.2}$$

となる。これに (11.1) 式を代入すれば次式が得られる。

$$\frac{dH}{dt}=\frac{ca}{A}\sqrt{2g(h_o-h)} \tag{11.3}$$

これを初期条件 ($t=0$ で $H=0$) で解けば，次式が得られる。

$$H=\frac{ca}{A}\sqrt{2g(h_o-h)}\cdot t \tag{11.4}$$

この場合，屋内浸水深は時間に比例する。また，浸水口が大きいほど，床面積が小さいほど，浸水口の抵抗が小さいほど（流量係数が 1.0 に近いほど），氾濫水深が深いほど，浸水口の位置が低いほど，屋内水位の上昇速度が速くなる。これは容易に直感できるであろう。屋内水位が浸水口レベルに達する時刻 t_1 は次式で表される。

$$t_1=\frac{A}{ca}\cdot\frac{h}{\sqrt{2g(h_o-h)}} \tag{11.5}$$

次に，屋内水位が浸水口の位置より高くなると（$h<H\leq h_o$），浸水部分への水の

流入となるので，ベルヌイの定理により，浸水口を通過する水の流速は，

$$v = \sqrt{2g(h_o - H)} \tag{11.6}$$

となる。開口から水が大気中へ流出するとき（free jet）と水中へ流出するとき（submerged jet）の流量係数は実用上同じであることが知られているので，(11.2)式は共通となり，屋内水位の上昇速度は，(11.2)式に(11.6)式を代入すれば，

$$\frac{dH}{dt} = \frac{ca}{A}\sqrt{2g(h_o - H)} \tag{11.7}$$

となる。これを $t=t_1$ で $H=h$ を満たすように解けば，次式が得られる。

$$H = h_o - \left(\frac{2h_o - h}{2\sqrt{h_o - h}} - \frac{ca}{A}\sqrt{\frac{g}{2}} \cdot t\right)^2 \tag{11.8}$$

屋内が限界水位 H_{cr} に達するまでの時間 t_{cr} は，(11.4)式，(11.8)式より次のようになる。限界水位は，人命保全のほか，電気設備，危険物，貴重品の浸水防止などの観点から設定される。

$$H_{cr} \leq h \text{ のとき,} \quad t_{cr} = \frac{A}{ca} \cdot \frac{H_{cr}}{\sqrt{2g(h_o - h)}} \tag{11.9}$$

$$h < H_{cr} \leq h_o \text{ のとき,} \quad t_{cr} = \frac{A}{ca}\sqrt{\frac{2}{g}}\left(\frac{2h_o - h}{2\sqrt{h_o - h}} - \sqrt{h_o - H_{cr}}\right) \tag{11.10}$$

例として，木造の例題建物（第7章，**図-7.8**）の床下換気孔からの浸水を計算してみよう。法令で定められている壁の長さ5m以下ごとに面積300 cm² 以上の換気孔を設けたとすると，建物の全周が23.66mであるから，全開口面積は $a=0.142$ m² 必要である。地盤面から換気孔の中心レベルを $h=0.25$ m，氾濫水深を $h_o=3.0$ m，屋内限界水位を $H_{cr}=1.5$ m（床からは1.0 m）としよう。1階の床面積 $A=34.8$ m²，長方形の開口の流量係数を $c=0.85$ として，(11.10)式の値を計算すると，$t_{cr}=66$ sec となる。わずか1分余りで屋内が限界水位に達する。床下換気孔から浸入した水が床下に充満すると，水圧によって床材の隙間から水が噴出し，床下収納庫が浮き上がるとそこから床上に湧き出す。この浸水経路にはいくらかの抵抗があるので，もう少し時間的余裕があるかもしれない。

（3）縦開口からの浸水

建具の竪枠に沿った隙間のように，鉛直方向に伸びている開口があるときの浸水

計算について解説する。図-11.7 に示すように，隙間 s の浸水口が地盤面を基準にして h_1 から h_2 に伸びているとし，地盤面から上方へ座標 z をとる。微小区間 dz からの流量 dQ は，流量係数が一定とすれば，$dQ = csvdz$ となる。流速 v は，$z \geq H$ ならば開放空間への流出となるので $v = \sqrt{2g(h_o - z)}$，$z < H$ ならば浸水部分への流入となるので $v = \sqrt{2g(h_o - H)}$ である。床面積を A とすると，屋内水位の上昇速度は $\dfrac{dH}{dt} = \dfrac{1}{A}\int_{h_1}^{h_2} dQ$ で表される。ここでは，$h_2 \leq h_o$ として計算式を導くが，$h_2 > h_o$ の場合は，式中の h_2 を h_o に置き換えればよい。

まず，第 1 段階として，屋内浸水レベルが縦開口の下端より低い場合は（$H \leq h_1$），

$$\frac{dH}{dt} = \frac{cs}{A}\int_{h_1}^{h_2}\sqrt{2g(h_o - z)}\,dz$$

$$\therefore H = \frac{cs}{A}\sqrt{2g} \cdot \frac{2}{3}\left[(h_o - h_1)^{3/2} - (h_o - h_2)^{3/2}\right]t \tag{11.11}$$

屋内浸水レベルが開口の下端に達する時刻 t_1 は，上式で $H = h_1$ とすれば求められる。

次に，第 2 段階として，屋内浸水レベルが縦開口の中間にある場合は（$h_1 < H \leq h_2$），

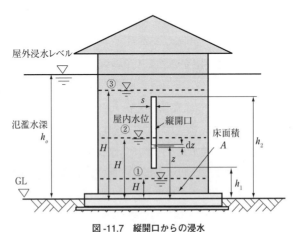

図-11.7 縦開口からの浸水

$$\frac{dH}{dt} = \frac{cs}{A}\int_{h_1}^{H}\sqrt{2g(h_o-H)}\,dz + \frac{cs}{A}\int_{H}^{h_2}\sqrt{2g(h_o-z)}\,dz$$

$$\therefore \frac{dH}{dt} = \frac{cs}{A}\sqrt{2g}\left[\sqrt{h_o-H}(H-h_1) + \frac{2}{3}(h_o-H)^{3/2} - \frac{2}{3}(h_o-h_2)^{3/2}\right]$$

これは直接積分ができないので，次のように数値的に増分計算を行う。時刻 t_i における屋内浸水深を H_i とする。初期条件 $(i=1)$ は，上記の時刻 t_1 で $H_1=h_1$ である。

$$t_{i+1} = t_i + \Delta t$$

$$H_{i+1} = H_i + \frac{cs}{A}\sqrt{2g}\left[\sqrt{h_o-H_i}(H_i-h_1) + \frac{2}{3}(h_o-H_i)^{3/2} - \frac{2}{3}(h_o-h_2)^{3/2}\right]\cdot\Delta t \quad (11.12)$$

時間刻み Δt は屋内水位上昇速度に応じて適宜設定する（例えば，上昇速度が速い場合は $\Delta t = 1\sim10\mathrm{sec}$）。屋内水位が開口の上端に達するとき $(H_i = h_2)$ の時刻を t_2 とする。

最後に，第3段階として，屋内水位が縦開口の上端を越える場合は $(h_2 < H)$，

$$\frac{dH}{dt} = \frac{cs}{A}\int_{h_1}^{h_2}\sqrt{2g(h_o-H)}\,dz = \frac{cs}{A}\sqrt{2g(h_o-H)}(h_2-h_1)$$

$$\therefore H = h_o - \left[\sqrt{h_o-h_2} - \frac{cs}{2A}\sqrt{2g(h_2-h_1)}(t-t_2)\right]^2 \quad (11.13)$$

上記の手順はいささか面倒なので，簡易計算として第1段階の (11.11) 式を第2，第3段階にも適用すれば，屋内水位上昇速度を大き目，すなわち安全側に見積もることができる (演習問題3参照)。

(4) 複数開口からの浸水

一つの建築物には通常，位置や開口面積の異なる浸水口が複数存在している。このうち，地面に近いほど，また開口面積の大きいものほど，危険な浸水口となる。したがって，地面から相対的に高い位置にある小さな開口は無視しても差し支えない。**図-11.8** に示す2つの浸水口が氾濫想定水位の下にある場合について浸水計算の手順を説明する。下から開口1，2とし，地盤面からの高さ h，開口面積 a，流量係数 c，浸入流速 v，浸入流量 Q にそれぞれ添え字1，2を付ける。したがって，$Q_1=c_1a_1v_1$，$Q_2=c_2a_2v_2$，全浸入流量は $Q=Q_1+Q_2$ となる。便宜上，屋内浸水深 H に占める開口1，2の寄与を H_1，H_2 とし，$H=H_1+H_2$，$dH_1/dt=Q_1/A$，$dH_2/dt=Q_2/A$，$dH/dt=Q/A$ の関係を用いる。

第 11 章　建築物の浸水

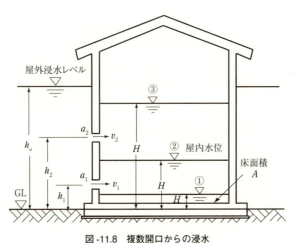

図-11.8　複数開口からの浸水

まず，屋内浸水レベルが開口 1 より下にある場合（$H \leq h_1$），

$$\frac{dH_1}{dt} = \frac{c_1 a_1}{A}\sqrt{2g(h_o - h_1)}, \quad \frac{dH_2}{dt} = \frac{c_2 a_2}{A}\sqrt{2g(h_o - h_2)}$$

$$\therefore H = \frac{1}{A}\left[c_1 a_1 \sqrt{2g(h_o - h_1)} + c_2 a_2 \sqrt{2g(h_o - h_2)} \right] \cdot t \tag{11.14}$$

屋内浸水レベルが開口 1 に達するときの時刻 t_1 は上式で $H = h_1$ とすれば求められる。そのときの H_1 を H_1^* とおく。すなわち，$H_1^* = \frac{c_1 a_1}{A}\sqrt{2g(h_o - h_1)} \cdot t_1$ とする。

次に，屋内浸水レベルが開口 1 と開口 2 の間にある場合（$h_1 < H \leq h_2$），

$$\frac{dH_1}{dt} = \frac{c_1 a_1}{A}\sqrt{2g(h_o - H)}, \quad \frac{dH_2}{dt} = \frac{c_2 a_2}{A}\sqrt{2g(h_o - h_2)}$$

$$\therefore H = h_o - \left[-\frac{c_1 a_1}{2A}\sqrt{2g}(t - t_1) + \sqrt{h_o - H_1^*} \right]^2 + \frac{c_2 a_2}{A}\sqrt{2g(h_o - h_2)} \cdot t \tag{11.15}$$

屋内浸水レベルが開口 2 に達するときの時刻 t_2 は上式で $H = h_2$ とすれば 2 次式の解として求められる。そのときの H_1 を H_1^{**}，H_2 を H_2^* とおく。すなわち，

$$H_1^{**} = h_o - \left[-\frac{c_1 a_1}{2A}\sqrt{2g}(t_2 - t_1) + \sqrt{h_o - H_1^*} \right]^2, \quad H_2^* = \frac{c_2 a_2}{A}\sqrt{2g(h_o - h_2)} \cdot t_2$$

とする。

最後に，屋内浸水レベルが開口 2 を越える場合（$h_2 < H \leq h_o$），

$$\frac{dH_1}{dt} = \frac{c_1 a_1}{A}\sqrt{2g(h_o - H)}, \quad \frac{dH_2}{dt} = \frac{c_2 a_2}{A}\sqrt{2g(h_o - H)}$$

$$\therefore H = h_o - \left[-\frac{c_1 a_1}{2A}\sqrt{2g}(t - t_2) + \sqrt{h_o - H_1^{**}} \right]^2 + h_o \\ - \left[-\frac{c_2 a_2}{2A}\sqrt{2g}(t - t_2) + \sqrt{h_o - H_2^{*}} \right]^2 \quad (11.16)$$

以上の計算が面倒であれば，(11.14)式だけを使って浸水計算してもよい。開放空間への流入速度のほうが浸水部分への流入速度より大きいので，(11.14)式は安全側，すなわち屋内水位の上昇速度を大き目に評価するからである。

11.4 地下室の浸水

陸地を氾濫する水は低いところへ向かうので，建築物の地下室は浸水の危険が高い。氾濫水深が数十センチ程度の内水氾濫のときでさえ，通常の家屋は床下浸水にとどまっても，地盤面より低い地下室は水没することがある。地下街や地下道，地下鉄も同様であり，排水能力が低い大都市では内水氾濫による地下街の浸水が顕在化している。かつて，海底を通る関門トンネルの全長の半分が大雨で水没したことがある（1953年北九州大水害）。

地階に居室を設ける場合，湿気対策として，図-11.9のように，からぼり（ドライエリア），換気設備，機械的調湿設備のいずれかの設置が法令で義務付けられている（法第29条，令第22条の2）。これらの設置に伴う開口や給排気口が浸水口となる。とくに，からぼりに面する給気口や窓，扉は，氾濫水深 h_o に浸水口の地盤面からの深さ h_b を足したものが高度水頭となるので，(11.1)式は $v = \sqrt{2g(h_o + h_b)}$

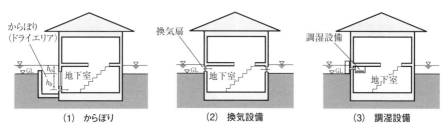

図-11.9 地下室の形態と浸水

となり，浸入流速が大きくなる。

　水害のリスクが高く湿気の多いわが国では，地下室のある建築物は少ない。棟数の比でいうと，地下室があるのは，全国の建築物全体で 1/200，居住専用住宅に限ると 1/250 である。都市部ではこの比率が高くなり，東京都ではそれぞれ 1/50，1/60 である。低地や，とくに水害危険区域では，地下室を設けることを原則として避けたほうがよい。地下室を設ける場合は，地下室から屋外に脱出することが困難となる事態を想定して，屋内階段で上の階に避難できるようにしておくことが大切である。

演習問題

1. 木造の例題建物（第 7 章，**図 -7.8**）と同じ規模の鉄骨系プレハブ住宅で，窯業系サイディングの外壁下端の隙間からの浸水計算をしてみよう。隙間の水理学的開口幅は建物の全周にわたって 0.63 mm，位置は地盤面から 0.4 m，氾濫水深は 3 m とし，屋内が限界水位 1.5 m（地盤面から）に達するまでの時間を求めてみよう。なお，基礎がコンクリートべた基礎のため，法令上，床下換気孔が免除されているとし，また，建具などからの浸水もないものとする。

2. 木造の例題建物（第 7 章，**図 -7.8**）で，窓サッシ枠内隙間だけからの浸水を計算してみよう。隙間の水理学的開口幅はサッシの下枠に沿って 0.14 mm とし，1.2 m 幅の窓が 5 枚あり，すべて地盤面から 1.3 m の位置にあるものとする。氾濫水深を 3 m とし，屋内が限界水位 1.5 m（地盤面から）に達するまでの時間を求めてみよう。

3. 木造の例題建物（第 7 章，**図 -7.8**）で，縦方向の隙間からの浸水を計算してみよう。隙間は地盤面から 0.5 m～2.5 m まで伸びており，水理学的開口幅を 1 mm とする。氾濫水深を 3 m とし，屋内水位 - 時間曲線を描き，限界水位 2 m（地盤面から）に達するまでの時間を求めてみよう。また，増分計算と簡易計算の差を調べてみよう。

参考文献

第 1 章

1.1) 国立天文台：理科年表（平成 25 年 /2013 年版），丸善，2012.11
1.2) 力武常次，竹田 厚：日本の自然災害 500～1995 年（6 版），日本専門図書出版，2010.1
1.3) 萩原幸男：日本の自然災害 1995～2009 年，日本専門図書出版，2009.7
1.4) 力武常次：近代世界の災害（4 版），日本専門図書出版，2010.5
1.5) UCL－CRED：http://www.emdat.be/database/terms.html
1.6) 内閣府：平成 24 年版防災白書附属資料 49. 1990 年以降の主な自然災害の状況（世界），http://www.bousai.go.jp/hakusho/H24-fuzokushiryou.pdf
1.7) 宮澤清治：台風・気象災害全史＜シリーズ災害・事故史 3 ＞，日外アソシエーツ，2008.7
1.8) 渡辺偉夫：日本被害津波総覧（2 版），東京大学出版会，2011.5
1.9) 首藤伸夫他：津波の事典，朝倉書店，2011.4
1.10) 日本建築防災協会：被災建築物応急危険度判定マニュアル，1998.1
1.11) 日本建築学会：伊勢湾台風災害と本会の動き，建築雑誌，Vol.74，No.877，会告 13-14，1959.12
1.12) 米国ハリケーン・サンディに関する国土交通省・防災関連学会合同調査団：未曾有の大雨がおこす洪水による首都圏大規模水害からみなさんを守るために，2013.10
1.13) 田中礼治：津波に負けない建物づくり・まちづくり，相模書房，2012.12

第 2 章

2.1) 建設物価調査会：建築統計年報（平成 23 年度版），2012.3，平成 24 年度以降は総務省統計局ホームページ www.e-stat.go.jp，国土交通省ホームページ統計情報 www.mlit.go.jp/statistics を参照．
2.2) 建築技術教育普及センター：ホームページ www.jaeic.or.jp
2.3) 桑村 仁，伊山 潤，松井康治：工業高校・高専の建築構造教育に関する調査研究 －教育的側面からの地震防災－，日本建築学会構造系論文集，第 496 号，pp.127-135，1997.6.

第 3 章

3.1) 日本建築学会：建築物の限界状態設計指針 (2002 制定)，2002.11
3.2) 日本建築学会：建築物荷重指針・同解説 (2015 改定)，2015.2
3.3) 日本建築学会：非構造部材の耐震設計施工指針・同解説および耐震設計施工要領（第 2 版），2003.1
3.4) 日本建築防災協会：非構造部材って何 ?! －非構造部材の安全対策，2009.4
3.5) 復興局・土木學會：大正十二年關東大地震震害調査報告（第三巻）橋梁・建築物之部　道路之部，1927
3.6) 北陸震災調査特別委員會：昭和 23 年福井地震震害調査報告 II 建築部門，1951.8
3.7) 日本建築学会：新潟地震災害調査報告，1964.12
3.8) 日本建築学会：1968 年十勝沖地震災害調査報告，1968.12
3.9) 日本建築学会：1978 年宮城県沖地震災害調査報告，1980.2
3.10) 日本建築学会：阪神・淡路大震災調査報告　建築編－1/1997.7，建築編－2/1998.8，建築編－3/1997.10，建築編－4/1998.3
3.11) 日本建築学会：東日本大震災合同調査報告　建築編 1/2015.5，建築編 2/2015.1，建築編 3/2014.9，建

築編 4/2015.7，建築編 5/2015.3．
3.12) 日本建築防災協会：震災建築物の被災度区分判定基準および復旧技術指針，2005.12
3.13) 桑村　仁：津波による建築物の被害調査報告書－2011 年東北地方太平洋沖地震（東日本大震災）の教訓として－，東京大学大学院工学系研究科建築学専攻（配布資料），2011.4

第 4 章

4.1) 本間　仁，米元卓介，米屋秀三：水理学入門（改訂版），森北出版，1979.4
4.2) 本間　仁：標準水理学（改訂三版），丸善，1984.1
4.3) 禰津家久，冨永晃宏：水理学，朝倉書店，2000.4
4.4) 日野幹雄：流体力学，朝倉書店，1992.12
4.5) 谷　一郎：流れ学（第 3 版），岩波全書，1967.5
4.6) 日本機械学会：JSME テキストシリーズ　流体力学，2005.3
4.7) 本間　仁，春日屋伸昌：次元解析・最小 2 乗法と実験式，コロナ社，1957.1
4.8) Franzini, J. B. and Finnemore, E.J. : Fluid Mechanics with Engineering Applications, ninth edition, McGraw-Hill, 1997
4.9) Batchelor, G.K. : An Introduction to Fluid Dynamics, Cambridge University Press, 2000
4.10) 桑村　仁：氾濫流に建つ単独壁体の形状抗力と造波抗力－河川自然流を用いた水理研究　その 1 －，日本建築学会構造系論文集，第 79 巻　第 702 号，pp.1097-1106，2014.8

第 5 章

5.1) FEMA (Federal Emergency Management Agency): Guidelines for Design of Structures for Vertical Evacuation from Tsunamis, FEMA P646, pp.69-84, 2008.6
5.2) Fail, R., Lawford, J. A., and Eyre, R. C. W.: Low－Speed Experiments on the Wake Characteristics of Flat Plates Normal to an Air Stream, Aeronautical Research Council (ARC), Reports and Memoranda No.3120, pp.1-21, 1957.6
5.3) Task Committee on Wind Forces (ASCE): Wind forces on Structures, Transactions of the American Society of Civil Engineers, Vol. 126, Part II, Paper No. 3269, pp.1124-1198, 1961
5.4) Hoerner, S. F.: Fluid-Dynamic Drag － Practical Information on Aerodynamic Drag and Hydrodynamic Resistance (2nd Edition), Published by the Author, Brick Town, N. J., 1965
5.5) Idelchik, I. E.: Handbook of Hydraulic Resistance (3rd Edition), CRC Press, pp.587-625, 1994
5.6) 本間　仁：標準水理学（改訂三版），丸善，1984.1
5.7) 荻原国宏：流体力（新体系土木工学 25），技報堂出版，1986.4
5.8) 日本鋼構造協会（JSSC）編：構造物の耐風工学，東京電機大学出版局，1997.11
5.9) 日本機械学会：機械工学便覧 a 4 流体工学，2008.3
5.10) 岡内　功，伊藤　學，宮田利雄：耐風工学，丸善，1977.5
5.11) Morison, J.R. et al.: The Force Exerted by Surface Waves on Piles, Petroleum Transactions, AIME, Vol.189, pp.149-154, 1950.5
5.12) 堀川清238：新編 海岸工学，東京大学出版会，1991.7
5.13) 桑村　仁：氾濫流に建つ単独壁体の形状抗力と造波抗力－河川自然流を用いた水理研究　その 1 －，日本建築学会構造系論文集，第 79 巻　第 702 号，pp.1097-1106，2014.8
5.14) 桑村　仁：氾濫流に建つ直方体構造物の抗力と揚圧力－河川自然流を用いた水理研究　その 2 －，日本建築学会構造系論文集，第 81 巻　第 720 号，pp.219-227，2016.2

5.15) 桑村　仁：流れに部分浸水した円筒の抗力と揚圧力, 2016 年度日本建築学会関東支部研究報告集Ⅰ, pp.373-376, 2017.2

第 6 章

6.1) 日本建築学会関東支部：木質構造の設計 – 学びやすい構造設計 –, 2008.1
6.2) 日本建築学会関東支部：鉄骨構造の設計 – 学びやすい構造設計 –, 2009.1
6.3) 日本建築学会関東支部：鉄筋コンクリート構造の設計 – 学びやすい構造設計 –, 2014.5

第 7 章

7.1) 建設物価調査会：建築統計年報（平成 23 年度版）, 2012.3
7.2) 日本住宅・木材技術センター：写真で見る接合金物の使い方, 第 2 版, 2000.10
7.3) 国土交通省国土技術政策総合研究所・国立研究開発法人建築研究所監修：2015 年版 建築物の構造関係技術基準解説書, 全国官報販売共同組合, 2015.6
7.4) 日本建築学会：木質構造設計規準・同解説 – 許容応力度・許容耐力設計法 –, 第 4 版, 2006.12
7.5) 日本住宅・木材技術センター：木造軸組工法住宅の許容応力度設計 (2008 年版), 第 5 版, 2011.9
7.6) 日本木造住宅産業協会：木造軸組工法住宅の構造計算の手引き, 第 1 版, 2004.3
7.7) 日本ツーバイフォー建築協会：枠組壁工法建築物構造計算指針, 1998
7.8) 日本建築学会関東支部：木質構造の設計 – 学びやすい構造設計 –, 2008.1
7.9) 森林総合研究所：木材工業ハンドブック (改訂 4 版), 丸善, 2004.3
7.10) 桑村　仁 監修：建築構造 (文部科学省検定済教科書), 実教出版, 2013.1
7.11) 桑村　仁 監修：建築構造概論, 実教出版, 2014.9

第 8 章

8.1) 桑村　仁：鋼構造の性能と設計, 共立出版, 2002.11
8.2) 国土交通省国土技術政策総合研究所・国立研究開発法人建築研究所監修：2015 年版 建築物の構造関係技術基準解説書, 全国官報販売共同組合, 2015.6
8.3) 日本建築学会：鋼構造設計規準 – 許容応力設計法 –, 2005.9
8.4) 日本建築学会：鋼構造限界状態設計指針・同解説, 2002.9
8.5) 日本建築学会：鋼構造塑性設計指針, 2010.2
8.6) 日本建築学会：建築工事標準仕様書 JASS 6 鉄骨工事, 2007.2
8.7) 桑村　仁：建築の力学 – 塑性論とその応用 –, 井上書院, 2004.9

第 9 章

9.1) 日本建築学会：鉄筋コンクリート構造計算規準・同解説, 2010.2
9.2) 日本建築学会：建築工事標準仕様書・同解説 JASS 5 鉄筋コンクリート工事, 2009.2
9.3) 日本建築学会：鉄筋コンクリート造建物の靱性保証型耐震設計指針・同解説, 1999.8
9.4) 日本建築学会：鉄筋コンクリート終局強度設計に関する資料, 1987.9
9.5) 日本建築学会：建築耐震設計における保有耐力と変形性能, 1990.10.
9.6) 桑村　仁：建築の力学 – 弾性論とその応用 –, pp.208-220 板の解法, 技報堂出版, 2001.4

第 10 章

10.1) 日本建築学会:建築基礎構造設計指針,2001.10
10.2) 日本建築学会関東支部:基礎構造の設計-学びやすい構造設計-,2003.1
10.3) 石原藤次郎:水工水理学,3.4 構造物周辺における局所洗掘,pp.116-137,丸善,1972.6

第 11 章

11.1) 日本建築防災協会:家屋の浸水対策マニュアル,2001.7
11.2) 日本建築防災協会:地下空間における浸水対策ガイドライン,2002.6
11.3) 桑村 仁,小山 毅,奥野寛樹,佐藤恵治:家屋の浸水試験方法とその実施例,日本建築学会構造系論文集,第 80 巻,第 717 号,pp.1763-1771,2015.11
11.4) 亀井 勇:構造物の水害分析(高潮・豪雨・津波による場合),日本建築学会論文報告集,第 66 号,pp.489-492,1960.10

演|習|問|題|解|答

第1章

1. **表-1.4** 参照。南海トラフを震源とする巨大地震はある統計的周期で起きている。種々の予測モデルがあるが,最も簡単なモデルで考えてみよう。1096年と1099年,および1944年と1946年は非常に接近しており,連動型と考えられるので,それぞれ1099年,1946年にエネルギーが解放されたと考えると,周期 T は古い順から 203, 212, 262, 137, 107, 102, 147, 92 年の8個のデータがある。その平均値は $\mu_T=157.8$,標準偏差は $\sigma_T=61.4$ となる。周期が正規分布に従うと仮定する(周期にはさまざまな要因が複合しているから正規分布の仮定は妥当と考えられる)。すると,過去の最小間隔92年で次の南海トラフを震源とする巨大地震が起きる確率,すなわち直近の1946年から起算して2038年までに起きる確率は,$F_T(92)=\Phi\left(\dfrac{92-157.8}{61.4}\right)=\Phi(-1.07)=0.142$ となる。2020年までに起きる確率は,$F_T(2020-1946)=F_T(74)=\Phi\left(\dfrac{74-157.8}{61.4}\right)=\Phi(-1.36)=0.087$ となる。ちなみに,平成27年版交通安全白書によると,平成26年には人口10万人あたり563人が道路交通事故で死傷している。このデータを用いると,2016年から起算して2038年までの向こう22年間に,一個人が交通事故で死傷する確率は0.117,2020年までの4年間では0.022となる。日本国が南海トラフ巨大地震に遭遇する確率と一個人が交通事故に遭遇する確率は同程度のようである。もちろん,ことの重大性はまったくレベルが違う。

2. 例えば,次のような作品がある。小泉八雲(ラフカディオ・ハーン)『A Living God』(1896年)／中井常蔵訳『稲むらの火』(1937年)－安政南海地震(1854年):湾を見下ろす高台に住む庄屋・濱口五兵衛は地震の揺れを感じた直後,津波の襲来を察知して,自分の田の刈り取ったばかりの稲穂の付いた稲むらに火を付け,消火のために高台に集まった村人たちが荒れ狂う津波の難から救われるという物語。谷崎潤一郎『細雪』(1943-1948年)－阪神大水害(1938年):四姉妹の四女・妙子が神戸六甲山ろくの洋裁学院に居たとき土石流に襲われ,妙子に思いを寄せていた若い写真家・板倉が間一髪で妙子を救出するという場面が出てくる。水上

勉『飢餓海峡』(1962-1963年) － 洞爺丸台風 (1954年)：北海道を襲った猛烈な台風で青函連絡船が転覆し，発見された身元不明の遺体から殺人事件を直観した函館署刑事・弓坂が事件の真相を追い詰めていく．白石一郎『島原大変』(1982年) － 雲仙岳噴火・津波 (1792年)：雲仙岳の噴火による火砕流と山体崩落による津波によって壊滅状態となった肥前・島原藩の城下町で人命救助に当たる青年藩医・小鹿野一伯の苦闘と成長の物語．そのほかにも，大岡昇平『武蔵野夫人』(1950年) － カスリーン台風 (1947年)，井上靖『傾ける海』(1959–1960年) － 伊勢湾台風 (1959年)，柳田邦男『空白の天気図』(1975年) － 広島原爆と枕崎台風 (1945年))．
3. 内閣府のホームページによると，2016年 (平成28年) 末時点で，群馬県，神奈川県，山梨県，富山県，滋賀県，長崎県の6県．

第2章

1. (1) 水害を引き起こす異常な自然現象が多発する国土環境にある (台風・前線の活動による大雨が頻発する，日本列島が環太平洋地震帯に位置しており海底地震による津波がたびたび襲来する)，(2) 国土が狭く水害リスクの高い地域に建築物が建設されている (沿岸低地帯に建築物が密集している，大河川を擁する平野が市街化・都市化している，大都市の排水能力が低い)，(3) 浸水時に上階避難ができない低層建築物が多い，(4) 水害に弱い木造住宅が多い，(5) 法令で定められた換気孔が屋内への水の浸入経路となる，(6) 低層建築物は構造計算がされておらず，じゅうぶんな水平耐力が確保されていないものが多い，(7) 土木行政と建築行政の水害対策に関する連携が不足している，(8) 建築教育カリキュラムで水理学・水害軽減学が整備されておらず，水害対策に明るい建築技術者が育成されていない．
2. 総務省統計局ホームページ www.e-stat.go.jp，国土交通省ホームページ www.mlit.go.jp/statistics を参照．

第3章

1. 図-3.2参照．
2. 法第20条【構造耐力】，令第36条の3【構造設計の原則】，令第81条【構造計算総則】，令第83条【荷重及び外力の種類】，令80条の3【土砂災害特別警戒区域内における居室を有する建築物の構造方法】，告示第383号【土砂災害特別警戒区

域内の建築物の外壁等の構造方法】などがあるが，津波や洪水による氾濫流荷重に対する構造の安全性を検証する方法は今のところ規定されていない。法第19条【敷地の衛生及び安全】に，排水と湿気対策として，原則，建築物の敷地（地盤面）は接道の境界及び周囲の土地より高くなければならないとしてあり，一定程度，家屋の浸水リスクを下げている。法第39条【災害危険区域】で，地方公共団体が条例で，津波，高潮，出水等による危険の著しい区域を災害危険区域として指定し，居住用建築物の禁止やその他の建築の制限を定めてよいとしている。法第53条【建ぺい率】に，建築物の建築面積の敷地面積に対する割合（建ぺい率という）が規定されており，空地が確保されることによって，一定程度，洪水・内水氾濫の抑制に効果がある。

3．例えば，第6章の文献6.1），6.2），6.3）参照。

第4章

1．ベクトル解析の演習でよく使われる問題。非定常項を除いたオイラーの式は，$(v\cdot\nabla)v = f - \frac{1}{\rho}\nabla p$ である。ベクトル解析の公式 $(v\cdot\nabla)v = \frac{1}{2}\nabla(v\cdot v) - v\times(\nabla\times v)$ を左辺に代入し，流線に沿った線ベクトル ds との内積を取ると，$\frac{1}{2}\nabla(v\cdot v)\cdot ds - [v\times(\nabla\times v)]\cdot ds = f\cdot ds - \frac{1}{\rho}\nabla p\cdot ds$ となる。ここで，$ds = (dx, dy, dz)^t$，$|v| = \sqrt{v_x^2 + v_y^2 + v_z^2} = v$ として，各項を計算すると，左辺第1項 $= \frac{1}{2}d(v^2)$，$v\times(\nabla\times v)$ は v に直交すなわち ds に直交するから左辺第2項 $= 0$，右辺第1項 $= -gdz$，右辺第2項 $= \frac{1}{\rho}dp$ となる。よって，$\frac{1}{2}d(v^2) = -gdz - \frac{1}{\rho}dp$ となり，積分すれば，$\frac{1}{2}v^2 + gz + \frac{p}{\rho} = \text{const.}$ が導かれる。

2．流線の速度ベクトル（大きさ v）が水平線から θ 傾斜しているとする（一般に水面は地盤と平行ではなく θ は地盤の傾斜角と等しいとは限らない）。鉛直方向のオイラーの式(4.10c)で非定常項と y 方向成分を除いた $v_x\frac{\partial v_z}{\partial x} + v_z\frac{\partial v_z}{\partial z} = -g - \frac{1}{\rho}\frac{\partial p}{\partial z}$ に，非圧縮性流体の連続の式(4.11)で y 方向成分を除いた $\frac{\partial v_x}{\partial x} + \frac{\partial v_z}{\partial z} = 0$ を代入す

ると，$v_x \dfrac{\partial v_z}{\partial x} - v_z \dfrac{\partial v_x}{\partial x} = -g - \dfrac{1}{\rho} \cdot \dfrac{\partial p}{\partial z}$ となる．$v_x = v\cos\theta$，$v_z = v\sin\theta$ を使って左辺を計算すると，$v_x \dfrac{\partial v_z}{\partial x} - v_z \dfrac{\partial v_x}{\partial x} = v^2 \dfrac{\partial \theta}{\partial x}$ となる．流線の曲がりはじゅうぶん小さいとみなせるので，$\dfrac{\partial \theta}{\partial x} = 0$ とすれば，$\dfrac{\partial p}{\partial z} = -\rho g$ となり，静水圧分布になっていることがわかる．

3. 解答図-1のように直交座標系をとり，鉛直方向（z 方向）のオイラー式を書き下すと，

$$\frac{\partial v_z}{\partial t} + v_x \frac{\partial v_z}{\partial x} + v_y \frac{\partial v_z}{\partial y} + v_z \frac{\partial v_z}{\partial z} = -g - \frac{1}{\rho}\frac{\partial p}{\partial z}$$

となり，これを物体の前面壁 ($x=0$) に沿う流れに適用する．定常流を考えているので左辺第1項はゼロ，壁面に沿う流れは x 方向の速度成分が無いので第2項もゼロとなることに注意して，上式を z に関して積分すると，次式が得られる．

$$I_y + \frac{1}{2}v_z^2 - \frac{1}{2}v_{z(z=0)}^2 = -gz - \frac{1}{\rho}p + \frac{1}{\rho}p_{(z=0)} \quad \text{ここで，} \quad I_y = \int_0^z v_y \frac{\partial v_z}{\partial y} \mathrm{d}z$$

壁面に沿う流れは，せき上げの現象から $v_y \dfrac{\partial v_z}{\partial y} \leq 0$ であるので（等号は $y=0$ の鉛直中心線），I_y はゼロまたは負，かつ z に関して一定値または単調減少となる．水面 ($z=h$) で $p=0$，$v_z \cong 0$ となる境界条件から，次式が導かれる．

$$p = \rho g(h-z) - \frac{1}{2}\rho v_z^2 - \rho(I_y - I_{y(z=h)})$$

この式の右辺第1項は静水圧，右辺第3項の $(I_y - I_{y(z=h)})$ はゼロか正であるから，前面の圧力は静水圧より小さいことがわかる．

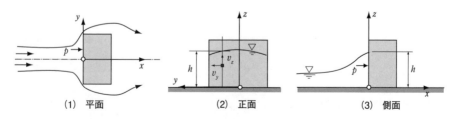

解答図-1　演習問題3の説明図

4．ナビエ－ストークスの式に登場する変数を，代表長さ l_o，代表流速 v_o を使って，1のオーダーの値を取るように無次元化する。$\bar{x}=x/l_o$, $\bar{y}=y/l_o$, $\bar{z}=z/l_o$, $\bar{v}_x=v_x/v_o$, $\bar{v}_y=v_y/v_o$, $\bar{v}_z=v_z/v_o$, $\bar{t}=t/(l_o/v_o)$, $\bar{p}=p/(\rho v_o^2)$, $\bar{f}_x=f_x/(v_o^2/l_o)$, $\bar{f}_y=f_y/(v_o^2/l_o)$, $\bar{f}_z=f_z/(v_o^2/l_o)$。ナビエ－ストークスの式の x 成分を無次元変数で書き換え，両辺を v_o^2/l_o で割ると，

$$\frac{\partial \bar{v}_x}{\partial \bar{t}}+\bar{v}_x\frac{\partial \bar{v}_x}{\partial \bar{x}}+\bar{v}_y\frac{\partial \bar{v}_x}{\partial \bar{y}}+\bar{v}_z\frac{\partial \bar{v}_x}{\partial \bar{z}}=\bar{f}_x-\frac{\partial \bar{p}}{\partial \bar{x}}+\frac{\nu}{v_o l_o}\left(\frac{\partial^2 \bar{v}_x}{\partial \bar{x}^2}+\frac{\partial^2 \bar{v}_x}{\partial \bar{y}^2}+\frac{\partial^2 \bar{v}_x}{\partial \bar{z}^2}\right)$$

となる。レイノルズ数を $R_e=v_o l_o/\nu$ で定義すると，$R_e\to\infty$ のとき右辺第3項$\to 0$ となり，オイラーの式（無次元化されたもの）に帰着する。y 方向，z 方向についても同様である。上式の左辺は慣性力，右辺第3項は粘性力であるから，レイノルズ数は粘性力に対する慣性力の比になっている。

ナビエ－ストークスの式の z 成分を無次元変数で書き換えると次のようになる。ただし，代表長さに接近流の浸水深 h_o をとり，$f_z=-g$ であることに注意する。

$$\frac{\partial \bar{v}_z}{\partial \bar{t}}+\bar{v}_x\frac{\partial \bar{v}_z}{\partial \bar{x}}+\bar{v}_y\frac{\partial \bar{v}_z}{\partial \bar{y}}+\bar{v}_z\frac{\partial \bar{v}_z}{\partial \bar{z}}=-\frac{gh_o}{v_o^2}-\frac{\partial \bar{p}}{\partial \bar{z}}+\frac{\nu}{v_o h_o}\left(\frac{\partial^2 \bar{v}_z}{\partial \bar{x}^2}+\frac{\partial^2 \bar{v}_z}{\partial \bar{y}^2}+\frac{\partial^2 \bar{v}_z}{\partial \bar{z}^2}\right)$$

左辺は慣性力，右辺第1項は重力であるから，接近流のフルード数を $F_r=v_o/\sqrt{gh_o}$ で定義すれば，フルード数の自乗 F_r^2 は重力に対する慣性力の比になっている。

5．衝突したあとに続く水塊は，半径 a の球体を維持し，速度も衝突前の v を維持するとし，衝突した部分はすべて壁面に沿って飛散すると仮定する。衝突開始時刻を $t=0$ とする。時刻 t から $t+dt$ の間に衝突する水の微小体積 dV は，$dV=\pi a^2\left[2\frac{v}{a}t-\left(\frac{v}{a}\right)^2 t^2\right]v dt$ となる。この微小体積に運動量の法則 $Fdt=d(mv)$ を適用すると衝撃力が次のように導かれる。

$$F=\pi a^2\rho v^2\left[2\frac{v}{a}t-\left(\frac{v}{a}\right)^2 t^2\right]=\frac{3}{4}m\frac{v^2}{a}\left[2\frac{v}{a}t-\left(\frac{v}{a}\right)^2 t^2\right]$$

衝撃力と時間の関係は放物線となり，$t=\dfrac{a}{v}$ で最大値 $F_{max}=\dfrac{3}{4}m\dfrac{v^2}{a}$ を取る。しかしながら，実際には，**解答図-2** のように衝撃力の最大値はもっと早く現れ，もっと大きな値となる。その最大の原因は後続の水塊の水平速度が減速することにある。ただし，全力積はやはり mv であることに変わりはない。

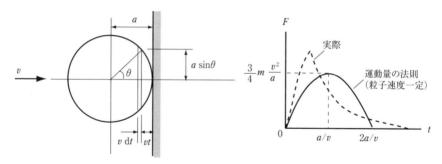

解答図-2　演習問題5の説明図

第5章

1．教室の大きい窓ガラスが1階から3階まですべて破損していることから津波によって少なくとも3階天井レベルまでが浸水した。階段室の小さい窓ガラスは2階部分まで割れているが3階部分は割れていない。小さい窓ガラスも，3階の上まで浸潤したはずであるが，板ガラスの支持スパンが小さいので，大きい窓ガラスより大きな水圧に耐えることができた。このことから，津波氾濫流が構造壁面に及ぼす圧力は上部で小さく，下部で大きいことが推察される（5.2節(7)参照）。

2．$\ddot{x}=\dfrac{1}{M}(P-R_{slide})$ を時間で積分すると，$\dot{x}=\dfrac{1}{M}\left[\int_{t_1}^{t} P\,d\tau - R_{slide}(t-t_1)\right]$ となる。滑動が停止する時刻 t_2 は $\dot{x}=0$ より，$\int_{t_1}^{t_2} P\,d\tau = R_{slide}(t_2-t_1)$ となる。これは，**図-5.9**のD点で滑動が停止することを表している。さらに積分すると，$x=\dfrac{1}{M}\left[\int_{t_1}^{t}\left(\int_{t_1}^{\tau} P\,d\tau\right)d\tau - \dfrac{1}{2}R_{slide}(t-t_1)^2\right]$ となり，$t=t_2$ とすれば滑動量が得られる。なお，静摩擦力 $R_s=\mu_s Mg$ と動摩擦力 $R_k=\mu_k Mg$ が異なるときは（摩擦の原理により $\mu_s \geq \mu_k$ であるから $R_s \geq R_k$），滑動開始時刻 t_1 はやはり $P(t_1)=R_s$ で決まるが，滑動停止時刻 t_2 は $\int_{t_1}^{t_2} P\,d\tau = R_k(t_2-t_1)$ で決まるので，D点より先になり，滑動量は $x_{slide}=\dfrac{1}{M}\left[\int_{t_1}^{t_2}\left(\int_{t_1}^{\tau} P\,d\tau\right)d\tau - \dfrac{1}{2}R_k(t_2-t_1)^2\right]$ となる。

3．滑動開始時刻を $t_1=0$ とすると，滑動終了時刻は $t_2=2\cdot\dfrac{\beta-1}{\beta}\cdot\Delta t$ となる。$x_{slide}=\dfrac{2}{3}\mu g\beta\left(1-\dfrac{1}{\beta}\right)^3\Delta t^2=0.204\text{ m}$

4．浸水深 $h_o=5$ m，流速 $v_o=5$ m/s，密度 $\rho=1$ ton/m^3，フルード数 $F_r=\dfrac{v_o}{\sqrt{gh_o}}=$ 0.714，抗力係数 $C_D=1.2$，揚圧力係数 $C_{upl}=\dfrac{1.5}{F_r^2}=2.94$，前面浸水深 $h_f=$ $\left(1+\dfrac{1}{2}F_r^2\right)h_o=6.28$ m，前面壁の幅 $B=10$ m，側面壁の長さ $L=10$ m，建物の全重量 $W=5\,000$ kN，摩擦係数 $\mu=0.5$，抗力 $P_D=C_D\cdot\dfrac{1}{2}\rho v_o^2 Bh_o=750$ kN，揚圧力 P_{upl} $=C_{upl}\cdot\dfrac{1}{2}\rho v_o^2 BL=3\,680$ kN，抗力の作用点高さ $0.4h_o\le h_D\le 0.4h_f(\because 2\text{ m}\le h_D\le$ 2.51 m) および常流では $h_D\cong 0.5h_o=2.5$ m より $h_D=2.5$ m，揚圧力の偏心 $e=0.1F_rL$ $=0.714$ m，滑動抵抗力 $Q_R=\mu(W-P_{upl})=660$ kN，転倒抵抗モーメント $M_R=WL/2=25\,000$ kN·m，転倒モーメント $M_{OV}=P_Dh_D+P_{upl}(e+L/2)=22\,900$ kN·m となる（**解答図**-3 参照）。結局，抗力が滑動抵抗力より大きいので滑動する（$P_D/Q_R=1.14$）。転倒モーメントは転倒抵抗モーメントより少し小さいので，かろうじて転倒を免れる（$M_{OV}/M_R=0.92$）。

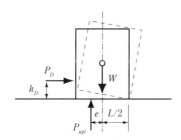

解答図-3　演習問題4の説明図

第6章

1．同じ規模であれば，木造，鉄骨造，RC 造の順に建物が重くなり，したがって現行耐震設計で付与される水平耐力の大きさも同じ順になり，氾濫流に押し流されにくくなる。
2．省略

第7章

1．桁行方向（1階）について：

$$Q_u = \sum 2.35\,kL_W = 2.35 \times [3.0 \times (0.91 \times 5 + 1.82) + 1.8 \times (0.91 \times 2 + 1.82)] = 60.3\,\text{kN}$$

$$P_D = C_D \frac{1}{2}\rho v_o^2 A = 1.2 \times \frac{1}{2} \times 1200 \times v_o^2 \times [(h_o - 1.8) \times 5.46] \times 10^{-3} = 3.93 v_o^2 (h_o - 1.8)\,\text{kN}$$

$Q_u = P_D$ より，$v_o^2(h_o - 1.8) = 15.3$ を得る．

張間方向（1階）について：

$$Q_u = \sum 2.35\,kL_W = 2.35 \times [3.0 \times (0.91 \times 4 + 1.82) + 1.8 \times (0.91 \times 2)] = 46.2\,\text{kN}$$

$$P_D = C_D \frac{1}{2}\rho v_o^2 A = 1.2 \times \frac{1}{2} \times 1200 \times v_o^2 \times [(h_o - 1.8) \times 6.37] \times 10^{-3} = 4.59 v_o^2 (h_o - 1.8)\,\text{kN}$$

$Q_u = P_D$ より，$v_o^2(h_o - 1.8) = 10.1$ を得る．
耐水曲線は，**解答図-4** のとおりである．

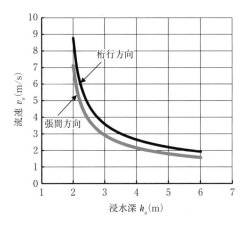

解答図-4 演習問題1の解答

第8章

1. 崩壊モード1で決まることが明らかであるから，氾濫流荷重が作用する $3.5 \le h_o$ に対して外力仕事 W と内力仕事 U を計算すると，$W = 13.4 v_o^2 (h_o - 3.5) 3.5\theta$，$U = 13\,800\theta$ となる．$W = U$ より，耐水曲線の方程式 $v_o^2(h_o - 3.5) = 295$ を得る．この曲線はピロティがない場合の $v_o^2(h_o - 1.75) = 295$ を横軸（h_o-軸）に沿って 1.75 m だけ右に平行移動した曲線である．すなわち，ピロティによって，浸水深が 1.75 m 大きい氾濫流に耐えられることになる．

2. $10.5 \leq h_o \leq 14$ m のとき $v_o(h_o-10.5)=35.3$ となり,$14 \leq h_o \leq 17.5$ m のとき $v_o^2(h_o-12.25)=178$ となる.これを本文で求めた第1層崩壊と比べると,**解答図-5**のようになり,第4層崩壊の耐水曲線が上に位置するので,第4層崩壊は起きないことがわかる.

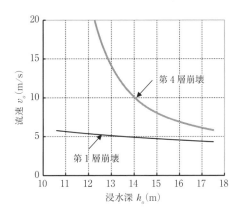

解答図-5　演習問題2の解答

第9章

1. 浸水深 h_o が1階の階高3.7 m以下であれば流体力は作用しないので,$h_o \geq 3.7$ m で考える.耐力壁をなくした1階が弱くなるので,第1層崩壊(崩壊モード1)となることは明白である.仮想仕事法により,外力仕事が $W=17.9v_o^2(h_o-3.7)3.7\theta$,内力仕事が $U=M_c \times 2\theta \times 25 = 54\,100\theta$ となり,$W=U$ より,耐水曲線の方程式 $v_o^2(h_o-3.7)=817$ を得る.これを本文で導いたピロティ無し(閉鎖形式)の場合と比較すると,**解答図-6**のようになり,$h_o \leq 9.0$ m ならピロティ形式は有利であるが,$h_o>9.0$ m ならやや不利となる.これは,ピロティを設けることにより1階部分に流体力が作用しなくなることと1階の水平耐力が低下することのトレードオフの関係によるものである.なお,1階の耐力壁を取り去ると地震に対してはかなり弱くなるので注意が必要である.

2. 壁の縦方向が横方向より短く,また縦筋は横筋より少ないので,縦方向のほうが弱いことは明白である.単位幅1 mの縦方向の帯状梁(縦筋5本のダブル配筋)で検討する.一様な水圧 p を仮定する.**図-9.18**を参照して,$a=l_y/l_x=0.577$,$p_y=0.900p$,$M=p_yl_y^2/12=0.675p$ kN·m,$Q=p_yl_y/2=1.35p$ kN,$a_t=127 \times$

$5=635\text{ mm}^2$, $b=1\,000\text{ mm}$, $d_c=40\text{ mm}$, $d=200-40=160\text{ mm}$, $F=295\text{ N/mm}^2$, $p_t=a_t/bd=0.00397$, (9.3)式より $p_{tb}=0.0190\geq p_t$, $F_c=24\text{ N/mm}^2$, (9.4)式より $M_u=0.9Fa_t d=27.0\text{ kN·m}$, $M/Qd=3.13\to 3.0$, (9.8)式の第1項のみ有効として $Q_u=103.6\text{ kN}$, $M\leq M_u$ より $p\leq 40.0\text{ kN/m}^2$, $Q\leq Q_u$ より $p\leq 76.7\text{ kN/m}^2$ となり，曲げで決まる．氾濫水の密度を土砂の混入を考慮して $1\,200\text{ kg/m}^3$ とすると $p=\rho gh=11.8h\text{ kN/m}^2$ となるので，コンクリート壁が崩壊しない条件は $h\leq 3.4\text{ m}$ となる．これを壁の高さ3 mの中心でとると，氾濫流の浸水深は1.5 mを加えて，4.9 mとなる．よって，1階のRC外壁はおよそ4.9 mの浸水深に耐えられると推定される．交差梁置換法は弾性を仮定しているので，短期許容曲げ耐力 M_a を用いると，$M_a=Fa_t(7d/8)=26.2\text{ kN·m}$ となり，許容浸水深が少し浅くなる ($h\leq 3.3\text{ m}$)．壁を縦方向の一方向板と仮定して塑性崩壊まで考えると，応力再配分によって耐えられる浸水深はやや大きくなり，$h=4.1\text{ m}$ が限界となる．

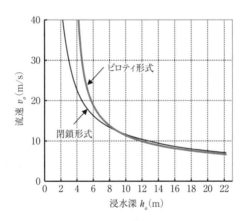

解答図-6　演習問題1の解答

第10章

1．床下換気孔があるからである．**解答図-7** のように床下換気孔から床下空間に水が浸入し，その水圧が基礎を押さえつける働きをする．浸水深が大きくなるほどその水圧も大きくなり，基礎の滑動抵抗や転倒抵抗を増大させる．基礎スラブ下

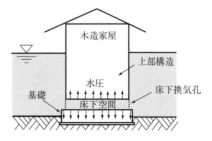

解答図-7　演習問題1の説明図

に水が浸透して，基礎を持ち上げようとする揚圧力が作用しても，床下空間の水の圧力で打ち消されてしまうので，基礎は滑動・転倒を起こさない．木造は柱脚の引抜き耐力が小さいため，水平方向の流体力（抗力）と床下から上向きに作用する水圧に耐えられず，上部構造が基礎から離脱して流失する．

2．$W_o = 21\,200$ kN，$\mu = 0.5$，$\alpha = 0.2$，$Q_u = 0.5(21\,200 - F_{up})$，$M_u = (21\,200 - F_{up})\dfrac{19}{6}$，$P_D = 13.4 v_o^2 h_o$，$M_D = 13.4 v_o^2 h_o \left(\dfrac{h_o}{2} + 2\right) + 1930(h_o + 2)\dfrac{v_o}{\sqrt{h_o}}$　（ケース (1)，(2) は第2項なし），ケース(1)：$P_{upl} = F_{up} = 0$，ケース(2)：$P_{upl} = 0$，$F_{up} = -3\,250 h_o$，ケース(3)：$P_{upl} = 3\,180(h_o + 2)$，$F_{up} = 3\,180(h_o + 2) - 3\,250 h_o$，ケース(4)：$P_{upl} = F_{up} = 3\,180(h_o + 2)$．耐水曲線は**解答図-8**のようになる．通常の鉄骨造は外壁が水圧で破壊され屋内が浸水するので，その場合に基礎スラブ下に氾濫流が浸透すると，すなわちケース(3)では，基礎の転倒が上部鉄骨造の崩壊に先行する．実際，浸透性地盤に建つ鉄骨造の転倒が2011年東北地方大津波で報告されている（第3章図-3.3，第10章図-10.2(3)）．

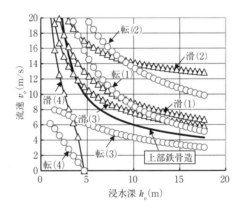

解答図-8　演習問題2の解答

第11章

1．11.3節の(11.10)式に，$h_o = 3$ m，$h = 0.4$ m，$ca = 0.63$ mm $\times$ 23.66 m $= 0.0149$ m²，$A = 34.8$ m²，$H_{cr} = 1.5$ m を代入して計算すると，$t_{cr} = 540$ sec $= 9.0$ min となる．

2．11.3節の(11.10)式に，$h_o = 3$ m，$h = 1.3$ m，$ca = 0.14$ mm $\times$ 1.2 m $\times 5 = 0.00084$ m²，$A = 34.8$ m²，$H_{cr} = 1.5$ m を代入して計算すると，$t_{cr} = 10\,800$ sec $= 180$ min となる．設問1の答と比べると，地盤から高い位置にある小さな開口からの浸水が

少ないことがわかる。

3. 11.3 節の (11.12) 式に，$h_o=3$ m，$h_1=0.5$ m，$h_2=2.5$ m，$cs=0.001$ m，$A=34.8$ m^2，$\Delta t=10$ sec として増分計算すると，**解答図-9** のような屋内水位－時間曲線（H-t 曲線）が得られ，限界水位 $H_{cr}=2$ m に達するまでの時間が 115 分となる。(11.11) 式による簡易計算では 109 分となり，やや短く見積もられる。

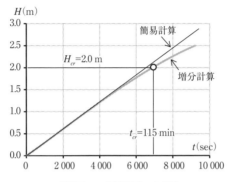

解答図-9 演習問題 3 の解答

索引

【あ】
アーク溶接　*131*
RC造　*155*
アスペクト比　*67, 76*
圧力　*52*
圧力係数　*74*
圧力水頭　*56*
圧力抵抗　*75*
あばら筋　*157*
あばら筋比　*169*
安全　*97*
安全限界曲線　*125*
安全性　*35*
安全率　*46*

【い】
異形鉄筋　*161*
伊勢湾台風　*10*
板要素　*143*
1次構造部材　*36*
一様流　*53*
異方性　*110*

【う】
渦あり流れ　*54*
渦度　*54*
渦なし流れ　*54*
運動量　*68*
運動量の法則　*68*
運動量保存則　*69*
運動量流束　*75*

【え】
液状化　*204*
越流　*58*
N−S方程式　*62*
N値　*120*
N値計算　*120*
円筒タンク　*89*

【お】
オイラー座屈　*139*
オイラーの式　*60*
応急危険度判定　*18*
屋外浸水深　*20, 210*
帯筋　*157*
帯筋比　*169*
オリフィス　*59*

【か】
海岸構造物　*91*
開口低減率　*173*
開先溶接　*134*
海嘯害　*2*
外水　*2*
開水路　*54*
階高　*23*
回転流れ　*54*
外壁下端ジョイント隙間　*209*
海洋構造物　*91*
火害　*1*
嵩上げ　*207*
荷重・外力　*35*
荷重−変形曲線　*45, 98*
風荷重　*100*
仮想仕事法　*149*
滑動　*193*
滑動抵抗　*82, 193*
かぶり厚さ　*164*
壁式構造　*155*
壁の配置規定　*116*
壁倍率　*114*
壁率比　*116*
壁量規定　*113*
壁量充足率　*116*
瓦礫　*86*
換気　*33*
干渉抗力　*76*
完全弾塑性モデル　*122*
完全溶込み溶接　*134*

235

索　引

完全流体　　53
関東大震災　　4
干ばつ　　4

【き】
基準面　　19
既製杭　　186
基礎　　183
基礎上換気孔　　209
基礎スラブ　　183
基礎梁　　183
既存建築物　　98
キャビテーション　　52
急変流　　69
極限支持力　　184, 188, 191
局部座屈　　143
緊張材　　186

【く】
杭基礎　　183
杭体　　186
空気溜り　　85, 198
群杭　　192

【け】
径厚比　　143
ゲージ圧　　52
形状抗力　　75
形状抗力係数　　66, 76
K－Tインパクト　　15
限界水位　　213
限界流　　54
建設省告示　　32
建築基準法　　32, 97
建築基準法施行令　　32
建築教育　　30
建築士　　30
建築統計　　25
建ぺい率　　225

【こ】
鋼管杭　　186
鋼杭　　186
鋼材　　130

交差梁置換法　　174
洪水　　3, 10, 73
構造耐力上主要な部分　　35
構造用鋼材　　130
高度水頭　　56
後流　　54
抗力　　65, 74, 97
抗力係数　　66, 75
高力ボルト　　135
高力ボルト摩擦接合　　136
告示　　32
国土交通省告示　　32
コンクリート　　159
コンクリート杭　　186
痕跡高　　20

【さ】
災害危険区域　　225
最大高さ　　19, 22
最大波高　　19
在来軸組構法　　107
材料強度　　47
材齢28日強度　　159
座屈　　128
座屈後安定耐力　　139
サージフロント衝撃力　　70, 81, 196
サージ力　　81
サージ力係数　　82
サッシ枠外隙間　　209
サッシ枠内隙間　　209

【し】
支圧接合　　135
仕口　　111
軸力比　　143
次元解析　　64
支持杭　　183
支持力係数　　189
地震荷重　　99
地震保険　　17
地震力　　97
自然災害　　2
実在流体　　53
実質微分　　60

索　引

質量保存則　61
地盤　183, 187
地盤高　20
地盤沈下　204
島原大変　11
射流　54
終局荷重　46, 98
終局せん断耐力　169, 170
終局耐力　47, 98
終局曲げモーメント　167, 168
主筋　156, 165
主流　54
準定常流　53
仕様規定　32, 108
使用性　35
常流　54
震害　1
浸食　204
浸水　33, 41
浸水計算　211
浸水空隙率　198
浸水口　208
浸水実験　208
浸水深　20
浸水対策　207
浸水高　20
靱性　128, 157

【す】

水圧　97
水害　1, 2
水害避難ビル　75
水害保険　17
水深　20
水頭　56
水平力　97
水密性　207
水理学的開口サイズ　209
筋かい壁　109, 114
スターラップ　157
スマトラ島沖地震津波　15
隅肉溶接　134

【せ】

静圧　57
静水圧　83
せき上げ　57
接近流　54, 74
設計荷重　47, 97
設計基準強度　159
設計規範　46
設計耐力　47
接合金物　111
接合部規定　119
絶対圧　52
繊維直交方向　111
繊維方向　111
全強接合　145
洗掘　94, 204
全水頭　56
全塑性耐力　122, 128, 137
全塑性モーメント　141
せん断応力　52
せん断スパン比　170
せん断接合　135
せん断破壊　169
せん断補強筋　157, 169
せん断補強筋比　169

【そ】

総圧　57
層間変形　45
相似則　67
層せん断力　80
層高　23
層流　53
掃流力　94
造波抗力　75
速度圧　57, 74
速度水頭　56
遡上高　19
塑性ヒンジ　128, 147
塑性変形能力　122, 128, 157
塑性率　122
損失水頭　56

索 引

【た】
大気圧　51
耐浸水性　207
耐震壁　155
耐水曲線　104, 125, 152, 181, 203
耐水計算　125, 152, 180, 203
耐水構造　1
耐水構造設計　125
耐水性　207
耐水設計　125
耐力壁　155, 171
高潮　4, 10, 73
高床　207
単位体積重量　190
短期荷重　46, 47
短期許容応力度　47
短期許容耐力　46
弾性限　45

【ち】
地下室　217
柱脚　146
潮位　19
長期荷重　46, 47
長期許容応力度　47
長期許容耐力　46
直接基礎　183
チリ地震津波　10

【つ】
継手　111, 133
継目　133
津波　4, 73
津波地震　11
津波の高さ　18
津波避難ビル　76, 204
津波力（つなみりょく）　91
ツーバイフォー構法　107
釣合い軸力　167
釣合い鉄筋比　166

【て】
定常流　53
定常力　73

テーテンスの式　52
鉄筋　161
鉄筋コンクリート造　155
鉄骨造　127
テルツァーギの式　188
天井高　23
転倒　194
転倒抵抗　196
転倒モーメント　79

【と】
動圧　57, 74
東京湾平均海面　19
動粘性係数　51
等方性　52
等流　53
独立フーチング基礎　183
土砂災害　2, 224
土石流　2
トリチェリの定理　59
鈍頭物体　66, 74

【な】
内水　2
ナビエ―ストークスの式　62
ナブラ演算子　60
南海トラフ　11

【に】
2次構造部材　36
2次流　54
日本海溝　11

【ぬ】
布基礎　183

【ね】
根入れ深さ　189
子年の大風　10
粘性　52
粘性係数　51

【の】
ノアの箱舟　6

軒高　22
のど断面　134

【は】

波圧　92
配筋　164
波高　19
ハザードマップ　2
場所打ちコンクリート杭　186
柱梁接合部　145
波速　54
破断耐力　139, 144
バッキンガムのパイ定理　64
幅厚比　143
波力　91
氾濫　3
氾濫水深　20, 210
氾濫水深－時間曲線　211
氾濫流　73
氾濫流荷重　101

【ひ】

非圧縮性　53
非一様流　53
PHC杭　186
PC鋼材　186
比エネルギー　56
非回転流れ　54
被害度区分　39
東日本大震災　4, 20
引抜き試験(杭の)　192
非構造壁　171
非構造部材　38
被災者生活再建支援法　16
比重量　51
引張接合　135
引張鉄筋比　166
非定常流　53
ひび割れ　156
標高　19
漂流火災　93
漂流物の衝突力　86
漂流物のせき止め力　88

【ふ】

負圧　52
FEMA　76, 82, 86
風圧力　97
風害　1
風水害　2
フープ　157
複筋比　166
福島第一原子力発電所　11
腐食しろ　187
浮心　85
付着　170
不等流　53
部分溶込み溶接　134
浮力　84
フルード数　54, 58, 67, 76
噴流　69
分力計　79

【へ】

塀囲み　207
平均海水面　19
平常潮位　19
平板載荷試験　191
ベースシア　80
ベースシア係数　99
べた基礎　183
ベルヌイの定理　55
ベルヌイの方程式　56

【ほ】

法(→建築基準法)　32
崩壊機構　129, 147
崩壊モード　147
防水性　207
ポテンシャル流れ　54
保有水平耐力　98, 128
保有耐力接合　128, 144
ボルト　135

【ま】

曲げ座屈　139
曲げねじり座屈　142
曲げ破壊　169

239

索　引

摩擦応力　　52
摩擦杭　　183
摩擦係数（地盤の）　　194
摩擦接合　　135

【み】
水　　51
水災害　　2
見付面積係数　　116
密度　　51

【む】
迎え角　　67
無次元積　　64
無次元パラメータ　　58, 64

【め】
明治三陸地震津波　　10
滅失　　29
面材壁　　109, 114

【も】
木材　　110
木質材料　　110
木造　　107
モリソンの式　　92
盛土　　207

【や】
八重山地震津波　　11
山津波　　2
ヤング係数比　　161

【ゆ】
床上浸水　　23
床上湛水荷重　　91
床下換気孔　　34
床下浸水　　23
床高　　22
床面積係数　　114

【よ】
揚圧　　88
揚圧力　　74, 88, 89

揚圧力係数　　89
揚力　　74
揚力係数　　88
よどみ点　　57, 74
四号建築物　　32
4週圧縮強度　　159
四分割法　　116

【ら】
ラーメン構造　　127, 155
乱流　　54

【り】
力積　　68
陸上構造物　　91
罹災証明書　　17
リスボン地震津波　　15
理想流体　　53
リツヤ湾津波　　15
流管　　55
流況　　53
流失（流出）　　41
流線　　55
流速　　54
流体力　　65, 73
流量　　59, 212
流量係数　　59, 212

【れ】
令（→建築基準法施行令）　　32
レイノルズ数　　66, 75
連続基礎　　183
連続の式　　60, 63

【ろ】
浪害　　2
ロッキング　　195

【わ】
枠組壁構法　　107
輪中　　208

著者略歴

桑村　仁（くわむら　ひとし）

1975 年	東京大学工学部建築学科卒業
1977 年	東京大学大学院工学系研究科建築学専攻修士課程修了
1977 年	新日本製鐵(株)
1986 年	ミネソタ大学大学院土木建築学専攻博士課程修了，Ph.D
1991 年	東京大学工学部建築学科助教授
1996 年	東京大学工学部附属総合試験所助教授
1999 年	東京大学大学院工学系研究科建築学専攻教授

主著

『建築の力学－弾性論とその応用－』技報堂出版，2001 年
『鋼構造の性能と設計』共立出版，2002 年
『建築の力学－塑性論とその応用－』井上書院，2004 年
『建築構造』実教出版，2013 年

建築水理学
—水害対策の知識—

2017 年 7 月 20 日　1 版 1 刷発行

定価はカバーに表示してあります。

ISBN 978-4-7655-2599-2 C3052

著　者	桑　　村　　　　仁	
発行者	長　　　　滋　　彦	
発行所	技報堂出版株式会社	

〒101-0051　東京都千代田区神田神保町 1-2-5
電　話　営　業　(03)　(5217)　0885
　　　　編　集　(03)　(5217)　0881
　　　　Ｆ Ａ Ｘ　(03)　(5217)　0886
振替口座　00140-4-10
Ｕ Ｒ Ｌ　http://gihodobooks.jp/

日本書籍出版協会会員
自然科学書協会会員
土木・建築書協会会員
Printed in Japan

装丁　ジンキッズ　　印刷・製本　昭和情報プロセス

Ⓒ Hitoshi Kuwamura, 2017
落丁・乱丁はお取り替えいたします。

JCOPY ＜(社)出版者著作権管理機構　委託出版物＞

本書の無断複写は著作権法上での例外を除き禁じられています。複写される場合は，そのつど事前に，(社)出版者著作権管理機構（電話：03-3513-6969，FAX：03-3513-6979，E-mail：info@jcopy.or.jp）の許諾を得てください。